요한 복음서 해설 2

요한복음서 해설 2

최안나 지음

성서와함께

차례

제2장 예수님의 떠남 14,1-16,33

제3장 예수님의 기도 17,1-26

제2부 예수님의 수난과 죽음, 부활 18,1-21,25

제1장 예수님의 수난과 죽음 18,1-19,42

제2장 예수님의 부활 20,1-31

마무리-에필로그 21,1-25

제1부

예수님과 제자들: 고별 담화

요한 복음서 2장에서 시작한 예수님의 활동 이야기는 12장까지 계속 축제를 배경으로 하여 전개되었다. 이때껏 나온 축제가 파스카 축제, 유다인들의 축제, 파스카 무렵, 초막절, 성전 봉헌 축제이다. 이어서 13장부터 시작하여 20장까지 이어지는 이야기는 세 번째로 나오는 파스카 축제 시기에 예루살렘에서 있었던 일의 증언이다. 이 이야기는 파스카 축제 엿새 전의 일로부터 시작하여 상세히 묘사된다. 파스카 축제 엿새 전에 예수님은 예루살렘 근처 마을 베타니아에 나타나셨고, 곧 예루살렘에 입성하셨다. 축제가 임박한 때에 예수님은 제자들과 함께 만찬 상에 앉으셨다. 그 만찬에서 있었던 일과 담화가 13-17장의 이야기이다.

예수님의 최후의 만찬 이야기는 그 잔치를 마련하신 예수님의 뜻을 들려주는 화자의 말로 시작한다. 이제 예수님은 아버지께로 건너가실 때인 파스카 축제가 다가오자, 이 세상에서 사랑하신 당신의 사람들을 끝까지 사랑하셨다. 13-17장은 그 안에 반복되는 글과 간격이 감지되는 부분이 있기는 하지만 하나의 단일체로 드러나며, 모든 것이 '고별'이라는 주제로 감싸여 있다. 이 단일체는 발 씻김 이야기(13,1-30)로 시작하여 기도(17,1-26)로 끝나며, 그 가운데 대목(13,31-16,33)의 주축은 담화이다.

13,1-30	발 씻김
13,31-16,33	담화
17,1-26	기도

담화 대목(13,31-16,33)에는 모순과 긴장이 많이 드러나는데 14,31의 "일어나 가자"에서 그 정점을 이룬다. 예수님이 떠나시는 동기와 결과는 14,1-31에 분명히 언급되고, 16,4-33에서 반복된다. 포도나무의 비유와

세상이 제자들에게 보이는 증오와 폭력에 대한 지속적이고 대조적인 말씀은 15,1-16,3에 나온다. 이 담화 대목을 짧은 대화들의 초기 모음집으로 보는 이들이 많고, 대부분은 원래 독립적으로 있던 대화로 15,1-17과 15,18-16,4ㄱ 부분을 꼽는다.

사실 13,1-17,26에는 요한 공동체의 고유한 역사가 깃들어 있다. 그 공동체에서 반복하여 이야기하는 과정에서 매우 고유한 성격을 지닌 요한 복음서가 만들어졌다. 공동체의 기억에 있는 다양한 요소들이 밀접한 관계를 맺으며 기록되어 현재의 13,1-17,26 본문에 배치되었다. 결과적으로 우리가 현재 읽는 성경에 자리한 고별 담화는 고도로 통합되고 일관된 문학적 구조로 짜여 있으며, 통일되고 일관된 관심사와 목적, 그리고 특유의 수사학으로 매우 예술적이며 전략적인 서술 형식으로 표현되어 있다.

이 대목에서 분명한 이음매로 드러나는 것이 13,31-32; 14,31; 17,1 등이고, 이를 통해 독자들은 13-17장의 이야기를 일관된 패턴 안에서 읽을 수 있다. 특히 요한의 고별 담화는 기존의 유언 관습에 대한 요한계의 해석인데, 특유의 수사학으로 잘 형성된 유다의 문학 형식을 보여 준다.

제1장 제자들의 발을 씻어 주시는 스승 예수님 13,1-38

고별 담화의 첫 장면(13,1-38) 중 몇 군데에서 문학적 긴장이 드러난다. 먼저 세족례에 대한 해석이 두 가지로 소개된다(6-11절, 12-20절). 일반적으로, 예수님 자신을 내주시는 선물에 대한 묵상(6-11절)이 먼저 있었고, 좀 더 훈계조의 12-20절이 후대에 첨가된 것으로 본다. 대부분 주석가들은 30절을 세족례의 마무리로 보고, 바로 이어지는 31-38절을 새 단락(13,31-14,31)의 도입으로 본다(이 책의 초판에서도 같은 입장을 취했다). 한편 31-38절을 13,31에서 16장까지 이어지는 담화(13,31-16,33)의 요약적인 도입으로 보는 이들도 있다.

어떤 경위로 형성되었든 간에, 13,1-38이 독립적이면서도 앞뒤 단락과 긴밀하게 연결된 이야기인 것은 분명하다. 시몬 베드로와 예수님의 대화(36-38절)가 포함된 점으로 보아 이 단락은 단순한 담화가 아니다. 이 단락은 미래에 있을 유다의 배반에 대한 초기 예언(10-11절, 21-22절), 세족례에 대한 베드로의 초기 오해(6-9절)와 연관된다. 복음사가는 1-38절에서, '진실로'라는 어휘를 이중으로, 곧 "진실로 진실로"(ἀμὴν ἀμὴν)를 네 번(16.20.21.38절)이나 사용하여 이 단락을 하나로 묶는다. 배반과 부인에 대한 예언(21-38절)의 시작과 끝에서 이 표현을 사용했기에 31-38절은 14,1-16,33의 담화보다 13,1-30에 더 밀접하게 연결된다. '베드로와 유다의 실패'라는 주제가 그 뒤로 이어지는 담화에서는 더 이상 적절한 역할을 하지 않는다는 말이다.

"진실로 진실로"라는 아멘의 이중 사용을 기준으로 1-38절 단락을 세 부분으로 나눌 수 있다. 먼저 세족례가 기술되고 그것과 관련된 대화가 이어진다(1-17절). 넓게는 제자들에 대한 예수님의 가르침으로, 베드로의 무지, 유다의 실패와 관련된 이 대화 부분은 16-17절의 이중 아멘으로 마무리된다. 두 번째 부분(18-20절)은 예수님이 제자들에게 말씀하시는 내용인데 20절에서 이중 아멘으로 마무리된다. 그분 외에 말하는 이는 없다. 세 번째 부분(21-38절) 역시 예수님과 제자들 사이의 대화 형태인데, 이곳 역시 이중 아멘으로 시작되고 이중 아멘으로 마무리된다.

1. 발 씻김 13,1-20

요한 복음서의 앞부분에서 줄곧 나왔던 '표징'의 행위-말씀 구조가 여기서도 발견된다. 발을 씻기는 행위(13,4-5)는 예수님이 베드로와 나누시는 대화(13,6-11)와 예수님의 가르침(13,12-20)을 통해서 해설된다. 베드로와의 대화(13,6-11)에서 행위에 대한 해설은 요한 복음 고유의 '몰이해' 기법으로 처리되었다. 베드로가 예수님의 행동을 이해하지 못하고 행동을 저지하기 때문에 예수님이 말씀하신다(13,7). 그 뒤 베드로는 더 심하게 저항하고(13,8ㄱ) 나아가 점점 더 잘못 이해하게 된다(13,9). 거기에 예수님의 단호한 계시가 따르며(13,10-11) 결론적인 말씀이 이어진다(13,12-20). 사실 시몬 베드로의 역설적인 말(13,6.8.9)은 독자를 위한 해석학적 전략으로 변하여 스승이요 주님인 예수님의 행위를 더 깊이 이해시키는 기능을 수행한다.

1) 예수님의 사랑 13,1-5

1절

1-3절은 아주 짧지만 '끝', '악마', '예수를 넘기다', '하느님께 돌아가다' 등의 요소로 장중하고도 불길한 어조를 띠면서 독자에게 예수님 행동의 의미를 이해할 수 있는 열쇠를 제공한다. 예수님은 활동시기 내내 '때'는 아직 오지 않았다고 하셨다(2,4; 7,30; 8,20). 그러나 마지막 파스카 축제가 가

까워지자 예수님은 죽음을 향해 가시며 "때가 왔다"고 선언하기 시작하셨다(12,20-24.27-33). '유다인들의 축제'(2,13.23; 4,45; 5,1.9; 6,4; 7,2; 10,22; 11,55-57; 12,1)와 '예수님의 때', 이 두 '때'는 하느님의 계획에 따라 결정된다(2,4; 4,21.23; 7,30; 8,20; 12,23.27). 이 두 '때'가 이제 만난다(13,1ㄱ).

아버지로부터 파견 받은 분은 이제 아버지께로 돌아갈 것인데, 그분은 임무를 수행하시는 동안, 공동체의 구성원으로 당신의 사람들 곧 제자들을 모으셨다. 정해진 때에 그분이 원래 계시던 장소로 옮겨 가는 것이 그들을 위한 당신의 사랑을 최고로 드러내는 일이 될 것이다. 여기서 사용된 "끝까지"(에이스 텔로스 εἰς τέλος)는 시간 개념으로서의 '마지막'과 그분이 제자들에게 지닌 사랑의 질이 최고치라는 의미의 '마지막', 이 두 가지 의미를 다 지닌다. 예수님은 당신의 사람들을 당신의 생애 끝까지 사랑하셨고, 상상할 수 있는 모든 사랑을 넘어서는 방법으로 사랑하셨다. "끝까지"에 담긴 이 두 가지 의미는 이제 펼쳐질 이야기의 핵심 주제를 드러낸다. 예수님의 죽음은 당신의 사람들을 위한 당신의 사랑을 드러낼 것이고 제자들로 하여금 하느님을 알게 할 것이다(3,16-17 참조). 1절에 나오는 동사들은 과거 시제로 이제까지 이루어진 예수님의 활동을 요약한다: 아셨다-에이도스(εἰδὼς 오이다 동사의 완료형 분사); 사랑하신-아가페사스(ἀγαπήσας 아가파오 동사의 원과거 분사), 사랑하셨다-에가페센(ἠγάπησεν 아가파오 동사의 원과거). 이제 때는 시작되었다. 예수님의 죽음은 아버지께로 건너가는 때이고 자신을 선물로 내주는 사랑이 절정에 이르는 때이다. 이렇게 1절은 세족례 이야기의 도입인 동시에 후반부 전체의 도입이다.

2-3절

2절에서 곧바로 유다가 악마의 유혹에 넘어가 예수님을 배반하기로 했다는 정보가 주어진다. 이 정보는 3절의 예수님을 이해하도록 돕는다. 3절은 1절에 나타났던 내용을 다시 한 번 장중하게 표현한다. 예수님은 이 세상에서 아버지께로 건너가야 할 때가 된 것을 아셨다. 아버지에게서 파견되었던 분은 이제 아버지께 돌아갈 것이다. 예수님의 때는 수난과 부활로 영광에 가까이 간 시간이라는 것이 드러난다. 하느님의 아들은 자신의 죽음을 통하여 아버지께 가신다(17,3). 그분은 하느님의 사랑으로 죄인들을 위하여(3,16-17; 12,47), 악의 어두움을 비추기 위하여(3,19; 12,46) 세상에 파견되었고, 파견의 임무를 완성하자 세상을 떠나 아버지께 가신다(16,28).

예수님은 수난과 죽음의 여정에서 제자들을 위한 사랑의 극치를 입증하고자 하신다. 그리스도는 아들을 위한 아버지의 사랑(15,9)과 세상을 위한 아버지의 사랑(3,16)과 닮은 강한 사랑으로 공동체의 구성원들을 사랑하셨다. 이 사랑의 최고 표현은 친구들을 위해 생명을 내놓는 것이다(15,13). 예수님은 '당신의 사람들을 끝까지' 사랑하심으로써 이 신적神的 사랑의 증거를 보여 주셨다. '당신의 사람들'은 그리스도께로 이끌린 사람들, 즉 제자들, 착한 목자에게 속한 양들(10,3-4)이다. 이 양 떼는 예수님에게서 당신의 생명을 내놓는 사랑을 받았다(10,11.15). 이것은 끝까지 사랑한다는 것을 의미하며, 사랑의 최고 증거로서 완전에 이르기까지 사랑하는 것이다(15,13). 실제로 십자가 위에서 하느님의 아들이 사랑의 번제물로 타올랐다. 그런 이유로 예수님은 머리를 떨구고 영을 넘겨주시기 전에 외치셨다. "다 이루어졌다"(테텔레스타이 τετέλεσται 19,30). 여기의 테

텔레스타이는 텔레오(τελέω) 동사의 직설법 완료형으로서 13,1의 텔로스(끝까지)와 어근이 같다. 3절에서 그 전체를 다 아시는 분의 마지막 행동이 시작된다.

4-5절

예수님은 식탁에서 일어나 하인처럼 행동할 준비를 하시고, 제자들의 발을 씻기기 시작하신다. 그분은 때가 되었음을 아셨고(1절), 제자의 배신도(2절), 하느님의 계획도(3절) 아셨다. 그리고 이제 그 앎을 행동으로 옮기신다. 당신의 사람들에 대한 사랑을 행동으로 드러내시는데(4-5절), 제자들의 발을 씻어 주는 구체적이고 실제적인 행동이 그것이다. 전반부 1-12장의 맥락에서 볼 때 이 행동은 사랑의 표징이다.

예수님이 만찬 중에 제자들의 발을 씻기는 장면은 7가지 동사로 묘사되어, 그 장면이 아주 생생하게 다가온다: '일어나시어'(에게이로 ἐγείρω), '벗으시고'(티테미 τίθημι), '수건을 들어'(람바노 λαμβάνω), '두르셨다'(디아존누미 διαζώννυμι), '대야에 물을 부어'(발로 βάλλω), '제자들의 발을 씻어 주시고'(니프토 νίπτω), '수건으로 닦아 주셨다'(에크마쏘 ἐκμάσσω). 여기서 묘사되는 행위와 이어지는 대화가 만들어 내는 의미심장한 분위기에서 '씻기다'라는 단어가 강조된다(니프토 νίπτω: 요한 복음서 전체에 사용된 13회 중 8회가 여기에 나온다). 함께 음식을 들기 전에 손님의 발을 씻기는 것은 손님을 환영하는 일반적이고 전통적인 행위이다(창세 18,4-5; 24,32-33; 루카 7,36-44 참조). 이것은 항상 그리고 필연적으로 비천하고 자신을 낮추는 행위로 간주되었다. 그런데 요한 복음에서는 예수님이 만찬 중에 이 일을 하신다. 보통 이것은 만찬 전에 행해졌다. 만찬 중에 발을 씻기셨다는 것은 이 행위가 일반 관습에서 벗어나 있으며 특별한 의미가 있음을 드러낸다.

성체성사에 대한 언급이 없는 이유

발을 씻기는 이 예언적 행위는 마지막 만찬 중에 이루어졌다. 바오로와 공관복음서는 마지막 만찬 때에 성체성사가 제정되었다고 말한다(1코린 11,23 이하; 마르 14,22 이하 등). 그런데 요한 복음사가는 여기서 성체성사에 대해 전혀 언급하지 않는다. 그래서 많은 사람이 혼란스러워하였다. 이 사실에 대한 주석가들의 해석도 다양하다. 요한이 반성사적反聖事的 태도를 지니고 있음을 드러내는 것이라고 말하는 이까지 있었다. 그 이유를 입증할 길은 없지만 요한 복음서의 고유한 구조에서 찾는 것이 타당할 듯하다. 요한은 종종 그의 작품 곳곳에서 큰 주제들을 다루었다(3,2 이하에서 '새로 남'; 4,7 이하에서 '생명의 물'; 9,1 이하에서 '그리스도 세상의 빛' 등등). 그는 축제의 맥락보다 더 선명한 배경을 지닌 6장에서 이미 성체성사라는 주제를 다루었다. 그래서 요한은 최후의 만찬이 이루어지는 맥락에서 그 주제로 다시 돌아갈 필요성을 못 느꼈다고 볼 수 있다. 오히려 성체성사의 의미를 더 깊이 드러내고 구체화하는 '실천적인 나눔'과 '친교'라는 주제를 여기에 제시하였다.

생명을 주시는 그분의 사랑은 13장의 최후의 만찬에서 다른 양상을 드러낸다. 요한은 발 씻김을 엄숙하고 장엄하게 시작함으로써 독자들이 당신을 낮추시는 주님의 이 행동을 눈여겨보도록 이끈다. 이 세상을 떠나 하느님 아버지께로 간다고 뚜렷이 밝히고 제자들을 향한 특별한 사랑을 언급함으로써, 발을 씻기는 것이 그리스도의 '때' 즉 십자가의 비천한 죽음으로 당신의 친구들을 위해서 생명을 내주시는 최고의 선물을 상징하는 것임을 알려 준다. 성체성사가 하느님의 아드님이 하늘에서 내려온 살아 있는 빵으로서 자신을 내주는 사랑을 드러냈다면,

세족례는 땅 위에서 제자들이 본받을 수 있는 실제를 제시한 것이다. 하늘에서 내려온 참된 생명의 빵을 먹은 이들이, 곧 끝까지 사랑을 받은 이들이 서로 할 수 있는 행동이고 해야 하는 실천이다.

10절에 대한 보충 설명

"목욕을 한 이는 온몸이 깨끗하니 발만 씻으면 된다." 예수님의 이 대답을 본문비평으로 보면 그 의미가 분명하지 않다. '발 외에는'(에이 메 투스 포다스 εἰ μὴ τοὺς πόδας)이라는 그리스어가 들어간 사본과 안 들어간 사본이 있어 학자들 사이에 의견이 분분하다. 시나이 사본, 고대 라틴어와 불가타 성경, 테르툴리아노와 오리게네스의 사본들이 '발 외에는'을 덧붙이지 않는다.

예수님은 깨끗한 사람에게는 목욕이 필요하지 않다고 말씀하신다. 여기서도 요한 특유의 어법인 이중적인 표현이 나온다. 즉 몸의 깨끗함과 영혼의 깨끗함을 말한다. 베드로가 일반적 차원에서 발 씻김을 거절하고 있다면 예수님은 다른 차원에서 발 씻김을 강조하신다. 곧 몸의 깨끗함을 넘어 구원의 조건과 연관시켜 영적인 것을 시사하신다. 발 씻는 것이 지금 중요한 요소로 들어가 있고 또 그분이 실제로 발을 씻기고 계심을 기억해야 한다. 이것을 감안하면서 이 문장들을 다시 보면 "목욕을 한 이는 온몸이 깨끗하니 발만 씻으면 된다. 너희는 깨끗하다." 예수님은 이렇게 말씀하시는 것 같다. "내가 지금 발을 씻긴 것으로 너는 다 씻은 것이다. 아주 깨끗해져서 더는 씻을 필요가 없다. 내가 너희를 씻었기 때문에 너희는 이미 깨끗하다. 그러나 모두가 그런 것은 아니다." 사실 유다도 예수님에게 자신의 발을 씻도록 내맡기고 있지만 깨끗함의 양상이 아주 다르다. 그는 이제 예수님을 막 배반하려 하기 때문이다(11절).

그러니까 발 씻김은 아주 유일한 행위로 다른 씻음이 더 필요 없는 완전한 것이다. 그것은 예언적 행위로서 제자들을 위한 최고의 사랑 행위를 형성하는 수난과 죽음의 성사적인 판토마임이다: "그분께서는 이 세상에서 사랑하신 당신의 사람들을 끝까지 사랑하셨다"(13,1). 물론 아직 미완이긴 하지만 신앙 안에서 베드로와 다른 제자들이 예수님의 상징적인 행위를 받아들이는 것은 그들이 스승의 수난과 죽음에 참여하고, 사랑의 극치를 이루는 행위에 동참하며 그것을 통하여 주님의 유산을 얻는 것을 의미한다. 예수님은 차별 없이 모두를 위하여 죽으신다. 스승과 함께 만찬을 들고 발을 씻기도록 내맡기는 유다도 차별 없이 대하신다. 그러나 유다에게서는 단지 물질적이고 육체적인 행위만 이루어지는 셈이다. 그는 신앙만 갖지 못한 것이 아니라 마음속에서 이미 배반의 계획을 꾸미고 있기 때문이다.

① 10절의 강조점은 발 씻김에 있다. 발을 씻기는 것이 온몸을 깨끗하게 하는 목욕과 동등하다고 보는 해석이 있다. 발 씻김을 받아들이는 사람, 또 발 씻김을 예수님의 가장 큰 사랑이 드러나는 그분 죽음의 전조로 인식하는 사람들이 발 씻김을 통해 온전히 깨끗하게 된다는 것이다.

② '목욕을 한 사람'과 '발을 씻는 것' 사이에는 두 종류의 상징적인 씻음이 나타난다. 첫 번째 씻음("목욕을 한 이": 호 렐루메노스 ὁ λελουμένος, 뤄오 λούω 동사의 완료 수동형 분사)은 15,3에서 예수님이 표현하신, 믿음을 통해 예수님의 말씀을 받아들이는 것을 의미한다. "너희는 내가 너희에게 한 말로 이미 깨끗하게 되었다." 두 번째 씻음("발을 씻는 것": 닢사스타이 νίψασθαι)은 생명을 바치는 것으로 완성될 것이고, 당신을 믿는 제자들을 온전히 깨끗하게 할 예수님의 메시아 프로그램에 완전하게 동참함을 의미한다.

③ 이 구절에 '발 외에는'을 삽입해야 한다고 주장하는 사람들은 이 절을 성사적으로 해석하고 싶어 하는 이들이다. '목욕하다' 동사(뤄오)에 담긴 세례성사적 감각과 신약성경에서 이 단어의 파생어들의 용례(1코린 6,11; 에페 5,25-26; 티토 3,5; 히브 10,22 참조)를 주의해서 보면, 뤄오 동사는 단 한 번밖에 사용되지 않았다. 거기서 13,10의 첫 번째 씻김은 세례의 의미로, 두 번째 씻김은 성체

성사의 의미로 읽을 수 있다고 한다. 아니면 세례받은 자들의 고해성사라는 의미를 가진다고 보기도 한다.

이러한 의견들을 대할 때 요한 복음서는 요한에 의해 주해되어야 한다는 점을 염두에 두어야 한다. 요한에게서 '뤼오' 동사의 용도는 세례성사를 가리키는 것만으로 그 의미를 충분히 드러내지 않는다. 발 씻김 이야기의 현재 본문이나 문맥에서 세례에 대한 언급은 하나도 없다. 죄를 씻는 고해성사의 의미도 찾을 수 없다. 그렇다면 최후의 만찬에서 발 씻김 이야기가 성체성사적인 지향이 있는가를 알아볼 필요가 있다. 확실히 회식이라는 배경이 요한 13장 이하에서 복음사가에 의해 강하게 부각되었다. 이것이 죽음에 임박해서 단지 그분 주위에 모인 사람들, 회식에 참석한 사람들과의 친밀한 나눔이라는 것만으로 그 의미를 설명하는 것은 충분치 않다. 발을 씻긴 일과 성체성사 사이에 있을 수 있는 관계를 살펴보기 위해 다음 사항을 짚을 수 있다.

ㄱ. 요한 복음서는 공관복음서들과 달리 최후의 만찬 자리에서 성체성사 제정 이야기를 하지 않는다. 복음사가가 예수님과 제자들의 마지막 만남을 이야기하는 데 다섯 장이나(13-17장) 할애하면서 성체성사에 대해서는 침묵하는 것이 무척 이상하다.

ㄴ. 이 침묵을 해명하기 위해 일부 학자들처럼, 초세기의 그리스도인들이 더 거룩한 예식에 대해서는 의식적으로 침묵했다는 '고대의 법'까지 갈 필요는 없다. 이유는 아주 단순하다. 이미 요한 6,51-58에서 성체성사에 대해 매우 구체적으로 말하였기 때문이다. "내가 줄 빵은 세상에 생명을 주는 나의 살이다"(6,51)라는 구절을 성체 축성에 대한 요한 특유의 표현으로 보는 이들도 있다. 그러니까 복음사가는 성체성사의 제정에 관한 이야기를 분명히 알고 있었고, 그것을 빵을 많게 한 표징을 설명하는 카파르나움 담화에서 재연하였을 것이다.

ㄷ. 그러면 어떻게 이 침묵을 설명할 것인가? 우선 요한 복음서에서 성사신학의

자료를 본다. 복음사가는 예수님이 지상에 파견되어 계신 동안에 세우시는 그 어떤 성사에 대해서도 언급하지 않는다. 예수님이 현존하시는 한 그분이 최고의 유일한 성사이다. 그분은 말씀과 함께 곁들인 '행동–표징'으로 구원의 일을 하신다. 성사들은 지상의 예수님이 행하신 표징들로부터 그 상징이 나오고 또 선포되었다. 그러나 그 성사들이 시작된 것은 교회의 시간에서이고, 교회는 예수 그리스도의 '죽음–영광'의 사건을 성사들 안에서 기억하고 실현한다.

ㄹ. 요한 복음서의 발 씻기는 행위를 통해 드러나는 표징과 공관복음서가 묘사하는 성체성사의 제정은 일치하는 점이 여럿 있다.

- 이 두 가지 '행위'와 '예식'은 둘 다 예수님의 최후의 만찬 중에 일어나며 아주 가까운 제자들 무리가 그 자리에 함께한다.
- 두 예식 이야기(빵과 포도주의 행위, 발 씻김의 행위) 다음에는 그것을 해석하는 예수님의 말씀이 뒤따르고, 제자들도 같은 행위를 반복하라는 예수님의 초대가 덧붙는다.
- 요한 복음서와 루카 복음서에서 같은 주제가 집중적으로 전하는 공통 요소가 있다. 두 이야기에서 유다의 배반은 같은 자리, 즉 성체성사를 제정한 후(루카 22,21–23)와 발을 씻긴 후(요한 13,22–30)에 자리한다. 루카 복음서에서 베드로에게 한 경고("시몬아, 시몬아! 보라, 사탄이 너희를 밀처럼 체질하겠다고 나섰다. 그러나 나는 너의 믿음이 꺼지지 않도록 너를 위하여 기도하였다. 그러니 네가 돌아오거든 네 형제들의 힘을 북돋아 주어라." 루카 22,31–32)는 요한 복음서에서 베드로가 발 씻김을 거부하는 행위와 그다지 멀지 않다.
- 루카 복음서에서(마태오와 마르코는 아니다)도 요한 복음서와 마찬가지로 '섬김'에 대한 기본 주제가 최후의 만찬 때 분명하게 나온다(루카 22,24–27; 요한 13,13–17). 그때 하신 예수님의 말씀: "누가 더 높으냐? 식탁에 앉은 이냐, 아니면 시중들며 섬기는 이냐? 식탁에 앉은 이가 아니냐? 그러나 나는 섬기는 사람으로 너희 가운데에 있다"(루카 22,27). 이것은 요한 13,13–17 말씀과 비슷하다.

2) 예수님과 베드로의 대화 13,6-11

6-8절

시몬 베드로는 자기 차례가 다가오자 예수님이 자신의 발을 씻기시는 것을 거부한다. 베드로로서는 달리 도리가 없었을 듯하다. 스승이며 주님이신 예수님과 제자들의 관계를 보고 있는 독자 입장에서도 예수님의 행동이 의아하기는 마찬가지다. 지금까지의 요한 이야기를 통해, 주님의 행동에 무슨 뜻이 있으려니 짐작할 뿐이다. 베드로가 물어 본 것이 고맙다. "주님, 주님께서 제 발을 씻으시렵니까?"(6절) 예수님이 말씀하신다. "내가 하는 일을 네가 지금은 알지 못하지만 나중에는 깨닫게 될 것이다"(7절). 지금 베드로가 당신께서 하시는 일의 의미를 알지 못한다는 사실을 예수님은 이미 알고 계시다. 그러나 그 뜻을 밝혀 주시지 않으며, 지금이 아니라 나중에 스스로가 알게 될 것이라고 하신다. 발을 씻겨 주시는 의미를 밝히지는 않으나 깨닫게 될 무엇인가가 있음은 시사하셨다. 베드로의 몰이해는 당연하게 받아들여지고 있다. 이 말씀을 그리스어로 보면, 주어 동사의 배열 자체가 이 장면의 의미를 드러낸다.

호 에고 포이오	수 우크 오이다스 아르티,	그노세 데 메타 타우타.
ὃ ἐγὼ ποιῶ	σὺ οὐκ οἶδας ἄρτι,	γνώσῃ δὲ μετὰ ταῦτα.
나는 행동하고,	너는 모르고 지금은,	그러나 후에 알 것이다.

그러하니 '씻자'는 것이다. 그런데 베드로는 앞에서처럼 '당신께서 제 발을 씻으신다구요?'라고 의문을 제기하는 것이 아니라, "제 발은 절대로

씻지 못하십니다" 하며 단호한 거부를 표현한다. '절대로'(에이스 톤 아이오나 εἰς τὸν αἰῶνα)라는 부사와 '못 씻는다'(우 메 닢세스 οὐ μὴ νίψῃς)라는 동사가 그 단호함을 강조한다. 여기서 '씻다'라는 동사(니프토 νίπτω)의 접속법 원과거형 동사(νίψῃς)가 사용되었는데 예수님이 자신의 발을 씻기는 그런 일은 있을 수 없다는 베드로의 강한 의지를 표현한다. 예수님이 다시 대답하신다. "내가 너를 씻어 주지 않으면 너는 나와 함께 아무런 몫도 나누어 받지 못한다"(8절). "너는 나와 함께 아무런 몫도 나누어 받지 못한다"(욱크 에케이스 메로스 멧 에무 οὐκ ἔχεις μέρος μετ᾽ ἐμοῦ)라는 문장에서도 같은 접속법 원과거형 동사가 쓰이는데, 이를 통해 예수님은 발을 씻을 수 없게 된다면 실제로 '너는 나와 함께할 수 없다'고 말씀하신다. 짧지만 대단히 인상적인 대화다. '누군가와 몫을 함께한다'는 의미는 그와 운명을 함께하며, 그와 함께 결정적인 친교로 들어간다는 것이다(17,24 참조). 그러니 '너는 나와 함께할 수 없다'는 것은 같은 길, 같은 운명의 길 위에 있지 않게 된다는 말씀이다. 예수님의 구원 행위는 단순히 본받아야 할 모범만이 아니라, 우리가 함께해야 할 공동 운명인 것이다.

9-11절

베드로가 황급히 말한다. "주님, 제 발만 아니라 손과 머리도 씻어 주십시오"(9절). 이 말은 스승의 행동이 대단히 거북하고 그 의미도 알 수 없지만, 그것이 스승과의 공동 운명과 관계된 일이라면 그보다 더한 일이라도 받아들이겠다는 베드로의 지향과 의지를 드러낸다.

예수님이 하시는 말씀과 행동은 하느님의 계시다. 그분은 하느님의 뜻을 드러내고 실현하신다. '지금은' 모르겠지만 '나중에는' 알게 될 것이다.

이 말은 지금과 나중 사이에 무엇인가가 일어날 것을 암시한다. 당신의 사람들을 끝까지 사랑하시기에 예수님이 지금 제자들의 발을 씻기시는 일은 그 사이에 일어나는 무엇인가의 일부이다. 이 징조는 성전 정화 사건(2,13-22)에서도 조금 보였고, 예루살렘 입성 사실(12,12-16)에서도 암시되었다. 그 일들에서도 제자들은 이해하지 못하였으나 그분께서 죽은 이들 가운데에서 되살아나신 뒤에(2,22), 영광스럽게 되신 뒤에(12,16) 사람의 아들이 영광스럽게 될 때가 왔던 것을 깨달았다(12,23). 나중에 그들은 기억하였고, 믿었고, 이해하였다. 그때는 시간이 완성된 후에 성령의 빛으로 이해하는 때일 것이고(16,12 이하), 요한의 아들 시몬이 순교하여 스승이신 주님의 길을 따르는 시간일 것이다(21,18-19). 어느 날, 베드로도 그의 발을 씻긴 스승의 참된 뜻을 알게 될 것이다. 아마 그의 생애 마지막 순간, 주님께서 그에게 맡기신 양들을 위한 사랑으로(21,15-17) 예수님처럼 십자가형에 처해 자신의 생명을 내놓게 되는 그 순간에 깨닫게 될 것이다.

"내가 너를 씻어 주지 않으면 너는 나와 함께 아무런 몫도 나누어 받지 못한다"(8절). 이것은 그리스도인 세례 관습을 어렴풋이 드러내는 말인데, 전례 예식을 가리키는 것이 아니라 세례와 예수님 죽음의 상관성을 말한다. 씻어 주시는 일을 통하여 예수님과 상관있게 된다는 것은, 발을 씻어 주시는 상징적인 행동으로 먼저 드러난 사랑, 곧 예수님의 삶에서 끝까지 가는 자기를 내주는 사랑의 부분이 되는 것을 의미한다. 결정적인 시간이 온 이때에 발을 씻겨 주신 행위는 구원을 주는 예수님의 죽음을 상징한다. 예수님은 베드로에게 씻김 받은 이들의 특권을 알려 주셨다. 구원받은 이들의 특권이다.

요한은 전형적인 오해 기법을 활용하여 독자들이 공감하는 가운데 이 계시를 알아가도록 이야기를 전개한다. 그래서 베드로가 이제는 정반대로 '발만 아니라 손과 머리'도 씻어 달라고 하는 이야기를 전한다. 예수님은 더 깊이 설명하신다. "목욕을 한 이는 온몸이 깨끗하니 발만 씻으면 된다"(10절). 여기에서 목욕을 하다로 번역된 동사는 '씻다, 목욕하다'라는 뜻을 지닌 뤼오(λούω) 동사의 현재 완료형 분사(λελουμένος)다. 이 동사는 예수님의 발 씻김 행위를 이차적으로 세례와 연관하여 해석하도록 이끈다. 이 동사의 동의어들은 신약성경에서 세례를 가리키는 단어로 널리 쓰인다. 이 대화를 통해 독자는 세족례의 상징을 이해하게 된다.

"너희는 깨끗하다. 그러나 다 그렇지는 않다"(10ㄴ절). 예수님은 아버지와 일치하고 아버지의 계획을 수용하시기에 누가 그분을 배반할 것인지도 아신다. 6-11절을 보면 예수님은 무지(6절), 오해(8-9절), 배신의 위협(10-11) 한가운데에서 그들의 발을 씻기심으로써 사람들을 향한 당신의 깊은 사랑을 드러내신다. 11절에서 화자는 독자를 특별한 상황에 놓는다. 왜냐하면 예수님은 이미 당신을 팔아넘길 자를 알고 계셨기 때문이다. 이 정보는 예수님의 행동이 주는 효과를 강화시킨다. 예수님은 당신의 끝없는 사랑을 드러내는 상징적 행동인 이 발 씻김을 받은 사람들 중 하나가 당신을 배반할 것이라는 사실을 독자가 알게 되기 때문이다.

3) 본을 보여 준 것 13,12-17

12-17절

4-11절에서, 예수님이 제자들의 발을 씻기심으로써 사랑의 극치를 드러내시는 것과 제자들이 예수님의 몫을 나누어 받음으로써 구원의 공동 운

명에 들어서는 것을 보았다. 이어지는 절에서는 발 씻김의 두 번째 의미가 제시된다. 예수님이 발을 다 씻어 주신 다음 제자들에게 말씀하신다. "내가 너희에게 한 일을 깨달겠느냐?"(12절) 깨달아야 할 내용에 주의를 집중시키면서 말씀을 이어 가신다. 13-14절에서는 당신이 던지신 질문에 당신이 대답하신다. 제자들은 발 씻김을 목격하였고, 거기에 참여하였다. 그러나 그들은 예수님을 스승이며 주님으로서 분명하게 이해하고, 스승이며 주님이신 분의 행동이 그들의 삶에 어떻게 영향을 미치는지 파악하기 위해 좀 더 가르침을 받아야 한다.

발 씻김은 예수님이 그들을 위하여 하셨던 일을 그들 사이에서 반복하라고 하신 말씀을 기억나게 할 것이다. 이 가르침의 역사적 · 전례적 배경이 무엇이든 간에, 현재 문맥에서 예수님은 당신이 그들에게 하신 일을 그들 사이에서 반복하라고 가르치신다. 그들은 발 씻김으로 상징화된 예수님 사랑의 본本, 곧 자기를 내주는 사랑을 반복하게 될 것이다(15절). '본'(휘포데이그마 ὑπόδειγμα)이라는 단어는 유다인 본문(칠십인역 2마카 6,28; 4마카 17,22-23; 집회 44,16)에서는 잘 알려졌으나 신약성경에서는 여기에서만 발견되는데, 죽음의 본보기와 연관되어 있다. 예수님의 권고는 단지 도덕적 행동을 본받으라는 것이 아니라 당신이 보여 주신 '자기를 내주는 사랑'을 본받으라는 것이다. 여기서 발 씻김을 통하여 해석된 예수님의 죽음은 믿는 이들의 공동체를 위한 삶과 행위의 규범이다. 예수님의 본을 좇아 죽음으로, 자기를 내주는 사랑으로 자기를 버리라는 명령은 교회의 전례에서 세례로 표현되었다. 꼭 '세례에 관한' 것이 아닐지라도, 이 대목에서 요한 공동체의 삶과 실천에 전례 의식이 있었음을 추정할 수 있다(3,3.5; 19,34 참조). 요한 공동체의 그리스도인들은 예수님이 그들을 위하여 하신 것처럼 하도록 초대받았다. 요한 공동체의 일원이 된다는 것은 죽음으로 이어질지도 모르는 사랑, 예수님의 본을 받아들이는 위험을 감수하는 것을 의미했다(16,2 참조).

1-3절에서 이야기했던 예수님의 앎이 행동으로 나타난 첫 단락은 "진실로(아멘)"를 이중으로 사용하며 16-17절에서 마무리된다. 발 씻김은 그 자체로 끝나지 않고 주님이 종들에게, 파견한 이가 파견된 이들에게 주는 가르침으로 끝난다. 그들은 종으로서, 스승이며 그들을 보낸 이의 추종자로서 그들의 자리를 지켜야 한다. "이것을 알고 그대로 실천하면 너희는 행복하다"(17절). 예수님은 먼저 아시고 이어서 행동을 취하셨는데, 17절에서도 제자들의 앎이 앞서고 그 앎이 실천되기를 촉구하신다. 시작과 끝에서 같은 단어가 사용되어 주제를 감싼다. 예수님의 앎과 사랑이 행동으로 드러난 것처럼 그렇게 제자들의 앎과 사랑도 행동으로 나타나야 한다. 그 안에 복(마카리오스 μακάριος)이 있다. '그대로 실천하면 너희는 복되다'(마카리오이 에스테 μακάριοί ἐστε).

18-20절

예수님은 제자들 중 하나로서 당신을 배반할 사람의 정체를 알고 계시다(10-11절). 그분은 제자들이 알고 있는 바를 모두 다 실천하지는 않는다는 것을 알고 계시고, 당신이 선택한 사람들도 알고 계시다(18절). 그분은 그들의 허약함에 대하여 착각하시지 않는다. 이미 그들 중 하나가 배반할 것이라고 가리키셨다. 자신이 알고 있는 바를 실행하지 않을 한 사람, 오히려 알고 있는 것과 반대로 나갈 한 사람이 예수님과 함께 식탁에 앉아 있으나 아직 예수님을 공격하지는 않고 있다. 약한 제자들을 선택한 배경에는 인간의 모든 논리를 허용하지 않는 하느님의 지혜가 있다. 예수님은 사건들이 일어나기 전에 성경 말씀대로 이루어질 사건들을 알려 주신다. 그래서 그 일들이 일어났을 때, 그들이 알게 되어 그분이 하느님의 유일한 계시자였음을 믿게 하기 위해서이다. “일어날 때에 내가 나임을 너희가 믿게 하려는 것이다”(19절: 히나 피스테우세테 호탄 게네타이 호티 에고 에이미 ἵνα πιστεύσητε ὅταν γένηται ὅτι ἐγώ εἰμι). 예언 전승에서 취한 ‘에고 에이미’의 절대 용법은 그런 주장을 할 수 있는 모든 다른 이들 앞에서 예수님이 하느님의 유일한 계시자임을 강조한다. 무지하고 약해서 넘어지는 제자들, 그 가운데 배반자까지 섞여 있는 제자 무리를 선택한 것 자체가 이 계시의 일부다. 성경에서 말한 대로 이 일이 일어났을 때 그러한 일을 하시는 하느님의 경이로움이 드러날 것이다. 그때 제자들은 알게 될 것이고 예수님의 선택이 하느님을 알게 한다는 것을 믿게 될 것이다. 동시에 미리 알게 된다는 것은 약한 제자가 위기의 순간에 올바른 선택을 할 수 있도록 기회를 열어 주는 것이기도 하다.

예수님은 약하고 결함 있는 제자들을 선택하셨을 뿐만 아니라, 그들을 당신의 대리자로 파견하신다(20절). 이 절은 제자들의 발 씻김(1-17절)과 제자들의 배반과 배신 예고(21-38절) 사이에서 균형을 잡는 부분인데, “진실로(아멘)”라는 단어를 이중으로 사용하며 시작한다. 제자들을 맞아들이는 것은 예수님을 맞아들이는 것이고, 예수님을 맞아들이는 것은 하느님을 맞아들이는 것이다(20절). 이야기는, 예수님의 죽음은 사랑으로 자신을 선물하는 순간이 될 것이고, 하느님의 존재를 드러내면서(19절) 허약한 제자들을 아버지께서 보낸 사람으로 변화시키리라고 약속한다(18.20절; 참조 7절).

2. 새 계명 13,21-38

1) 배반 예고 13,21-25

21-22절

13,1에서 예수님은 때를 아시고, 당신의 사람들에게 극진한 사랑을 드러내신다고 말하였다. 21절에서 예수님은 당신의 사람 중 하나가 당신을 배반할 것이기에 마음이 산란하시다: "마음이 산란하시어 드러내 놓고 말씀하셨다"(21ㄱ절). 마음이 산란하다(에타락크테 토 프네우마티 ἐταράχθη τῷ πνεύματι). 휘저어진 마음, 흐트러진 마음을 드러내신다. 그리고 "진실로(아멘)"를 이중으로 사용하여 곧 다가올 배반을 선언하신다(에마르튀레센 ἐμαρτύρησεν '증언하다', '선언하다'라는 뜻의 마르튀레오 동사의 직설법 원과거형). "내가 진실로 진실로 너희에게 말한다. 너희 가운데 한 사람이 나를 팔아넘길 것이다"(21ㄴ절). 이 말씀에 제자들은 당혹스러워한다. 그들은 예수님의 말씀을 전혀 못 알아듣는다. 예수님이 산란한 마음을 드러내는데, 제자들은 예수님의 처지에 공감하기는커녕 그분이 하신 말씀에 "어리둥절하여 서로 바라보기만 하였다"(22절). 여기서 제자들의 모습을 묘사하는 단어인 아포뤼메노이(ἀπορούμενοι)는 어쩔 줄 모르다, 불확실하다는 뜻을 지닌 아포레오(ἀπορέω) 동사의 현재분사다. 24-25절을 근거로 보면 '누구를 두고 하시는 말씀인지 몰라 어리둥절한' 것이다. 여기서 대화는 23-30절로 이어진다.

23-24절

23-24절에는 요한 복음에만 등장하는 고유하고 특별한 두 인물이 부각된다. 먼저 23절에 예수님께 사랑받는 제자가 등장한다. 특별한 위치에 있는 제자이다. "예수님 품에 기대어(엔 토 콜포 투 예수 ἐν τῷ κόλπῳ τοῦ Ἰησοῦ) 앉아 있었는데, 그는 예수님이 사랑하시는 제자였다"(23절). '품에'에서 품(콜포스 κόλπος, 가슴)은 1,18을 기억하게 한다. 거기서 예수님과 아버지의 관계를 묘사할 때 "아버지와 가장 가까우신", 직역하면 '아버지 품에 있는'(호 온 에이스 톤 콜폰 투 파트로스 ὁ ὢν εἰς τὸν κόλπον τοῦ πατρὸς)이라는 표현에서 같은 콜포스가 사용되었다. 24절에서는 사랑받는 제자에게 고갯짓을 하는 시몬 베드로가 나타난다. 예수님이 말씀하시는 사람이 누구인지 여쭈어 보라는 것이다. 일부 학자들은 여기서 제자들의 오해, 몰이해를 말하며 심지어 베드로도 사랑받는 제자도 그 상태에 있음을 강조한다. 하지만 여기 제자들은 이해하지 못하는 처지에 있다기보다, 미래에 일어날 일을 모르는 일반적인 상황에 있는 것이다. 19절에서 예수님이 말씀하신 대로 그들은 일이 일어날 때에야 알게 될 것이다. 그러라고 말씀해 주시는 것이다. "일이 일어나기 전에 내가 미리 너희에게 말해 둔다. 일이 일어날 때에 내가 나임을 너희가 믿게 하려는 것이다." "제 빵을 먹던 그가 발꿈치를 치켜들며 저에게 대들었습니다"(18절)라는 말씀은 구체적으로 21절과 병행되는 내용이다.

요한 복음서는 유다의 배반에 대해 여러 번 언급하였다(6,64.71; 12,4). 13,18에서도 이 파렴치한 행동에 대해 언급했다. 21절에서는 예수님의 가장 가까운 사람들 중의 하나가 그분을 유다 지도자들에게 넘겨줄 것이라는 사실이 명백하게 선언된다. 우리가 12장까지 쭉 보아 왔듯이 유다인들은 생명이신 분을 죽이려고 혈안이 되어 있는데, 제자들 중 한 사람이 그 유다인들에게 결정적인 도움을 주리라는 것이다. 여기서는 예수님을 넘겨주는 행위 자체에 초점을 맞출 뿐 누구에게 넘겨주는지에 대해서는 언급하지 않는다.

독자들이 이미 문맥을 통해 누구에게 스승 예수를 넘겨줄지 아는 것처럼, 제자들 역시 '누구에게' 넘겨줄 것인지는 알고 있다. 다만 그런 엄청난 일을 저지를 사람이 누구인지에 대해 의문을 나타내고 있다. 스승이 누구를 두고 말씀하신 것인지 몰라 서로 바라보기만 한다. 매우 혼란스러워한다. 마르코 복음서는 그들이 '근심하였다'고 전한다. 그들은 예수님께 "저는 아니겠지요?" 하며 끔찍한 일에 자기가 포함되어 있지 않기를 바라면서 근심과 두려움을 드러낸다(마르 14,19).

23-26ㄱ절에서, 어리둥절해하는 제자들은 미처 알아차리지 못하는 한 장면이 전개된다. 제자들이 서로 쳐다보고 혹은 중얼대며 스승의 말씀에 머물러 있는 동안, 스승과 아주 밀접한 관계에 있는 두 사람 사이에 앎이 오간다. 이 앎의 근원을 복음사가는 '사랑'이라는 언어로 푼다. 제자들 가운데 한 사람이 스승의 품에 기대어 앉아 있었는데 "그는 예수님이 사랑하시는 제자"였단다. 지금 그것을 의식하는 이는 시몬 베드로이다. 베드로는 그 제자를 통해 배반자가 누구인지를 알아내려 한다. 시몬 베드로는 예수님이 특별히 사랑하시는 이가 누구인지를 분명히 알고 있었다. 그래서인지 그는 부활하신 주님께서 마지막으로 발현하셔서 그와 중요한 대화를 나눌 때도 그 사랑받는 제자의 운명에 관해 스승께 묻는다. 그 자리에서 화자는 지금의 이 장면을 기억해 낸다(21,20-21).

예수님이 사랑하시는 제자에 관한 이야기는 요한 복음서 중 여기에서 처음 나온다. 이름이 밝혀지지 않은 이 제자는 스승의 품에 기대어 앉아 있다. 당시 팔레스티나에도 퍼져 있던 그리스-로마 풍습에 의하면, 회식 자리에서 손님들은 긴 탁자 위에 왼쪽 팔꿈치를 괴고는 편안하게 반쯤 누워서, 오른손으로 먹기도 하고 마시기도 하였다. 주빈이신 스승의 품에 기대어 앉았다는 이 제자는 특히 더 신뢰받았음을 드러낸다. 복음서 역시 '예수님이 사랑하시는 제자'라는 표현을 거침없이 쓴다. 굳이 표현하지 않은 채로 내재해 있던 사실을 지금은 언급해야만 하는 때인가 보다. 이 사랑받는 제자는 예수님이 죽으시는 순간에(19,26 이하), 빈 무덤에 달려갈 때에(20,2 이하) 다시 중요하게 언급될 것이다. 시몬 베드로와 이 제자 사이에 신체언어가 교환된다. 베드로는 그 제자에게 고갯짓으로 누구인지를 알아보게 한다. 베드로는 예수님이 그 제자에게는 답해 주실 것을 감지하고 있다.

25-26ㄱ절

"그 제자가 예수님께 더 다가가 주님께 물었다." 이미 품에 기대어 있는데 더 바짝 붙었다는 단순한 이 표현은 두 가지를 우리에게 알려 준다. 하나는 입을 거의 귀 가까이에 가져가 아주 나지막한 소리로 스승께만 들리게 물었다는 것이고, 다른 하나는 오직 사랑을 통해서만 깊은 내면을 알아챌 수 있다는 것이다. "주님, 그가 누구입니까?" 예수님도 나지막하게 그에게만 알려 주신다. "내가 빵을 적셔서 주는 자가 바로 그 사람이다." 어떻게 '그에게만'인지를 아는 것은 간단하다. 다른 제자들은 예수님이 유다에게 한 행동과 말의 의미를 아무도 몰랐고, 저마다 나름대로 추측했다고(28절 이하) 전하고 있기 때문이다. 스승님은 그 제자와 당신의 속내를 나누신다. 아무것도 감추지 않고. 그의 질문에 응하여 배반자가 누구인지를 가르쳐 주신다. 그 제자 역시 스승께 조심스레 여쭙기를 주저하지 않았고, 물을 때에 그는 "주님"이라고 부른다. 스승 예수님이 누구신지를 알며 존중하는 태도가 엿보인다. 사랑받는 제자는 아마도 예수님이 누구신지를 가장 깊이 인식하고 있었을 것이다. 사랑과 신뢰를 바탕으로 한 관계에서 일어나는 일의 한 단면을 복음서가 보여 주고 있다. 요한 복음사가는 차마 스승 예수님을 완전한 고독 속에 내버려둘 수 없었던 듯하다. 배반이 있는 서글프고 마음 아픈 상황 한가운데에서도, 사랑과 신뢰로 일치하는 관계가 존재함을 알려 준다.

2) 예수님과 유다 13,26-30

26ㄴ-27절

예수님은 빵을 적신 다음 그것을 들어 시몬 이스카리옷의 아들 유다에게 주셨다(26절). 스승이 자연스럽게 하시는 행동이라서 그 말을 들은 제자만 이 행동의 의미를 알 뿐, 다른 제자들은 무심코 넘겨버린다. "유다가 그 빵을 받자 사탄이 그에게 들어갔다"(27절). 이 말은 스승이 그에게 빵을 주었기 때문에 그는 자기 의지 없이 사탄에 사로잡히게 되었다는 뜻이 아니다. 이것은 그의 배반에 대한 요한 공동체의 이해다. 사실 배반자가 누구인지를 미리 알게 된 그 사랑받는 제자도, 베드로도 그를 만류하지 않는다. 이 둘은 스승 예수님이 그를 막지 않듯 같은 입장에서 방관하고 있는 것처럼 보인다. 왜 그럴까? 왜 그가 예수님을 배반하지 않도록 막지 않을까? 막을 수가 없기 때문이다. 그것은 마지막 결정적 순간에 행동으로 나타날 때까지 드러나지 않을 것이며 그렇기에 온전히 유다에게 달려 있다. 유다의 마음이 어디로 기울었느냐에 달려 있기 때문이다. 예수님도, 동료들도 어떻게 해 볼 수 없는 유다의 믿음 세계, 거기에서 복음사가는 그가 사탄의 지배를 받고 있음을 본다. "유다가 그 빵을 받자", 이 구절을 그리스어로 보면 '카이 메타 토 프소미온 토테 에이셀텐(καὶ μετὰ τὸ ψωμίον τότε εἰσῆλθεν)'인데 '빵조각 후에(다음에) … 들어갔다'라는 의미이다. 이 '다음에'라는 표현은 인과因果관계가 아니라 단지 시간적 상태를 가리킨다. '그는 빵조각을 먹었고 이어서 사탄이 그에게 들어갔다'는 것이다. 악마가 그 생각을 불어넣어(2절) 유혹을 받고 있던 이가 선택을 하고 마음을 굳혔다는 말이다. 유다는 빵을 받아먹고 행동을 개시하기로 마음을 굳혔다. 이미 약속된 계획이 진행되는 가운데 행동할 순간을 엿보고 있었고, 아마도 이제 이때쯤 나가야겠다고 생각했을 수 있다.

예수님이 말씀하신다. "네가 하려는 일을 어서 하여라"(호 포이에이스 포이에손 타키온 ὃ ποιεῖς ποίησον τάχιον). 여기서 포이에이스는 직설법 현재형이다. 관계대명사 호(ὃ)와 합하여 나타났다. 이것("네가 하려는 일")이 유다의 마음을 드러낸다. "어서 하여라." 유다의 결심을 예수님이 짚으셨을 뿐이다. 유다는 실상 스승 예수님의 말씀에 아무런 자극도 받지 않는다. 그의 마음이 이미 사탄의 뜻으로 기울었기 때문이다. 그에게 주님의 말씀은 아무런 힘도 없다. 이것이 아니라면 유다는 다른 동료들이 생각하는 대로, 전에 하던 순리대로 가난한 이들에게 무엇인가를 주고 와도 된다. 사실 아직은 아무 일도 일어나지 않았다. 유다는 아직도 선택할 수 있다. 예수님은 유다에게 기회를 주셨다.

28-29절

다른 제자들은 예수님이 하신 말씀의 뜻을 알지 못했다. “어떤 이들은 유다가 돈주머니를 가지고 있었으므로, 예수님이 그에게 축제에 필요한 것을 사라고 하셨거나, 또는 가난한 이들에게 무엇을 주라고 말씀하신 것이려니 생각하였다”(29절). 늘 해 오던 대로 그가 할 일을 시키셨거니 생각한 것이다. 유다는 동료들이 당연히 그렇게 생각하리라는 것을 알고 있었기에 침착하게 티를 안 내고 나갔을 수 있다. 스승까지도 그렇게 알기를 바랐을 것이다. 유다는 스승도 동료도 속인 것이다. 함께한 시간을 통해 형성된 신뢰와 정보를 이용하여 스승과 동료들을 배신한 것이다.

30절

“유다는 빵을 받고 바로 밖으로 나갔다”(라본 운 토 프소미온 에케이노스 엑셀텐 에우투스 λαβὼν οὖν τὸ ψωμίον ἐκεῖνος ἐξῆλθεν εὐθύς)라는 30절은 “유다가 그 빵을 받자 사탄이 그에게 들어갔다”(카이 메타 토 프소미온 토테 에이셀텐 에이스 에케이논 호 사타나스 καὶ μετὰ τὸ ψωμίον τότε εἰσῆλθεν εἰς ἐκεῖνον ὁ σατανᾶς)는 27절과 병행을 이룬다. 이 병행을 통하여 27절의 후반부와 30절의 후반부가 같은 의미임을 알 수 있다. 유다는 빵을 받은 후 바로, 아무도 눈치채지 못하는 방식으로 행동을 개시하였다. 즉 밖으로 나갔다. 유다가 나간 목적은 동료들이 아는 것과는 완전히 달랐다. “때는 밤이었다”(30ㄴ절). 사탄의 뜻에 동의한 유다는 스승이며 주님이신 예수님의 세계, 빛의 세계(8,12; 12,46 참조)에서 나간다. 예수님을 거부하고, 예수님을 죽이려고 하는 이들의 세계, 어둠과 밤의 세계로 갔다(3,19; 12,35 참조). 이 표현을 통해서 밖으로 나간 유다가 무엇을 할 것인지가 결정적으로 암시된다.

이 대목에서 두 가지 행동, 곧 극진한 사랑을 보여 주시는 스승 예수님의 행동과 그 사랑을 배반하고 거절하는 한 제자의 행동이 극적으로 대비된다. 스승 예수님께 받아들여져 하느님의 아드님을 가장 가까이서 만나고 함께 머물며 진리와 빛을 받던 사람 하나가, 스승이며 주님이신 분이 극진한 사랑과 정성으로 제자들과 함께 머무는 그때, 생명이 사랑으로 드러나는 그때, 그 스승을 거부한다. 사랑과 빛을 거부하고 떠난다. 단순히 떠나는 것이 아니라 스승을 해치려고 한다. 그러나 요한 복음사가는 지극한 품위와 친밀함으로 내면을 드러내는 예수님의 사랑이 거칠게 함부로 상처받도록 하지 않는다. 유다와는 매우 대조적으로 스승의 사랑에 온전히 하나가 되어 일치하는 제자들의 모습을 함께 보여 준다.

우리는 여기서 그 어떤 방어나 유보도 없이 온전히 자신을 비워 내주는 주님의 사랑을 본다. 그리고 그 사랑에 응답하는 두 종류의 사람을 본다. 한 사람은 열린 사랑으로 다가온 분을 버린다(넘겨준다). 스승과 함께하고 그 모든 것을 보고도 어떻게 이런 선택을 할 수 있었을까? 결과를 놓고 보면 유다는 그분의 인격, 더구나 신격을 받아들인 적이 없는 듯하다. 그는 인간적인 안목으로 무언가의 유익을 위해 그분의 효용가치를 따졌을지도 모른다. 그분과의 인격적인 만남이 없을 때, 그분이 하느님의 아드님이심을 믿지 않을 때 생기는 일이다. 그분과의 통교, 그분이 하시는 일을 알아보는 것은 인간적 안목만으로는 가능하지 않다. 신神과의 만남은 신앙 안에서만 가능하다. 예수님과의 진정한 관계는 믿음으로만 이루어진다. 유다의 마음에 예수님의 자리가 없었음은 베타니아에서 그분께 향유를 쏟아 붓는 일이 일어났을 때 드러났다. 그는 예수님의 능력을 알아보았을 뿐이고, 그분이 하시는 일의 성과를 생각했을 뿐이다. 그는 단지 그 능력의 크기와 무게를 알고 있었을 따름이다. 유다는 예수님이라는 '사람의 아들'을 마음에 담지 못했다. 그러기에 그분에게서 '하느님의 아드님'을 보고 그 뜻에 온전히 이끌릴 수는 더더욱 없었다. 공관복음서에 의하면 악령 들린 사람들이 예수님을 알아본다. 그분의 능력을 본다. 자기들이 이끌려 갈 수 없고 공존할 수는 없는, 그러나 자기들을 압도하는 능력을 본다. 유다는 여기에서 그들과 같은 모습을 드러낸다. 그것을 아마도 요한 복음사가는 그에게 사탄이 들어갔다는 표현으로 설명하는 것 같다.

다른 한 사람은 예수님을 온전히 마음에 맞아들이고 믿음에 더하여 사랑하는 관계에 있다. '예수님이 사랑하시는 제자'라고 복음사가가 전하는 그 사람은 예수님의 품에 기대어 앉아서 사랑으로 하나가 되어 있음을 드러낸다. 그는 예수님의 부르심을 받은 후 그분 곁에 머물며 그분을 믿은 제자의 전형이다.

3) 새 계명과 제자 13,31-38

31-32절

31절은 "유다가 나간 뒤에"라는 말로 시작하며 위 30절과 긴밀하게 연결된다. 30절이 때를 강조하였다면, 여기서는 유다의 부재가 강조된다. 이 공간 밖, 유다가 머무르기 시작한 곳에서는 그쪽의 계획을 개시하였다. 그 사실과 맞물려서 예수님이 함께 계신 제자들의 무리 안, 이곳에서는 다른 계획, 주님의 뜻이 절정을 향해 가고 있다. 예수님은 유다가 나간 뒤에 선언하신다. 제일 먼저 "이제 사람의 아들이 영광스럽게 되었고, 또 사람의 아들을 통하여 하느님께서도 영광스럽게 되셨다"는 사실을 선포하셨다. 이 주제는 12,23에서 그리스 사람들이 예수님을 찾아왔을 때에 언급되었고 17,1 이하에서도 다시 다뤄질 것이다. 여기 31절에서는 12,23에서처럼 사람의 아들이 영광을 받을 때가 가까웠음을 이야기한다. 시간을 나타내는 부사 "이제"(눈 νῦν)는 '때'(호라 ὥρα)와 같은 뜻이다. 이 단어가 같은 뜻으로 사용된 것은 17장 1절(ὥρα)과 5절(νῦν)에서 뚜렷하게 볼 수 있다. "사람의 아들"이라는 말은 앞부분에서 십자가와 연관되어 사용되었고(1,51; 3,14; 6,27.53; 8,28; 12,23), 31절도 같은 맥락에 있다. 12,23의 "사람의 아들이 영광스럽게 될 때가 왔다"는 선언은 곧바로 24절의 밀알의 죽음과 열매 이야기로 연결되면서 수난과 죽음, 부활을 예고하였고 33-34절을 통하여 확인되었다. 이제 사람의 아들이 그의 영광을 위하여 들어 올려질 때가 왔고, 그것을 통하여 하느님께서 영광을 받으실 것이다. 예수님은 십자가 위에서 영광을 받으시는데, 그분의 죽음은 또한 '하느님의 영광'을 계시할 것이다. 복음사가는 일관되게 '영광'이라는 단어를 사용하여 계시를 언급한다(1,14; 2,11; 5,44; 7,18; 11,4.40; 12,41.43). 하느님의 영광이 시나이에서 보였던 것처럼, 십자가는 하느님이 계시되는 시간이고 장소이다.

그리스인들이 왔을 때가 사람의 아들이 영광을 받는 때가 오고 있다고 예고하는 시발점이었는데, 배신자의 떠남은 이제 사람의 아들이 영광을 받게 되고 십자가 위에서 예수님이 영광을 받으시는 것 안에서 하느님의 영광을 보게 될 것(31ㄴ-32ㄴ절)이라는 예수님의 선포를 유발한다. 그리고 이 사건들은 이제 곧(에우튀스 εὐθύς) 일어날 것이다(32ㄷ절). 유다가 나간 후에, 앞서 13,18-20에서 예수님이 선언하신 내용, 즉 예수님이 곧 하느님의 계시(19절: "내가 나임")임을 제자들이 믿게 되는 사건들이 일어나기 시작한다.

33-35절

예수님이 제자들을 "얘들아"(테크니아 τεκνία)라고 부르시는데, 여기서 약한 제자들을 향한 그분의 무조건적인 사랑이 포착된다. 요한의 첫째 편지에서는 믿는 이들을 여러 번 그렇게 부른다(1요한 2,1.12). 이 호칭은 당신의 제자들에 대한 예수님의 애정과 신뢰를 표현한다. 요한 복음사가가 13,1에서 제자들을 '당신의 사람들'이라고 표현한 것과 같은 맥락이다. "얘들아, 내가 너희와 함께 있는 것도 잠시뿐이다"(33ㄱ절). 그리고 이어지는 말씀이 "너희는 나를 찾을 터인데, 내가 유다인들에게 말한 것처럼 이제 너희에게도 말한다. '내가 가는 곳에 너희는 올 수 없다.'" 7,33-34에서 유다인들에게 같은 말씀을 하셨는데 유다인들은 예수님이 누구신지도, 아버지께로 돌아간다는 것이 어디로 가신다는 의미인지도 몰랐다. 그런데 안타깝게도 제자들 역시 예수님의 말씀을 이해하지 못한다. 아직은 그분의 '작은 아이들'로 있는 제자들이지만, 오해와 실패와 무지로 사랑을 잃게 될 것이다. 그럼에도 불구하고 그분은 그들에게 예수님의 제자가 되는 표지가 될 새 계명을 주신다(34-35절). 이 계명은 그분께서 앞서 보여 주신 본(휘포데이그마 ὑπόδειγμα)과 조화를 이룬다. 발 씻김은 그들에게 본이라는 선물로 표시되고, 몫을 나누는 일은 새 계명의 선물로 표시된다.

15절: 내가 너희에게 본을 준다(휘포데이그마 가르 에도카 휘민 ὑπόδειγμα γὰρ ἔδωκα ὑμῖν).

34ㄱ절: 내가 너희에게 새 계명을 준다(엔톨렌 카이넨 디도미 휘민 Ἐντολὴν καινὴν δίδωμι ὑμῖν).

본과 계명은, 죽음으로 자신을 내주는 사랑으로 제자들을 이끄는 예수님의 요구이다. 이것은 예수님이 '그들에게 하신 것처럼'(카토스 에고 에포이에사 휘민 καθὼς ἐγὼ ἐποίησα ὑμῖν, 15ㄴ절) 제자들도 그 본을 따라야 한다는 명령에 함축되어 있고, 예수님이 '그들을 사랑하신 것처럼'(카토스 에가페사 휘마스 καθὼς ἠγάπησα ὑμᾶς, 34ㄴ절) 제자들도 서로 사랑해야 한다는 새 계명에서 온전히 드러나기 시작한다. 예수님이 '당신의 사람들'에게 행하신 사랑, 그로부터 영감을 받은 사랑의 고유함이 예수님의 추종자(제자)를 선발하는 기준이 될 것이다(35절). 예수님이 제자들과 함께 계신 시간은 아주 짧고 그들은 예수님이 가시는 곳에 갈 수 없다(33절). 그분이 계시지 않는 시간에, 제자들은 예수님의 사랑을 반복할 것이고, 그 사랑을 통해 예수님의 삶은 현존하게 될 것이다(34-35절).

예수님은 그동안 표징을 통해 일해 오셨다. 표징은 예수님이 누구신지, 그분이 하시는 일은 무엇인지, 그분이 하시는 일의 목적은 무엇이며 어떤 특징이 있는지를 우리에게 알려 준다. 복음사가는 많고 많은 표징(20,30; 21,25) 중에서, 1-12장에서 몇 가지만 보여 주었다. 우리는 그래서 앞부분을 '표징의 책'이라고 부른다. 그런데 이제 예수님은 살아 움직이는 표징을 제시하신다. 스승 예수님께 극진한 사랑을 받아 온 제자 공동체가 이제 예수님을 드러내는 표징인 것이다. 예수님은 생명이고 빛이기 때문이다. 이 표징은 제자들이 서로 사랑할 때 완성된다. 예수님이 그들을 사랑하신 것처럼 서로 사랑할 때이다.

"서로 사랑하여라. 내가 너희를 사랑한 것처럼 너희도 서로 사랑하여라." 예수님은 이것을 두고 새 계명이라고 말씀하신다. 무엇이 새로운가? 예수님이 하신 말씀의 내용은 두 가지로 분석할 수 있다. 사랑의 방법과 대상이다. 이 사랑은 그리스도께서 그분의 사람들을 사랑하신 그 사랑이다. 이 원체험이 중요하다. 이 원체험에서 출발하여 서로 사랑해야만 한다. 부사 '… 처럼'(카토스 καθὼς)은 단지 비교만 가리키는 것이 아니고 그 사랑의 기본적 요소, 곧 원칙을 말한다. 이 원칙은 그들의 체험을 바탕으로 한다. 예수님과 제자인 나의 관계가 원래의 출발점이다. 실제로 누구든지 그분 안에 머물러야 그분처럼 행동할 수 있다(1요한 2,6.27). 여기서 관건이 되는 또 하나는 사랑이 흐르는 방향이다.

내가 → 너희를 사랑한 것처럼 → 너희도 서로 → 사랑하여라

사랑의 이 방향성에는 처음부터 본보기가 있다.

아버지께서 → 나를 사랑하신 것처럼 → 나도 너희를 사랑하였다.

율법서와 예언서의 정신은 하느님 사랑과 이웃 사랑으로 요약된다. 그래서 가장 크고 첫째 가는 계명은 "네 마음을 다하고 네 목숨을 다하고 네 정신을 다하여 주 너의 하느님을 사랑해야 한다"(마르 12,30; 마태 22,37; 루카 10,27)이고, 둘째는 "네 이웃을 너 자신처럼 사랑해야 한다"(마르 12,31; 마태 22,39; 루카 10,27)이다. 율법서와 예언서의 정신, 곧 구약성경은 요한 복음서의 기본 토대이다. 요한은 구약의 계명을 새로운 계명으로 표현한다. 하느님을 사랑하는 첫째 계명이 가능하도록 하느님께서는 당신 자신

을 계시하셨고, 예수님은 당신 안에서 하느님을 드러내셨다. 그분은 하느님과 갖는 사랑의 관계를 본보기 삼아 당신의 사랑을 드러내셨다. 아버지께서 예수님을 사랑하셨다. 구약에서 말하는 두 계명은 예수님이 주시는 새 계명으로 함축되고 완성된다. 예수님이 완성하신 구원의 경륜 안에서 새로운 계약이 시작된다(히브 8,7 이하; 마르 14,24). 이 새 계명은 뒤에서(15장) 다시 등장하여 사랑의 원칙이 되는 예수님의 사랑과 연관되어 정의된다.

여기서 요한 복음사가가 말하는 '서로'의 일차적인 대상은 공동체 구성원간의 사랑이다. 멀리 있는 대상이 아니라 가장 가까이 있는, 같은 길을 가는 동료들 사이의 사랑이다. 게다가 일방적인 사랑이 아니고 서로 사랑하는 것이다. 이 사랑의 관건은 예수님과 제자인 나, 그리고 같은 제자들 사이의 관계이다. 이것을 기반으로 하여 다른 사람에게로 나아가는 것이다. 서로 사랑하는 그 사랑으로 다른 이들을 향한 사랑에로 나아가는 것이다. 예수님의 제자와 이웃은 점점 확대될 것이다.

36-38절

이 대목에서 시몬 베드로는 새 계명 이전의 말씀인 33절을 받아 질문하고, 예수님은 그에 대답하시며 33절의 말씀을 다시 확인하신다. 그러자 베드로가 "주님, 어찌하여 지금은 주님을 따라갈 수 없습니까? 주님을 위해서라면 저는 목숨까지 내놓겠습니다"라고 한다. 예수님은 7절에서 베드로가 지금은 이해할 수 없는 일이 시작되었음을 예고하셨다. 하지만 "나중에는 깨닫게 될 것이다"라고 하셨다(7ㄴ절). 36절에서도 같은 양상이다. 예수님은 지금은 따라오지 못하지만 "나중에는 따라오게 될 것이다"

라고 하신다. 베드로는 지금과 나중 사이에 일어날 그 무엇, 스승님이 겪으시게 될 일을 어렴풋이 짐작하기에 "주님을 위해서라면 저는 목숨까지 내놓겠습니다"(37절)라고 말하는 것이다. 그러나 예수님이 말씀하시는 지금과 나중 사이에 차원을 달리하며 벌어질 일을 베드로는 상상도 하지 못한다. 스승이시고 주님이신 예수님은 아신다. 베드로는 힘겹고, 목숨을 걸어야 할 만큼 심각하고 위험한 장소와 시간이 관련된 인간적인 여정을 생각한다. 3장에서 니코데모가, 4장에서 사마리아 여인이 그러했듯이, 신비로운 구원의 여정은 아직 모르고 있다. 착한 목자가 자기 양을 위하여 목숨을 내놓는 것처럼(10,11.15.17) 베드로도 자기 목숨을 내놓게 될 것이다.

그런데 그런 사랑은 근원적으로 예수님을 따르는 데서 나오는 것이지 개인이 하느님의 섭리에 자신의 세계관을 부여함으로써 나오는 것이 아니다. 결국 예수님은 베드로의 약함과 무지로 인하여 그가 실패할 것을 예고하신다. "내가 진실로 진실로 너에게 말한다. 닭이 울기 전에 너는 세 번이나 나를 모른다고 할 것이다"(38절). 베드로가 아주 아프게 실패를 겪는 '지금'의 일이 일어나게 될 것이고 예수님이 '내가 나임'(ἐγώ εἰμι)을 더욱 잘 알게 될 것이라는 예고가 또 하나 나왔다. 복음서를 읽는 독자는 이야기의 시작부터 예수님의 예언들이 성취되고 있다고 말해 왔음을 알고 있다. 유다는 예수님을 배반할 것이고(2,10-11.18.21-31), 베드로는 예수님을 모른다고 부인할 것이다(36-38절).

예수님이 제자들과 함께하시는 마지막 밤, 요한의 이야기에서 세 가지 주제가 드러났다. '때'의 도래(1절), 불완전한 당신의 사람들을 위한 사랑(1-3절), 그리고 완전한 사랑의 행위로 이루어지는 예수님의 임무 완수(1절)

가 그것이다. 이야기의 마지막에서 그들의 약함이 어떻게 드러나든 간에(36-38절) '당신의 사람들'을 향한 '예수님의 사랑'은 계속될 것(34-35절)이라는 주제가 다시 나타난다. 또 예수님의 영광과 하느님 영광의 계시(31-32절)라는 다른 주제도 나타난다. 이 주제는 13장의 중간에 나타나는데, 제자들은 가까운 미래에 있게 될(19절) 사건들을 통하여 그분을 하느님의 유일한 계시자로 인식하게 된다고 예수님이 선언하신다. 13장은 조건 없는 사랑으로 드러나게 되는 영광을 묘사하고, 예수님이 당신의 제자들에게 당신을 따라 살고 사랑하라고 요구하는 이야기다.

제2장 예수님의 떠남 14,1-16,33

1. 함께 계신 예수님 14,1-31

예수님은 떠날 준비를 하고 계신다. 예수님의 떠남은 이미 13장에서 예고되었고, 끝 부분(36-38절)에서는 떠남의 주제가 언급되었다. 제자들은 스승 예수님이 '가시는 것'을 둘러싸고 이야기를 하기 시작한다. 먼저 베드로가(13,36), 다음에 토마스가(14,5), 이어서 필립보가(14,8) 예수님께 묻고 청하는 형태로 예수님의 떠남과 아버지께로 돌아감에 대한 이야기가 전개된다. 예수님은 제자들에게 일일이 답변하시며 그들을 격려하고 준비시켜 주신다. '떠나감 · 돌아감'이라는 주제가 이야기 전체의 기본 골격을 이루고 이 골격 안에서 아버지와 아들의 관계, 아들인 예수님과 믿는 이들의 관계와 같은 다른 주제들이 다루어진다. 예수님은 이 대화를 통해 당신이 가시는 곳을 알려 주시는 동시에 당신이 곧 길이라고 말씀하신다. 예수님은 목적인 동시에 방법이다. 예수님과 제자들이 나누는 마지막 대화이니만큼 당부가 담겨 있는데, 이는 대화체의 명령형이 자주 등장하는 것에서 뚜렷하게 드러난다(1절-3회; 9절-2회; 11절-2회; 27절-2회; 31절-2회).

1) 길과 아버지 14,1-14

1-6절: 길

제자들이 13장에서 사건들, 계명, 예언들을 접하며 대경실색하는 것은 이해할만하다. 그들은 하느님과 예수님 안에서 신앙과 신뢰를 통하여 이것을 극복해야 한다. 예수님이 말씀하신다. “너희 마음이 산란해지는 일이 없도록 하여라. 하느님을 믿고 또 나를 믿어라”(1절). 이 절에 담겨 있는 메시지는 두 가지, 먼저 ‘평온해라’이고 두 번째는 ‘믿어라’이다. 사실 믿는 것이 마음이 산란해지지 않는 길이기는 하다. 하지만 믿음은 마음이 평온할지라도 여전히 요구되고, 또 그들이 계속 나아가는 여정에 필수불가결한 요소이기에 둘로 구분해서 본다. 먼저 평온하라고 주신 말씀이 “너희 마음이 산란해지는 일이 없도록 하여라”(메 타라쎄스토 휘몬 헤 카르디아 Μὴ ταρασσέσθω ὑμῶν ἡ καρδία)이다. 방해하다, 어지럽히다, 불안하게 하다는 뜻의 타라쏘(ταράσσω) 동사를 명령형 현재 수동태로 사용하였다. 예수님은 여기서 단지 당신의 부재와 이어지는 일들뿐 아니라 무엇이든, 제자들의 마음이 무엇인가에 사로잡혀 불안해하는 일이 없게 하라고 경고하신다. 어떤 경우이든 그들이 애써 할 일은 믿는 일이다. 그러면 마음이 무언가에 사로잡히는 일이 없을 것이다.

2절: 신앙과 신뢰는 제자가 되는 데 언제나 필요한 합리적인 요구이지만, “나를 믿으라”는 명령은 그들을 위험에 휘말리게 할 수 있다. 예수님은 임박한 당신의 떠남이 지니는 의미를 더 충만하게 설명하기 시작하신다. 그분은 아버지의 ‘집’(오이키아 οἰκίᾳ)으로 가시려는데, 그곳에는 거처할

‘곳’(모나이 μοναὶ, 모네 μονή 명사의 복수)이 많다. 예수님이 말씀하시는 아버지의 집은 하느님의 왕국(영역)인데, 이 영역에는 제자들이 거주할 수 있는 장소가 많이 있다. ‘아버지의 집’은 하느님께서 당신 백성과 긴밀하고 영구적으로 일치해 사시는 복된 장소 또는 상태를 가리킨다. 여기에 ‘있을 곳이 많다’는 것은 아버지의 집은 일정한 기준으로 엄격하게 제한하는 곳이 아니라 차이와 다양성을 인정하는 자유롭고 풍요로운 곳이라는 의미이다. 예루살렘 성전은 하느님 현존의 장소이기에 아버지 집의 상징이었다(2,16 이하). 이 천상의 집에서 아들은 권리를 갖고 살며(8,35) 당신의 친구들을 위한 자리를 마련할 수 있다. 1절에서 예수님은 스승이 떠난다고 하여 마음이 산란해지지 말라고 제자들에게 당부하신다. 당신이 떠나시는 이유는 제자들을 데려가기 위해서 아버지의 집에 자리를 마련하러 가는 것이고 일시적인 이별일 뿐이니 슬퍼하지 말라고 하신다. 그런 보증을 받아들이기 위해서는 무엇보다 신앙 행위가 필요하고 하느님께로, 그분의 외아드님께로 삶이 향해 있어야 한다. “하느님을 믿고 또 나를 믿어라.” 이 믿음으로 아버지와 아들 사이의 상호적인 내재뿐만 아니라(14,10) 아버지의 집, 곧 하느님의 집에서 받을 영접도 믿으라는 것이다. 그러니 예수님의 떠남은 위로이고 희망이다. ‘거처할 곳’이라는 단어는 동사 ‘머물다’와 같은 어간을 지니므로 의미도 연관성을 지닌다. 이때 ‘머물다’는 지속적인 거주를 가리키는 말이므로, ‘거처할 곳’은 지속적으로 거주할 수 있는 장소를 의미한다고 볼 수 있다. 이 단어는 이미 앞의 여러 곳에서 친밀한 상호관계의 수용 또는 거부의 의미로 사용되었고(1,32; 8,31.35; 12,46), 뒤에서 다룰 15,1-11에서는 핵심어로 사용될 것이다.

3절: 이 문장은 사용된 동사의 시제를 분석하여 그 의미를 살펴볼 필요가 있다. "다시 와서"(팔린 에르코마이 πάλιν ἔρχομαι)는 현재 시제다. "너희를 (내게로) 데려다가"(카이 파랄렘소마이 휘마스 프로스 에마우톤 καὶ παραλήμψομαι ὑμᾶς πρὸς ἐμαυτόν)에서는 '데려가다'(파랄람바노 παραλαμβάνω)의 미래형이 사용되었는데, 이어지는 구에서는 현재형이 쓰였다. '내가 있는 곳에 너희도 같이 있도록'(히나 호푸 에이미 에고 카이 휘메이스 에테 ἵνα ὅπου εἰμὶ ἐγὼ καὶ ὑμεῖς ἦτε). 예수님의 떠남과 미래의 돌아옴 사이에는 엄연히 시간의 간격이 있다. 그런데 여기 사용된 현재 시제가, 다가오고 있는 예수님의 존재를 암시하는 역할을 한다. 복음서의 많은 부분에서 아들을 믿는 이는 영원한 생명을 얻는다고 할 때, 오고 있는 '그리고 이미 와 있는' 때를 강조했다(3,15.16.36; 4,14.36; 5,24-25; 6,27.35.47.56.63; 10,10.28; 11,25-26; 12,50). 떠난 사람이 아직 현재에 있는 것은 설명할 길이 없다. 추가 설명이 요구되는데, 이것은 일반적인 떠남이 아니며 3절에 쓰인 현재 시제는 실현된 종말론에 대한 전통적인 믿음과 조화시키는 복음서의 관례를 나타내고 있다.

4-6절: "너희는 내가 어디로 가는지 그 길을 알고 있다." 예수님은 제자들에게 그들이 이미 주님의 길과 운명에 대해 가르침을 받았다는 것을 상기시키신다. 제자들은 예수님이 죽음을 통하여 당신의 영광을 드러내고 하느님께 영광을 드린다는 의미(11,4.40; 12,23.32-34; 13,31-32)에서 당신의 아버지께로 돌아간다고 하시는 말씀을 들었다(10,38; 12,27-28). 그런데 토마스는 "주님, 저희는 주님께서 어디로 가시는지 알지도 못하는데, 어떻게 그 길을 알 수 있겠습니까?" 하고 말한다. 이 말(5절)

은 토마스가 예수님 이야기의 결말에 직면하는 것을 원하지 않음을 반영한다(13,33.36). 제자들은 그분이 가시려고 하는 곳을 알아야만 하기에 "그 길"(텐 호돈 τὴν ὁδὸν)에 대한 다음의 가르침을 달라고 요청한다.

예수님은 자신을 "길"로 계시하신다. 예수님은 아버지께 가는 길이다(6ㄴ절). 그리고 어떻게 그럴 수 있는지를 이어지는 두 단어의 의미를 통해 설명하신다. "나는 길이요 진리요 생명이다"(에고 에이미 헤 호도스 카이 헤 알레테이아 카이 헤 조에 ἐγώ εἰμι ἡ ὁδὸς καὶ ἡ ἀλήθεια καὶ ἡ ζωή). 세 단어가 나란히 자리하지만 동일한 비중을 지니지는 않는다. 몰로니(Moloney)는 라 포테리(la Potterie)의 견해를 인용하며 여기서 접속사 카이(καὶ)가 앞선 단어를 설명하는 보충적 해설 용법으로 사용된 것으로 본다. 즉 예수님은 길이시고, 이어지는 진리와 생명 두 단어는 "그 길"을 묘사한다는 것이다. 슈나켄부르크(Schnackenburg) 역시 "길"에 강세가 있음을 밝히고, 레이몬드 브라운(Raymond E. Brown)을 비롯한 많은 학자도 여기의 카이는 설명적으로 '다시 말하면'의 뜻이라 하며, '예수님은 길이신데, 그 이유는 그가 진리요 생명이기 때문'이라고 말한다. 예수님은 진리이기 때문에, 여행의 목적지인 아버지의 유일한 계시이시다. 그분은 진리, 또는 아버지의 계시이기 때문에 길이시다. 예수님은 생명이시기 때문에 길이다. 예수님은 당신을 유일한 구원의 길, 아버지께 가는 길로 제시하신 것이고, 이는 "나는 문이다. 누구든지 나를 통하여 들어오면 구원을 받고"(10,9)와 같은 내용이다. 그분은 아버지 안에 계시고 아버지가 그 안에 계시기에, 그분은 아버지의 생명을 사람들에게 전해 주는 통로이다. "나는 양들이 생명을 얻고 또 얻어 넘치게 하려고 왔다"(10,10)에서도 드러나듯이 길의 목적지는 아버지와 함께하는 생명이다. 요한 복음서의 이 표현들은 서로 연계되며, 서곡(1,4.14.17)에서부터 시작하여 이야기 전체에서 예수님을 줄곧 권위 있는 구원의 계시로 가리켰다(진리 ἀλήθεια - 1,14.17; 5,33; 8,32.40.44-46/ 생명 ζωή - 1,4; 6,33.35.48.63.68; 8,12; 10,10; 11,25).

예수님이 "길"이라고 하신 말씀은 자기 계시를 넘어서는 의미를 갖는다. "나는"(에고 에이미 ἐγώ εἰμι)과 함께 나타난 이 표현은, 예수님이 누구신지를 선언할 뿐 아니라 그분이 행하시는 것을 선언한다. 하느님은 예수님의 삶과 말씀에서 계시되었고, 제자들은 아버지께로 가시는 예수님의 떠남이 들어 올려지는 것(3,14; 8,28; 12,32)과 죽음(10,16-18; 11,4.49-53; 12,23-24.32-33; 13,18-20)을 통하여 일어나리라는 것을 알아야 한다. 예수님의 길은 죽음에 이르기까지 자기 자신을 내주고 사랑하는 것이다. 이 길은 그분을 따르는 이들의 길이 될 것이다(13,15.34-35). 제자들에게 하느님과 예수님 당신을 믿으라는 강한 권고로 시작한 이 단락은 예수님이 떠나셨기 때문에 제자들도 떠날 수 있음을 가르친다. 그분은 그들을 위한 자리를 마련하러 떠나신다(2-4절). 이 단락은 비틀거리는 제자들의 믿음이 왜 예수님 안에 확고하게 자리 잡아야 하는지를 밝히며 마무리된다. 예수님을 믿고 신뢰하는 까닭은 그분이 목적지로 향하는 유일한 "길"이기 때문이다(5-6절).

7-11절: 아버지와 예수님

6절에서 여정의 목적지가 아버지로 드러나고, 7-11절은 핵심 주제인 '아버지'를 말한다. 예수님을 아는 것은 아버지를 아는 것이다(7ㄱ절). "이제부터 너희는 그분을 아는 것이고, 또 그분을 이미 뵌 것이다"(7ㄴ절). 예수님의 시간인 이제부터(아프 아르티 ἀπ' ἄρτι) 예수님을 보는 것을 통하여 아버지를 아는 사람은 또한 아버지를 본 것이다. 7ㄱ절은 가정문으로 나타나 확인하고자 하는 상태를 명백히 나타낸다. "에이 에그노카테 메, … 그노세스테(εἰ ἐγνώκατέ με, … γνώσεσθε)." 직역하면 '만일 (너희들이) 나를 알았다면, 알게 될 것이다'이다. 예수님의 이 말씀은 약속이다. 알다(기노스코)의 현재완료 시제(에그노카테)를 사용하여 이미 그들이 알게 되었음을 드러낸다. 4절에서 예수님은 제자들이 알고 있다는 것을 언급하셨고, 5절에서 토마스는 좀 더 명확한 것을 청했고, 6절에 그 결과가 나타났다. 7절 이하에서 같은 형태가 반복된다. 그들은 예수님을 알게 되었기에 또한 아버지를 알게 되었다. 그런데 8절에서 필립보가 예수님께 그들이 충족할 수 있게 아버지를 보여 달라고 청한다. 오천 명을 먹이신 이야기에서 필립보는 수많은 군중을 먹일 수 있는 예수님의 능력을 믿지 못하는데, 그때에 그는 "충분하지 않겠습니다" 하며 '충분하다', '만족하다'는 뜻의 아르케오(ἀρκέω) 동사를 사용하였다. 그런데 여기에서도 아버지를 뵙게 해 주시면 "그것으로 충분하겠습니다"라고 말할 때, 같은 아르케오 동사를 사용하였다. 아직은 만족하지 않음, 충분하지 않음을 드러낸 것이다. 제자들은 근본적으로 예수님이 누구신지, 무엇을 하시는지, 그리고 어디로 가려 하시는지를 이해하는 데 토대가 되는 진실을 알지 못한다. 제자들은 예수님이 당대에 가장 훌륭하고 뛰어난 스승이며 하느님께 선택받아 하느님께서 도와주시는 분이라고 신뢰하고 따르며, 그래서 그분이 그리스도임을 믿는다. 그러나 제자들은 그리스도이신 예수님이 아버지의 외아들이고 하느님과 하나이신 분이라는 사실을 믿고 아는 데까지 이르러야 한다.

예수님은 제자들이 당신과 함께한 긴 시간을 돌아보도록 답변하신다.

예수님을 아는 것이 하느님을 아는 것인데, 이제 다시 아버지를 보여 달라는 필립보의 청은 제자들이 아직 예수님을 올바로 이해하고 있지 못함을 드러낸다. 그들의 믿음은 더 나아가야 한다. 예수님은 제자들이 주님의 말씀을 알아들으려면 믿음에서 출발해야 한다는 것을 가르치시며, 믿음의 근간이 되는 당신 존재를 다시 밝히신다. 예수님은 아버지 안에 계신 분이고, 아버지는 예수님 안에 계시다. "내가 아버지 안에 있고 아버지께서 내 안에 계시다는 것을 너는 믿지 않느냐?"(10절) "내가 아버지 안에 있고 아버지께서 내 안에 계시다고 한 말을 믿어라"(11절). 이 말씀에 담긴 존재 원리와 방식은 이해해야 하는 내용이 아니라 믿어야 하는 내용이다. 이 믿음 위에서 여타의 모든 것이 이해될 수 있다. 믿기가 어려우면 예수님이 그동안 하신 일들을 근거로 해서 믿으라고 말씀하신다. 복음서는 그분이 하신 일들을 표징으로 제시하며 그분이 누구이신지를(신원) 계속해서 드러내고(계시) 있다. 스승이며 주님이신 예수님은 말씀도 당신 뜻대로 하시지 않고(10ㄴ절 "내가 너희에게 하는 말은 나 스스로 하는 말이 아니다"), 행하신 모든 일도 당신 뜻대로 하지 않으셨다(10ㄷ절 "내 안에 머무르시는 아버지께서 당신의 일을 하시는 것이다").

필립보의 질문과 예수님의 대답이 나오는 8-11절에 '믿음'이란 단어가 4회(그리스어 원문에는 3회) 등장한다. 이 단어는 1-6절에서도 첫 줄에 2회 등장하였다. 이 대목(7-14절)의 마지막 단락(12-14절)에도 1회 등장하여, 다른 모든 것이 가능하게 하는 핵심어의 역할을 한다. 믿음을 통해 보게도 되고 알게도 된다. 이 대목의 주제를 받치는 '믿다'라는 동사는 현재 명령형으로 나타나 있고, 제일 마지막에는 현재 분사로서 나타났다.

1절: 하느님을 믿고 또 나를 믿어라(πιστεύετε εἰς τὸν θεὸν καὶ εἰς ἐμὲ πιστεύετε).

11절: 내가 아버지 안에 있고 아버지께서 내 안에 계시다고 한 말을 믿어라. … 일들을 보아서라도 믿어라(πιστεύετέ μοι ὅτι ἐγὼ ἐν τῷ πατρὶ … διὰ τὰ ἔργα αὐτὰ πιστεύετε).

12절: 나를 믿는 사람은 내가 하는 일을 할 뿐만 아니라…(ὁ πιστεύων εἰς ἐμὲ…).

믿는 이는 예수 그리스도 안에서 하느님을 본다. 왜냐하면 그분은 아버지의 품 안에 계시는 완전한 계시자이기 때문이며(1,17-18; 6,46) 또 당신이 본 천상의 실재에 대해 증언하시기 때문이다(3,11.32; 8,38). 실상 스승은 계시를 통해 이미 아버지를 보여 주셨고 당신이 곧 진리임을 보여 주셨다(14,6). 그렇기에 제자들은, 예수님이 아버지 안에 살고 또 아버지는 예수 안에 사신다는 것을 믿어야만 한다. "내가 아버지 안에 있고 아버지께서 내 안에 계시다는 것을 너는 믿지 않느냐?" 왜냐하면 하느님과 그 외아들 간에는 온전히 근본적이고 유일한 앎이 존재하기 때문이고(10,15) 예수님과 아버지는 하나이기 때문이며(10,30), 서로 안에 있기 때문이다(10,38). 이 표현은 14,10; 14,20; 17,21에서 계속 언급되는 중요한 계시 말씀이다. 뒤에서만 다시 언급되는 것이 아니라 이미 앞에서도 예수님은 하느님의 말씀들을 계시할 뿐만 아니라(3,34; 8,28.38; 12,49) 당신께서 아버지의 살아 있는 말씀이라고(1,1.14.17-18) 선언하셨다. 육화하신 말씀은 아버지의 성전이다(2,19 이하).

요한 복음서에서 '일들'은 계시와 믿음의 전망에서 보아야 하기에, 예수님의 말씀들과 아버지의 '일들'을 살펴보면 의미와 목적이 유사함을 알 수 있다. 아버지께서 외아들에게 보여 주신 일들은 아들의 신적 본성을 계시하면서 유다인들을 놀라게 하였다(5,20). 표징들이 그분의 신성에 대한 믿음을 불러일으키기 위하여 예수님의 신적 영광을 보여 주듯이(2,11; 4,53-54; 7,31; 9,16; 20,30-31), 그렇게 '일들'은 보는 이들의 마음에도 믿음을 불러일으키기 위하여(10,37-38) 그분의 신적 파견을 증언한다(5,36). 그 일들은 사실 아버지께서 하신 일들이다. 예수 그리스도에 의해 완성된 표징들은 하느님의 일들을 보여 준다(9,3). 아들이 아버지 안에 있기 때문에 아들의 일은 아버지의 일이며(14,10), 그런 까닭에 하느님의 일 또는 아버지의 일이라 불릴 수 있고 그렇게 불려야만 한다.

제자들은 예수님의 신적 말씀에 근거하여 그분의 계시를 받아들여야 하는데, 그분이 이룩하신 일들은 아들과 아버지의 상호적인 내재를 보증하고 있다. 예수님은 여러 번 오직 당신의 말씀에 근거한 순전한 믿음을 말씀하셨다(4,21.48; 6,29). 그 때문에 보지 않고도 믿는 사람은 복되다고 하셨다(20,29). 예수님은 하느님의 이름으로 행한 놀랍고 초자연적인 일들의 신적 증거를 대시며, 그것 때문에라도 믿으라고 하면서(5,36; 10,25.37-38; 11,15) 당신의 천상 파견을 확인하신다. 예수님은 최후의 만찬 자리의 고별 대목에서 한층 더 명확하게 제자들에게 믿음을 촉구하신다. 이렇게 14,1-14 전체가 믿음을 촉구하는 구절로 감싸여 있다.

12-14절

예수님은 중요한 말씀을 하실 때 쓰시는 "내가 진실로 진실로 너희에게 말한다"라는 관용어구로 12절을 시작하신다. 예수님은 제자들에게 당신을 믿으면, 곧 당신이 하느님과 하나이심을 믿으면, 당신의 신격으로 삶의 방향을 정하면 놀라운 일과 초자연적인 표징들을 행하게 될 것이라고 확언하신다. 이 표현은 공관복음서에도 나온다(마르 11,21-22 등). 깊은 믿음으로 놀라운 일을 행할 수 있다는 가능성은 예수님이 아버지께로 돌아가는 것, 거기서 제자들의 청을 들어주리라는 것과 같은 맥락에서 부여된다. 그렇기에 그들은 주님이 하신 일뿐만 아니라 그보다 더 큰 일도 하게 될 것이라고 말씀하신다. 예수님이 떠나신 뒤 주님이 부재하신다는 이유로 예수님이 하느님을 드러내시던 일이 중지되어서는 안 된다. 그렇다고 제자들이 자동적으로 스승 예수님이 하시던 일을 해내고 이 큰 일들을 하게 되지는 않을 것이나, 예수님을 믿으면 가능한 일이라고 말씀하셨다(12절). 그 믿음으로 그들은 예수님이 하시던 일을 계속할 수 있도록 예수님의 이름으로 청하도록 강력히 권고받는다(13절).

수난과 죽음을 겪은 예수님은 부활하심으로써 영광을 받으려 하신다. 그분은 조금 있으면 하늘에 계신 아버지께 돌아가실 것이고, 하느님 곁에서 당신의 이름으로 올리는 제자들의 기도를 들어주실 것이다. 예수님은 세상이 창조되기 이전에 갖고 계시던 영광을 입으시고 당신의 이름으로 행하는 제자들의 청원을 들어주겠다고 하신다. 신앙으로 하느님께 올리는 기도를 들어주신다는 주제는 전통적인 것이다(마태 18,19 등). 이제 기도가 받아들여지도록 하기 위해서는 예수님의 이름으로 기도해야 한다. 즉 그리스도를 통하여 하느님을 향해야 하고, 그렇게 드린 청원은 아버지께 즉시 받아들여질 것이다. 그래서 예수님은 "너희가 내 이름으로 청하는 것은 무엇이든지 내가 다 이루어 주겠다"(13절)라고 말씀하신다. 제자들의 청원을 들어주심으로써 아들이 아버지를 영광스럽게 하실 것이다. 이 대목은 다시 14절의 말씀으로 강화되었다. "너희가 내 이름으로 청하면 내가 다 이루어 주겠다." 이로써 예수님을 뵌 제자들은 아버지를 뵌 것이라는 사실이 보증되고 예수님은 결국 기도를 들어주시는 분이라는 사실이 확인될 것이다.

예수님의 떠남은 새로운 시대를 열고 있는데, 그때에 제자들의 일은 예수님이 하신 일을 넘어설 것이다. 왜냐하면 예수님은 당신이 하고 있는 일을 하는 제자들을 통해, 당신의 부재 속에 현존하실 것이기 때문이다. 여기서 12절 "내가 하고 있는 일"에서 '내가 하고 있는'(에고 포이오 ἐγὼ ποιῶ)이 현재 시제로 쓰였고, 13절에서 제자들의 요청을 "내가 다 이루어 주겠다"는 말씀을 그리스어로 보면 사실 '내가 할 것이다'(포이에소 ποιήσω; 14절 에고 포이에소 ἐγὼ ποιήσω)라고 미래 시제로 쓰였다. 예수님은 제자들을 통하여 현존하실 것이다. 12-14절은 제자들이 하게 될 일과 예수님이 하고 계신 일의 연속성을 너무도 신비롭게 표현해 놓았다. 신앙과 기도 안에서 이루어지는 일이다.

2) 사랑과 계명 14,15-24

예수님이 떠나신 뒤의 상황이 근본적인 배경으로 계속 나타난다. 예수님은 여전히 당신이 제자들과 함께 현존하시는 제자들의 새 시대를 말하고 계시는데, '협조자', '사랑', '계명' 등이 핵심어로 등장한다. 13장 1절부터 언급되기 시작한 예수님의 사랑, 명확히 표현하면 '제자들에 대한 예수님의 사랑' 이야기는 이제 제자들의 사랑, 곧 '예수님에 대한 제자들의 사랑' 이야기로 옮아간다. 이 사랑이 제자들이 예수님이 하고 계신 일을 하게 하고, 더 큰 일도 하게 할 것이다.

예수님을 사랑함으로써 맺는 결실에 대한 언급이 점진적인 구조로 세 번에 걸쳐 나온다(15.21.23절).

㉠ 15절 너희가 나를 사랑하면 내 계명을 지킬 것이다.
㉡ 16절 아버지께서는 다른 보호자를 너희에게 보내시어,
㉢ 18절 나는 너희를 고아로 버려두지 않고 너희에게 다시 오겠다.

㉠′ 21ㄱ절 내 계명을 받아 지키는 이야말로 나를 사랑하는 사람이다.
㉡′ 21ㄴ절 내 아버지께 사랑을 받을 것이다.
㉢′ 21ㄷ절 나도 그를 사랑하고 그에게 나 자신을 드러내 보일 것이다.

㉠″ 23ㄴ절 누구든지 나를 사랑하면 내 말을 지킬 것이다.
㉡″ 23ㄷ절 내 아버지께서 그를 사랑하시고
㉢″ 23ㄹ절 우리가 그에게 가서 그와 함께 살 것이다.

예수님은 이 대목에서 세 번이나 반복하여(㉠-㉠′-㉠″) 사랑과 계명을 연결시켜 말씀하신다. 그분이 주신 계명은 '서로 사랑하라'는 계명이고, 그 계명의 출발점은 그들이 스승 예수님께 받은 사랑이다(13,34 "내가 너희를 사랑한 것처럼 너희도 서로 사랑하여라"). 그런데 그들이 그 계명을 지킬 수 있는 원동력은 그들의 주님에 대한 사랑임을 알려 주신다. 그리고 동시에 그들이 주님을 사랑한다는 증거는 주님의 계명을 지키는 응답(순종)이라고 밝히신다. 이어서 사랑으로 새 계명을 지키는 의미에 대해 말씀하

신다.

이 구조가 강조하며 드러내고 있는 세 개의 메시지를 살펴본다. 첫 번째는 계명을 지키는 것이 사랑의 행위라는 것이다. 계명을 지키는 것은 의무나 강제가 아니라 예수님과 맺는 관계 안에서 그분의 뜻을 받드는 것, 곧 사랑의 응답이라고 한다. 위의 표에서는 ㉠이 이 요소를 가리킨다. 두 번째는 그것으로 인해서 아버지와 맺어지는 관계가 있다는 것이다. 아버지께서 협조자를 보내 주시고, 예수님의 새 계명을 지키도록 도와주신다는 말이다. 이것은 위에서 ㉡으로 표기된 요소인데 아버지와의 관계가 ㉡′과 ㉡″에서 더 잘 드러나 있다. 아버지로부터 사랑받을 것(㉡′)이라고 하고, 아버지께서도 그를 사랑하신다(㉡″)고 한다. 이 구조에서 협조자를 보내 주시는 것은 아버지의 사랑의 표현으로 나타난다. 세 번째 요소는 예수님이 제자와 함께 계신다는 것이다. 이것은 ㉢으로 표기되었다. 처음에는 돌아온다(재림-너희에게 다시 오겠다)는 표현이 나오고, ㉢′에서는 드러내 보인다(계시-나 자신을 드러내 보일 것이다)고 하고, ㉢″에서는 아버지와 아들이 함께 사신다(공동 현존-우리가 그에게 가서 그와 함께 살 것이다)고 한다.

이렇게 점진적인 반복을 통해 예수님은 아버지와 아들과 제자의 관계를 자리매김하시고 강조하며 그 뜻을 명백히 하신다. 이제 아버지와 아들과 제자들은 사랑으로 하나가 된다. 그 한가운데에 사랑이 자리하고 있다. 마지막 24절에서 예수님은 지금 하는 당신의 말이 아버지의 말씀이니 잘 지키라고 하며 위의 말씀을 강화하신다.

15-16절

"너희가 나를 사랑하면 내 계명을 지킬 것이다"(15절)에서 '내 계명을 지킬 것이다'의 그리스어 원문이 명령형인지, 미래형인지에 대한 의견이 분분하다. 브라운은 파피루스 66번과 시나이 사본에 따라 조건문에 이어지는 가정법으로 이 문장을 읽었다(테레세테 τηρήσητε). 그러나 우리는 대다수 학자들의 의견과 바티칸 사본에 근거한 가톨릭 《성경》에 따라 미래형인 '지킬 것이다'(테레세테 τηρήσετε)로 읽는다. '지키다' 동사의 형태가 어떠하든 '사랑'이라는 주제가 24절까지를 한 단위로 묶는다. 예수님은 당신의 계명으로 제자들을 견고하게 결속시키시면서 당신께서 사랑하신 것처럼(13,15.34-35; 14,15ㄱ) 서로 사랑하라고 제자들을 격려하신다. 예수님이 제자들의 기도를 듣고 그들이 청하는 것은 무엇이든지 이루어 주신다는 말씀(13-14절)은 당신이 '보호자'(παράκλητος, '변호인' 1요한 2,1)의 역할을 수행하신다는 것을 가리킨다. 그런데 거기에는 '또 다른 보호자'(알로스 파라클레토스 ἄλλος παράκλητος)가 있을 것이다. 예수님이 하신 보호자 역할과 다른 보호자가 할 역할 사이에는 유사성이 많을 것이나, 다른 보호자는 육이 되지도 않고(1,14) 제자들을 위한 사랑의 완전한 행위로 하느님을 계시하는 죽음으로 들어 올려지지도 않을 것이다. 다른 보호자는 제자들과 영원히 함께 있을 것이다(16ㄴ절). 나아가 그 보호자는 "진리의 영"(토 프네우마 테스 알레테이아스 τὸ πνεῦμα τῆς ἀληθείας)으로 묘사되는데(17ㄱ절), 진리를 소통하는 영, 세상에서 하느님 계시를 계속 드러내는 존재시다. '보호자'란 제자들과의 관계에서 성령께서 하시는 역할을 뚜렷이 드러내는 이름으로, 제자들 입장에서 부르는 이름이다. '진리의 영'은 그분 자체에 초점을 맞춘 이름이다.

17절

17절은 예수님을 중심에 두고 제자들과 세상이 대립하고 있음을 언급하는데, 세상은 예수님이 청하셔서 아버지께서 보내 주신 보호자를 보지도 못하고 알지도 못한다. 파라클레토스(보호자)는 예수님의 세상에 속하는데, 그분 자신과 아버지에 대한 계시를 선포하지 못하도록 예수님께 대응하는 다른 세상도 있다. 반면에 제자들은 스승님 안에서 성령을 알고 있다(휘메이스 기노스케테 아우토 ὑμεῖς γινώσκετε αὐτό). 17절의 마지막 문장인 "그분께서 너희와 함께 머무르시고 너희 안에 계시기 때문이다"(호티 파르 휘민 메네이 카이 엔 휘민 에스타이 ὅτι παρ' ὑμῖν μένει καὶ ἐν ὑμῖν ἔσται)에서, '머무르다'라는 뜻의 메노 동사는 현재 시제이고, '계시다'라는 뜻의 에이미 동사는 미래 시제로서 한 문장 안에 서로 다른 두 시제가 함께 쓰였다. 바로 앞 문장의 '알고 있다' 역시 현재 시제다. 브라운은 '알다'와 '머무르시다' 두 현재 동사를 예기적인 것으로 고려하라고 말한다. '머무르다'와 '있다'(계시다) 두 동사가 현재와 미래를 동시에 의미하는 것이 라삐들의 관례를 반영한다고 말하는 이도 있다. 슈나켄부르크 등 다른 많은 학자가 요한 공동체 구성원들의 후기 체험이 시제에 반영되었다고 설명한다. 그들은 영의 체험이 있었고 영이 미래에도 존재하리라는 확신이 있었다는 것이다. 슈나켄부르크는 두 개의 전치사를 구별하여, 파르 휘민(παρ' ὑμῖν)은 공동체의 현재 경험을 언급하고, 엔 휘민(ἐν ὑμῖν)은 제자들이 장차 영의 '내적 현존'에 대해 알게 됨을 강조한다고 말한다. 몰로니는 이 분석이 지나치다고 평가한다. 그는 시제에 관련된 여러 의견을 접하면서 다음과 같이 요약한다. 사실, 보호자는 예수님 안에 거처하시면서 그분의 제자들과 함께 머무르신다(현재). 그런데 스승은 이 고별사에서 진리의 영이 아직 제자들에게 주어지지 않았다고 말씀하신다. 왜냐하면 그리스도께서 아직 영광을 받지 않으셨기 때문이다(7,39). 이 신격은 예수님 안에 현존하셨고 그분 안에 사셨다(1,33). 그러니 제자들 곁에서 사신 것이다(현재). 그런데 예수님이 영광을 받은 후에는 성령께서 제자들 안에 사실 것이다(미래). 사실 그리스도께서는 부활하신 후 성령을 열두 제자에게 불어넣으셨다(20,22). 그 때부터 진리의 영은 그리스도인들의 마음속에, 교회 안에 머무르신다(1요한 3,24; 4,13).

18-19절

"나는 너희를 고아로 버려두지 않고 너희에게 다시 오겠다"(18절). 예수님의 떠남은 그분의 죽음과 연결되어 있고 그분의 오심을 준비한다(18ㄴ절). 떠남과 귀환이 함께 묶여 있다. 예수님의 물리적인 떠남이 곧 계시하시는 존재의 부재를 뜻하는 것은 아니라는 주제가 18-21절 전체에 들어 있다. 물론 이제 예수님이 진리를 계시하시는 모습을 세상에서 실제로 볼 수는 없을 것이다. "이제 조금만 있으면, 세상은 나를 보지 못하겠지만 너희는 나를 보게 될 것이다"(19ㄱ절). 그러나 예수님을 믿고 사랑하고 그분의 계명을 지키는 제자들에게는 예수님의 떠남과 죽음을 넘어서 그분이 살아 계실 것이라는 생명의 약속이 주어졌다. "내가 살아 있고 너희도 살아 있을 것이기 때문이다"(19ㄴ절). 예수님은 죽으실 것이고 떠나실 것이나, 이 사건에 이어 보호자가 선물로 주어질 것이다. 예수님이 십자가 위에서 죽으시고 무덤에 묻힌 후에는 그분을 더 이상 볼 수 없고 믿지 않는 세상과는 달리, 제자들은 부활 날에 성령을 받으면서 신앙 안에서 주님을 뵙게 될 것이다. 여기서 '보다' 동사로 테오레오(θεωρέω)를 쓴 것은 우연이 아니다. 이 동사는 요한 복음서에서 신앙의 봄(視)을 가리킨다(6,40; 12,45). 제자들은 예수님처럼, 살아 계신 그분처럼(14,19), 생명의 빵처럼(5,26), 인격화한 생명처럼(11,25; 14,6) 살 것이다. "내가 살아 있고 너희도 살아 있을 것이기 때문이다." 제자들의 신적 생명은 신앙의 열매다. 하느님의 아들, 그리스도를 믿는 사람은 영원히 살 것이다(11,25-26).

예수님은 파라클레토스를 염두에 두고 계시기에, 제자들에게 고아들처럼 버려두지 않을 것이란 말씀을 하실 수 있다. 왜냐하면 보호자가 그들과 함께 있을 것이고 진리의 영이 오심으로 예수님은 그들에게 돌아올 것이기 때문이다. 그분은 진리이니(14,6), 아버지와 하나인 것처럼 진리의 영과도 하나이다. 이런 관점에서 "너희에게 다시 오겠다"라는 구절도 부활하신 그리스도의 발현(20,19-21,23)뿐만 아니라 진리의 영이라는 선물과의 관계에서 놀라운 의미를 품고 있다. 아니 오히려 문맥으로는 후자가 더 타당한 듯하다. 예수님과 성령은 불가분의 관계에 있으므로 영은 진리라고 확언할 수 있다(1요한 5,6). 18절은 서로 다른 구체적인 상황을 언급하는 두 가지 차원에서 읽을 수 있는 구절이다. 14,23ㄷ에서 스승은 제자들에게 아버지와 함께 오셔서 사실 것이라고 말씀하시며, 그리스도 공동체 안에, 하느님 백성의 개개인 안에 삼위일체께서 오셔서 머무르신다는 주제를 완성하신다. 14,17-18에서는 제자들 안에 성령과 예수 그리스도께서 사신다고 말씀하신 반면에, 23절에서는 확실하게 아버지와 아들이 오신다고 말씀하신다.

예수님의 죽음과 떠남은 그분을 아버지와 함께하는 삶, 제자들을 위한 삶으로 이끌어 간다(19절). 그분은 여전히 살아 계시기에, 그분의 떠나심은 역설적으로 다시 새롭게 제자들에게 생기를 주게 될 것이다. 예수님이 살아 있고 제자들도 살아 있을 것이기 때문이다(19절). 예수님이 떠나시고 다른 보호자인 진리의 영이 오신다는 표현에서 예수님과 영-보호자를 구분하게 되지만, 영이 제자들을 위하여 하시는 일은 예수님이 그들을 위하여 하신 일의 연장이고 완성이다. 예수님이 아버지께로 돌아가지 않고서는 제자들을 생명의 삶으로 이끄는 것 또한 가능하지 않다(19절). 19절에는 그들이 알고 있는 육체적인 예수님은 더 이상 존재하시지 않는다는 요한 복음서의 원래 독자들(과 이어지는 모든 독자들)의 체험이 반영되어 있다. 그렇지만 그들은 영-보호자의 항구한 존재 안에서, 그 존재를 통하여 살아 계신 예수님을 계속 체험하고 있다. 전례 공동체에서, 특별히 세례와 성체성사에서, 믿고 사랑하고 그분의 계명을 지키는 이들은 이 지상에 부재하신 분의 현존을 체험한다.

20절

신앙 안에서 이루어지는 이 초자연적인 체험을 통해(19절) 예수님의 제자들은 아버지와 아들 사이의 통교, 나아가 이 신격들과 제자들 간의 통교를 깨닫게 될 것이다. 예수님은 "그날"(20절), 그분의 오심과 그분의 새로운 생명의 선물이 오는 때를 알게 될 것이라고 제자들에게 약속하신다. 부활의 날에 진리의 영을 받으면서, 그 영과 함께 그리스도와 아버지를 모시게 되는 제자들은 신앙 안에서 아들 안에 하느님께서 계시고 자기들 안에 그리스도께서 계심을 알게 될 것이다. 이미 앞에서 분리할 수 없는 아버지와 외아들의 내적 일치가 선언되었는데(10,30.38; 14,9-11), 이제 제자들이 그것을 체험하게 될 것이다.

21절

예수님은 당신의 계명을 지킴으로써 당신에 대한 사랑이 드러날 것이라고 말씀하신다. "내 계명을 받아"는 그리스도의 말씀을 마음속에 품어 간직하며 그것을 수호하는 것을 말한다. 21절을 15절, 23절, 24절과 병행하여 살펴보면 주님의 계명을 받는다는 것은 말씀을 충실하게 준수하는 것임을 알 수 있다. 21절은 사랑을 중점적으로 다룬다. 사랑하다(아가파오 ἀγαπάω) 동사가 15절의 주제를 발전시켜 가며 네 번이나 나타난다. 예수님의 계명을 준수함으로써 그분 안에 나타나는 하느님 계시에 응답하는 것은 예수님을 사랑하겠다는 약속이기도 하다(21ㄱ절). 그런 사랑은 그들을 위한 아버지의 사랑과 예수님의 사랑, 그리고 계속되는 예수님의 계시(21ㄴ절)에 어울리게 될 것이다. 스승의 계명을 지키면서 주님을 사랑한다는 것을 구체적으로 보여 주는 진정한 제자들을 아버지께서는 특별히 사랑하신다. 외아들을 내줄 만큼 이 세상을 강하게, 구체적으로 사랑하시는 하느님께서는(3,35; 10,17; 15,9; 17,24) 그리스도의 말씀을 지키는 예수님의 제자들을(14,21.23; 17,23; 1요한 4,10-11.19) 각별하게 사랑하신다. 진정한 그리스도인들을 위한 아버지의 그런 사랑을 아들도 똑같이 품고 계신다. 예수님은 깊고 부드럽게 제자들을 사랑하신다(11,5; 13,24.34). 제자들을 위한 그분의 사랑은 상상을 초월하는 깊이에 도달했다. 그분은 그들을 지극히 사랑하셨다(13,1; 15,12). 그것은 아들을 위한 아버지의 사랑을 닮은 것이다(15,9). 당신의 제자들을 위한 그리스도의 이 사랑은 그 결과로 특별한 현현顯現을 약속한다. "나를 사랑하는 사람은 내 아버지께 사랑을 받을 것이다. 그리고 나도 그를 사랑하고 그에게 나 자신을 드러내 보일 것이다."

22절

주님의 말씀은 잘 이해할 수 없고 신비스럽기에 제자 하나가 설명을 청한다. "주님, 저희에게는 주님 자신을 드러내시고 세상에는 드러내지 않으시겠다니 무슨 까닭입니까?"(22절) 열두 제자 중의 하나로 야고보의 아들 유다가(루카 6,16; 사도 1,13; 마르 3,18의 타대오) 이 질문을 하였는데, 이 질문에서 메시아에 대한 유다인들의 사고방식이 드러난다. 유다인들은 놀랄 만한 위용을 갖추고 세상에 나타날 이스라엘 임금으로서 메시아를 기다렸다. 그 메시아는 이 세상의 모든 이교도들의 통치자들을 거슬러 이스라엘을 독립시키기 위해 하느님 백성의 최고 통치자로 나타나야만 했다. 이러한 정치적-종교적 메시아를 고대하는 유다인들의 모습은 공관복음서뿐 아니라 요한 복음서에도 나온다(6,14-15.52.60). 제자들도 대부분의 유다인들처럼 스승께서 이 세상에 그런 방식으로 하느님 나라를 시작할 것이라고 기대하고 있었기에 당신을 세상에 드러내지 않으시겠다는 말씀에 놀란 것이다.

유다의 질문으로, '세상'에는 주어지지 않은 계시가 제자들에게만 주어지는 특권이 명시되고, 그 특권을 가능케 하는 조건이 곧 세상에는 드러내지 못하는 조건이 된다는 것이 더욱 명백해진다. 예수님을 사랑하고 그분의 계명을 지키는 일이 그 조건의 내용이다. 복음서의 처음부터 예수님 자신에 대한 계시를 듣고, 하느님의 영광을 보는 일(1,14; 2,11; 11,4.40)은 그분의 말씀에 마음이 열린 믿는 이들에게 가능하였다(1,9-13.19-51; 2,1-4,54). 믿음의 중대성이 예수님의 마지막 담화 중앙에 표현되었다(14,1.11.12). 제자들은 예수님을 사랑해야 한다(14,15.21.23-24). 그분을 사랑하는 거기서 추종, 충실한 따름이 시작된다.

23-24절

"누구든지 나를 사랑하면 내 말을 지킬 것이다. 그러면 내 아버지께서 그를 사랑하시고, 우리가 그에게 가서 그와 함께 살 것이다"(23절).

예수님의 약속은 더 깊이 나아간다. "우리가 그에게 가서(프로스 아우톤 엘레우소메타 πρὸς αὐτὸν ἐλευσόμεθα) 그와 함께 살 것이다(카이 모넨 파르 아우토 포이에소메타 καὶ μονὴν παρ' αὐτῷ ποιησόμεθα)"(23ㄴ절). 이 구절에 나온 동사는 다 미래형이다. 2-3절에 나왔던 거처할 곳(모네) 이미지를 다시 언급하면서 미래형 동사 두 개를 사용하여 결정적인 미래와 아버지와 아들의 항구한 현존을 약속한다. 아버지와 아들은 예수님을 사랑하고 그분의 말씀을 지키는 이들과 거처(모네 μονή)를 함께할 것이다. 아버지와 아들이 계신 아버지의 집에는 거처할 곳이 많다고 2절에서 이야기되었는데, 여기서는 다른 방식으로 아버지와 아들이 거처하시는 또 다른 곳을 드러낸다.

떠나시는 예수님은 당신의 말씀을 믿고 당신을 사랑하는 제자들에게 당신 자신을 드러내신다. 그러나 이 계시가 믿음과 사랑 양쪽을 거부하는 세상에게는 주어질 수가 없다. "그러나 나를 사랑하지 않는 사람은 내 말을 지키지 않는다. 너희가 듣는 말은 내 말이 아니라 나를 보내신 아버지의 말씀이다"(24절). 예수님을 사랑하지 않고 말씀을 지키지 않는 이들의 거부는 현재 일어나는 행위다. 이는 예수님의 말씀과 일들에 나타난 하느님 계시를 거부하는 것(3,34; 5,23-24; 8,18.28.38.47; 12,49)이다. 잠시 동안 예수님은 떠나셔서 물리적으로 계시지 않겠지만, 하느님의 계시는 영이 충만한 제자들의 공동체를 통하여 공동체에서 계속된다. 그 계시는 예수님을 사랑하지도 않고 그분의 계명을 지키려 하지 않는 이들에게 거부될 것인데, 그 거부는 바로 하느님을 거부하는 것이다.

3) 예수님의 현존 14,25-31

25-31절에서 담화는 다시 예수님의 떠남에 대한 내용으로 넘어가 세 가지를 이야기한다. 먼저 파라클레토스(보호자), 곧 토 프네우마 토 하기온(성령)이 제자들에게 온다(25-26절)는 말씀, 다음에는 내 에이레네(평화)를 남긴다(27ㄱ절)는 말씀, 그리고 예수님이 함께 계신다(27ㄴ-31절)는 말씀이다.

25-26절

25절과 26절에서 예수님은 제자들이 체험하는 두 번의 "때"를 말씀하신다. 예수님이 그들에게 말씀하시는 지금(25절)과, 예수님의 이름으로 아버지께서 보내시는 보호자 곧 성령께서 그들과 함께하실 미래(26절)가 그 때이다. 보호자 성령께서는 예수님의 물리적 부재를 대신하시면서 제자들에게 모든 것을 가르치시고 예수님이 말씀하신 모든 것을 기억하게 해 주실 것이다(26ㄴ절). 예수님이 아버지께서 보내신 유일한 아들이셨듯이, 파라클레토스(보호자)도 아버지께서 보내신 분이시다. "당신의 사람들"에게 말씀하시고 가르치신 예수님은 먼저 오신 보호자이고, 예수님이 떠나신 후 그 말씀을 기억하게 하고 가르치는 성령은 "다른 보호자"(16절)이다. 먼저 오신 보호자 예수님의 사명과 목적은, "다른 보호자"(16절) 성령의 사명과 목적을 통해 계속될 것이다. 첫 번째 것은 지상 예수님의 인격에 집중되어 있고 두 번째 것은 진리의 영의 현존과 활동으로 규정된다.

예수님은 제자들과 함께 있는 동안 계시자로서 일하셨다. 그런데 제자들은 그 가르침을 알아듣지 못했다. 그렇지만 오실 보호자의 교육 활동은 아주 효과적일 것이다. 믿는 이들에게 "모든 것을 가르치시"기 때문이다. 그러니 예수님에 이어 성령 역시 신앙의 스승이시다. 그리스도는 육이 된 말씀으로(1,14) 하느님의 말씀을 가르치는, 눈에 보이는 스승이시라면(6,59; 7,14; 8,20; 13,13-14; 18,20), 성령은 교회의 두 번째 스승이시다. 성령의 현존은 참되고 분명한 실재이지만 우리 눈에 보이지는 않는다. 왜냐하면 제자들의 마음속에 머무르시기 때문이며(14,16-17), 제자들의 의식의 내면에서 활동하시면서 주시는 가르침은 제자들의 삶에서 열매로 나타날 것이기 때문이다. 예수님의 말씀을 '기억하는 것'도, 그분의 말씀을 '깨닫는 것'도 모두 성령의 현존 때문이다. 예수님의 말씀은 당신의 사람들에게 하느님을 계시하신 것이었다. 그렇게 보호자 성령은 제자들에게 예수님의 하느님 계시를 기억나게 하며 이어 가실 것이다.

신약성경에서 "성령"(토 프네우마 토 하기온 τὸ πνεῦμα τὸ ἅγιον)이란 표현은 이곳과 20,22에만 나타난다. 아마도 초기 그리스도교 전통에서 요한 공동체로 전달되었을 것이고, 복음서가 최종 편집되기 전에 이미 파라클레토스와 조합되었을 것으로 본다. 16절에서는 아버지가 예수님의 요청에 따라 보호자(파라클레토스)를 보내신다고 서술하고, 26절에는 아버지께서 예수님의 이름으로 보호자(파라클레토스) 곧 성령(토 프네우마 토 하기온)을 보내신다고 하며 두 호칭을 결합하여 서술한다. 이 두 서술 사이에는 모순이 없으며, 다만 26절에서는 그것을 일치와 진행 중인 계시의 개념으로 말할 뿐이다.

27절

예수님이 남기고 가신 평화에는 특별한 수식어가 붙어 있다. '그분의 평화', 곧 "내 평화를 준다"(에이레넨 텐 에멘 εἰρήνην τὴν ἐμὴν)고 하신다. 예수님의 평화는 세상이 결코 필적할 수 없는 그 무엇인가를 주는 평화다. 예수님의 평화는 그분께서 하느님과 하나가 되심으로써 흘러나오는 것이다. 그분은 당신이 오신 곳, 아버지께서 계신 그곳으로 돌아가시고 아버지와 함께 권위를 갖고 계시기 때문에, 그분의 이름으로 청하는 것은 무엇이든지 들어주실 수 있으시다. 그래서 평화의 선물은 성령-보호자(토 프네우마 토 하기온-파라클레토스)의 선물과 관련되어 있다. 예수님의 계속되는 현존(16-17.26절), 아버지와 아들에게 사랑받는 제자들의 존재의 원천, 예수님을 사랑하고 그분의 계명을 지키는 이들에게 드러내시는 예수님과 아버지의 계속되는 계시를 드러내 보일 것이다(20-21절).

예수님이 주시는 평화의 선물은 '하느님으로부터' 오는 것이다. 평화라 하면 전쟁이 없는 상태나 심리적 안정을 가리키는 것이 일반적이다. 그러나 그분의 평화는 세상의 정치에서 오는 측량할 수 있고 깨지기 쉬운 평화와는 비교도 할 수 없는 평화다(27ㄷ절). 성경에서 평화는 주님께서 주시는 특별한 선물로 드러난다(시편 29,11; 이사 57,19). 요한 복음서에서 예수님이 아버지께로부터 사람들에게 가져다주는 위대한 선물의 국면들이 진리, 빛, 생명, 기쁨, 평화와 같은 용어로 표현되는데, 예수님이 말씀하시는 '나의 평화는 나의 기쁨'(15,11; 17,13)과 동일하다. 평화는 하느님 편에 있는 의인들의 영혼에게 주어지는 복 중의 하나이다(지혜 1,1-3). 그것은 요한 복음이 말하는 실현된 종말론에서는 그리스도인들이 살아 있는 동안에도 누리는 기쁨이다. 현재 문맥에서 가장 직접적인 것은 예수님이 죽어 떠나시게 되는 상황과 관련되어 있다. 세상의 평화라는 기준에서 볼 때, 제자들에게 예수님의 죽음과 떠남보다 더 큰 혼란과 재난은 없을 것이다. 예수님은 당신의 평화를 주고 가니, 그 안에서 "너희 마음이 산란해지는 일도, 겁을 내는 일도 없도록 하여라"고 말씀하신다. 이것은 14,1의 반복이다. 1절 이하에서 믿음을 촉구하시면서 예수님의 떠남이 무슨 일을 가져오는지 알려 주셨고, 이제 다시 마무리하신다. 예수님이 드러내 주시는 이 계시 상황을 모를 때 예수님이 '떠나시는 과정'(수난과 죽음)은 분명히 제자들을 근원에서부터 뒤흔들 것이다. 믿고 알고 있던 모든 것이 무너져 내리고, 세상에 그들만 덩그러니 남게 될 것이다. 그런데, 이 말씀을 다 들었다고 해서 제자들이 평온하게 진행 과정을 확인하고 수긍하게 되지는 않을 것이다. 예기치 않은 어렵고 힘든 난관에 봉착할 것이기 때문이다. 그런데 이 모든 것을 예수님이 예측하셨고 성령으로 도와주신다고 약속하셨으니, 그 모든 일에도 불구하고 들려주신 이 말씀을 기억하며 평화를 간직하도록 말씀하시는 것이다.

요한 공동체와 그다음 세대의 교회 공동체도 세상살이에서 갖은 체험을 다 할 것이다. 예수님이 안 계신 부재 상황에서 세상의 논리와 힘, 권력 앞에 죽고 끝나는 것처럼 보이는 일들에 직면하였을 수도 있고, 앞으로 직면하게 될 수도 있다. 그러나 그들은 다른 보호자, 성령을 만나면서 예수님이 그들을 고아처럼 버려두시지 않았음을 깨닫게 될 것이다. 또 그분께서 평화를 주고 가셨음도 깨닫게 될 것이다. 이 평화 안에서 진리의 영인 다른 보호자에게 영감을 받고 깨친 제자 공동체는 아버지와 아들을 드러내는 일을 계속하면서, 예수님이 하신 일보다도 더 큰 일을 할 것이다.

28-31절

예수님은 "'나는 갔다가 너희에게 돌아온다'고 한 내 말을 너희는 들었다"(28절)고 말씀하신다. 예수님이 '너희에게 돌아온다'(에르코마이 프로스 휘마스 ἔρχομαι πρὸς ὑμᾶς)고 재차 확언하신다. 결코 제자들만 남겨 두지 않으리라는 것이 여러 번 강조되는데, 27절을 직접 보증하는 것이 28절이다. 당신의 평화를 주고 가니 담대하게 평화 속에 머물러 두려워하지도 마음이 산란해지지도 말라고 하셨는데, 충분히 그럴 수 있는 또 하나의 사실은 당신이 돌아오신다는 것이다. 그러니 제자들의 상황은 확실히 보증받은 것이다. 또 예수님의 입장에서 보면, 제자들이 스승을 사랑한다면 스승이 아버지께 가는 것을 오히려 기뻐할 것이라고 하신다. 왜냐하면 "아버지께서 나보다 위대하신 분이시기 때문이다"(28절). 예수님은 파견되신 분으로서 아버지 하느님께 순종하시며(4,34; 5,23.24.30.37; 6,38-40; 7,16; 8,16.18.26; 12,44-49), 한 분이신 하느님 아버지를 당신을 파견하신 분, 큰 분으로 묘사한다. 앞에서 "파견된 이는 파견한 이보다 높지 않다"(13,16)고 하셨다. 파견의 맥락에서 예수님은 아버지께서 맡기신 일을 완수하여 아버지를 영광스럽게 하였으니 이제 아버지께 가시면 아버지 앞에서 원래 누리던 영광을 누리실 것이다(17,4-5). 예수님이 파견되어 세상에 오시는 것과 파견하신 분께로 귀환하시는 것은 제자들과 무관한 일이 아니다. 제자들이 기뻐해야 하는 이유는 그분께서 영광 중에 그들을 돌보실 것이고 무엇이든 다 들어주실 것이기 때문이다(14절). 예수님은 아버지와 아들의 관계보다 아버지와 아들과 제자들의 관계를 훨씬 더 심도 있게 다루신다.

29ㄱ절은 그리스어로 카이 눈 에이레카 휘민 프린 게네스타이(καὶ νῦν

εἴρηκα ὑμῖν πρὶν γενέσθαι)인데, '일어나기 전 지금 너희들에게 말했다'라는 뜻이다. 그리고 이어서 일이 일어났을 때에(호 탄 게네타이 ὅ ταν γένηται) 그들이 믿게 하려고 지금 말한다고 하신다(29ㄴ절). 아주 가까운 미래에 예수님은 떠나실 테지만, 이 불가피한 떠남이 두려움이나 고뇌의 원인이 되어서는 안 되기에 지금 미리 말씀하시는 것이다. 예수님을 사랑하고 그분 말씀을 믿으면 예수님의 떠남이 더 성숙한 믿음을 위한 기회가 될 수 있다. 그분의 떠남은 제자들에게 비극적인 슬픔의 순간이 아니라 파라클레토스 시대의 시작(16-17절)이고, 사랑(15.21.23-24절), 믿음(15.21.23-24.29), 기쁨(28절), 평화(27ㄱ절)의 시작이다. 제자들에게 하시는 예수님의 말씀은 이제 떠남의 시간이 가까워 온 듯 끝나가고 있다. 그분은 더 이상 그들에게 말씀하시지 않을 것이다. 이 세상의 우두머리(호 투 코스모 아르콘 ὁ τοῦ κόσμου ἄρχων)가 오고 있기 때문이다(30절). 이 세상의 우두머리는 초역사적인 수준에서 예수님을 반대하는 악의 세력인 어둠을 가리키는 것이 틀림없는데, 다른 한편으로 예수님 이야기 전반에 걸쳐 나타나는 우두머리들은 모두 유다인들이다. 예수님과 유다인들의 만남은 불가피하게 폭력을 유발하였다(5,18; 7,1.19.20.25; 8,37.40; 11,53.57). 그분은 폭력적인 죽음과 떠남의 순간에 '들어 올려질 것이다'(3,13-14; 8,28; 12,32-33). 어둠을 이기고(1,5; 11,50-53; 12,7.10.23-24.31-33) 아버지께로 돌아갈 것이다(13,1; 14,28).

겉으로 드러나는 것과 반대로 이 세상의 통치자는 예수님께 무엇을 행사할 권한이 없다. 그분의 떠남은 아버지께 드리는 사랑의 응답일 뿐이다. 31절은 예수님이 아버지를 사랑한다고 서술하는 유일한 구절이다. 예수님의 이 사랑은 아버지께서 명령하신 것을 행하는 것으로 드러난다.

예수님은 아버지에 대한 사랑을 세상에 드러내기 위해 그 무능한 반대자들의 폭력이 행사되도록 하며, 방어하거나 공격하지 않고 자신을 맡김으로써 그로 인한 떠남을 받아들이신다. 사람들의 폭력과 고통스러운 수난을 받아들여 아버지의 뜻을 행하면서, 당신이 어느 정도까지 아버지를 사랑하는지를 세상에 보이신다(31ㄱ절). 이는 그분이 아버지의 뜻을 무조건 수용한다는 결정적인 증거이다(31ㄴ절).

"일어나 가자"(에게이레스테, 아고멘 엔테우텐 Ἐγείρεσθε, ἄγωμεν ἐντεῦθεν, 31ㄷ절). 이 부분이 복음사가가 쓴 고별 담화의 마지막이고 최종 편집자가 31절에 이어지는 내용을 첨가한 것으로 추정된다. 그렇다고 이 구절 앞이 모두 복음사가의 기록이라는 말은 아니다. 독자는 예수님이 어둠의 세력을 만나시기 위해 떠나시는 모습(18,1-11)을 보기 전에 고별 담화의 다른 내용들을 좀 더 읽어야 한다. 제자들의 미래의 삶, 삶의 어려움과 축복 등이 15-17장에서 좀 더 이야기되고 있다. 긴 기다림의 시간 속에서 살아가는 요한 공동체, 교회의 사람들을 위한 배려가 나타난다. 두 번째 편집이 있게 되는 때, 곧 21장이 첨가되던 때에 이 부분도 함께 첨가되었다고 볼 수 있다.

2. 제자 공동체 15,1-16,4

고별 담화의 두 번째 부분은 첫 번째보다 훨씬 길고 주제도 다양하다. 앞에서 다루어졌던 새 계명인 동료들 간의 사랑의 계명, 성령의 오심, 예수님의 떠남 등의 주제가 반복되는 가운데 그리스도와의 근본적인 일치, 세상의 미움과 죄, 제자들의 기쁨과 슬픔 등의 주제가 더해진다. 새로운 주제에는 요한 공동체의 상황을 짐작하게 하는 요소들이 들어 있다. 공통적으로 제자들이 직면하게 될 어려움을 극복하도록 대비시키는 말씀이다. 이 어려움을 극복할 수 있는 힘의 근원은 예수님과의 관계에 있다. 세상과의 관계에서 어려움이 생기는 이유 자체가 예수님과 맺는 관계 때문으로 나타난다. 하느님 아버지와 외아들 예수님, 그리고 사람의 관계, 협조자 성령의 관계로 제자들을 자리매김하고 있다.

1) 예수님 안에 머물기 15,1-11

시작 부분에서는 포도나무와 가지의 이미지를 통해 그리스도와의 친밀한 일치를 강조한다. 예수님은 제자들에게 많은 열매를 맺고(5절) 충만한 기쁨을 맛보기 위하여(11절) 당신 안에, 사랑 안에 머물 것을 간곡히 말씀하신다.

1-5절

"나는 참포도나무요"(에고 에이미 헤 암펠로스 헤 알레티네 Ἐγώ εἰμι ἡ ἄμπελος ἡ ἀληθινή)라는 구절로 고별 담화의 두 번째 부분이 시작된다. 구약성경에서 포도나무는 하느님의 백성을 상징한다(예레 2,21; 에제 19,10-14; 이사 27,2-6). 시편 80편은 하느님의 백성을 포도나무에 비유하며 그 백성의 역사를 읊는다. 고대 유다 문헌에서는 포도나무를 메시아 및 모세의 율법과 연관 지어 언급한다. 예수님이 당신을 "참"포도나무라고 하실 때 참포도나무가 지닌 의미는 고대 유다 문헌에 나타나는 개념을 넘어선다. 형용사 '참'(알레티네 ἀληθινή)은 강세적으로 이 단언의 끝자리에 놓여, 예수님이 참포도나무라고 강조한다. 당신이 유다인들이 기다리던 바로 그 마지막 예언자 그리스도일 뿐만 아니라 중개자이며 완전한 신적 계시라고 선언하시는 것이다. '참'(알레티노스 ἀληθινός)은 위에 속한 것으로부터 아래에 속한 것을 구분하는 이원론적 용어이다. 이 단어는 주로 그리스도의 종말론적인 계시와 모세 법의 선물을 대조시키는 병행 구절들에서 발견되는데, 진리라는 개념과 통한다. 반면에 '진실한'(알레테스 ἀληθής)은 사건의 실재성을 강조하기 위해(4,18; 6,55; 7,18; 10,41) 또는 법적 맥락에서 증인, 증거를 가리키기 위해(3,33; 5,31-32; 8,13-14.17; 21,24) 주로 쓰일 뿐, 진리의 은총 즉 신적 계시의 선물을 지칭하기 위해 쓰인 적은 한 번도 없다. 19,35에서만 이 두 개의 형용사가 같이 나온다.

예수님은 아버지를 포도나무를 가꾸는 농부로 표현하신다. 이는 이사 5,1-7의 포도밭의 노래를 연상시킨다. 거기에서 주님은 이스라엘 가문을 가꾸는 농부로 묘사되었는데, 여기에서 예수님은 당신이 참포도나무이고 제자들은 그 가지라고 하신다. 요한 복음서에서 이 비유는 포도나무가 누구인가가 아니라, 예수님과 제자들의 관계에 초점을 맞춘 이야기다. 일치로 표현되는 이 관계의 기원에는 하느님이 계신다. 곧 예수님과 제자들의 일치는 아버지의 뜻과 돌봄 안에서 이루어지는 일치다. 이 관계는 사랑의 관계로 표현되며, 스승이신 예수님과 제자들이 갖는 사랑의 관계는 하느님과 예수님, 곧 아버지와 아들이 갖는 사랑의 관계를 그 원형으로 하고 있다.

2절은 농부인 아버지가 포도나무를 손질하는 모습을 묘사한다. 제자들은 여기서부터 암시적으로 포도나무의 일부로, 가지로 나타난다. 아버지께서 가꾸시는 이 포도나무는 가지가 많은데 모든 가지가 다 열매를 맺는 것은 아니다. 복음서를 읽는 독자 누구나 납득할 수 있는 상황이다. 농부인 아버지께서는 열매 맺지 않는 가지를 쳐서 열매 맺는 가지들이 더욱 열매를 많이 맺도록 하신다. 열매를 맺는 일은 제자들이 예수님과 맺는 개인적인 관계에 달려 있다("나에게 붙어 있으면서 열매를 맺지 않는 가지는…"). 가지들의 생산성은 그리스도와의 밀접한 일치에 달려 있다. 이것은 4절 이하에서 다시 구체적으로 언급된다. 열매 맺지 않는 가지를 쳐버리는 아버지의 행동은 6절에서는 심판의 단죄로 나타나는데, 여기 2ㄴ절에서는 가지(클레마 κλῆμα)를 "깨끗이 손질하시어"(카타이레이 καθαίρει)라는 말로 표현된다. 아버지가 하시는 가지치기, 곧 정화 작업은 더 많은 생산을 위한 것이다.

3절의 '너희는 이미 깨끗하다'(에데 휘메이스 카타로이 에스테 ἤδη ὑμεῖς καθαροί ἐστε)에서 카타로스(καθαρός)를 사용한 것은 2절의 가지가 제자들을 가리킨다는 것을 명백히 한다. 동사 '깨끗이 하다'(카타이로 καθαίρω)는 정화한다는 의미의 깨끗이 하다(카타리조 καθαρίζω)와 동의어이다. 이것은 요한 서간에서 예수님의 피가 우리를 깨끗하게 해 준다고 할 때(1요한 1,7.9) 사용한 동사이기도 하다. 아버지는 그리스도의 제자들을 깨끗하게 하신다. 즉 외아들의 계시 말씀을 통해 악으로부터, 죄로부터 깨끗이 하신다. "너희는 내가 너희에게 한 말로 이미 깨끗하게 되었다"(3절). 사실 예수님은 배반자 하나를 빼고는 제자들은 다 깨끗하다고 말씀하셨다(13,10-11). 그러니 요한 복음사가에게 정화는 신앙으로 예수님의 말씀 곧 계시 말씀을 받아들이는 것과 연관되어 있다.

4절에서 예수님은 종말론적인 포도나무와 가지들이 결실을 맺는 것에 대해서 말씀하신 후에, 제자들에게 열매를 맺기 위해서 당신의 신격에 일치되어 머무르라고 격려하신다. 참포도나무 안에, 그리스도 안에 머무르라는 것이 이 대목의 핵심 구절이다. 후렴처럼 반복되는 구절이 이 점을 강조한다. "내 안에 머물러라(메이나테 엔 에모이 μείνατε ἐν ἐμοί). 나도 너희 안에(카고 엔 휘민 κἀγὼ ἐν ὑμῖν) 머무르겠다." 이 구절에서 '…안에'(엔 ἐν)라는 전치사와 함께 나타나는 '머무르다'(메노 μένω) 동사가 주요 요소로, 신약성경에서 118회 쓰였는데 요한 복음서에 40회, 요한 서간에 27회 나타난다. 여기 15,1-17에만 11회나 나온다. "포도나무가 가지에 붙어 있지 않으면"에 '붙어 있다'고 번역된 동사 역시 메노(μένω) 동사이다. 직역하면 '가지가 나무에 머무르지 않으면'이다.

5절에서 예수님과 제자의 관계가 포도나무와 가지로 명시된다. "나는 포도나무요 너희는 가지다." 예수님과 이루는 일치라는 주제가 반복되며 강화되고 있다. 2-3절을 잇는 이 구절이 새로운 것은 제자들을 명확하게 포도나무 가지와 동일시하여 표현하였기 때문이다. 포도 열매를 맺기 위해서는 나무 자체와 가지를 따로 떼어 생각할 수 없다. " … 안에 머무르다”(메노 엔 μένω ἐν). 그분과 함께 있고 말씀을 듣는 것만으로는 부족하다. 그들은 그분 안에 머무르고 그분이 그들 안에 머무는 상호 관계가 지속되어야 한다. 주님께서는 제자들이 당신과 아주 근본적이고 깊은 관계를 맺는 것이 필요하다는 것을 차근차근 가르치시는데, 포도나무와 그 가지의 이미지가 그 관계를 놀랍도록 잘 보여 주고 있다. 가지들 안에 원줄기의 수액이 흐르고 있을 때 살아 있고 열매를 맺듯이, 그렇게 제자들도 그리스도와 생생하게 일치되어 있을 때 구원과 생명의 열매들을 맺는다. 예수님은 이제 막 제자들을 떠나려 하고 있으며 아버지께로 돌아가려 하신다. 그러나 그분은 그들을 버려두지 않고 돌아오실 것인데, 아버지와 성령과 함께 그들 안에 머무르기 위해 오신다고 가르치셨다. 제자들이 항상 주님 가까이에 살 수 있으려면, 나아가 많은 열매를 맺기를 바란다면 주님과 밀접하게 일치해 있어야만 한다. “내 안에 머무르고 나도 그 안에 머무르는 사람은 많은 열매를 맺는다.” 포도나무와 가지의 비유는 예수님과의 상호 관계와 제자들 간의 상호 관계의 필요성을 말해 준다.

카파르나움에서 주님께서 빵의 담화를 하실 때, 당신과 제자들 사이에 완전한 일치 상태는 당신의 살을 먹고 당신의 피를 마시는 것에 달려 있다고 하셨는데(6,56) 거기에서도 역시 메노(머무르다) 동사가 쓰였다. 예수님은 이 주제를 14장에서도 언급하셨는데, 진리의 영이 너희와 함께 머무르실 것(14,17)이며, “그날, 너희는 내가 아버지 안에 있고 또 너희가 내 안에 있으며 내가 너희 안에 있음을 깨닫게 될 것이다”(14,20)라고 하셨다. 이 포도나무와 가지의 비유는 그리스도와 그분의 사람들이 갖는 상호 내재의 중요성을 다시 한 번 강조하는 이야기이다(5.7절).

예수님과 이루는 일치가 지향하는 바는 구원이다. 열매를 맺는 것, 영적 열매는 그리스도의 표상인 참된 포도나무와의 깊은 일치에 달려 있다. 나무에 붙어 있지 않는 가지는 스스로 열매를 맺을 수 없기 때문이다. 사실 제자들은 영원토록 남아 있는 열매를 맺도록 부름받고 파견되었지만 영적이고 사도적인 결실을 스스로 이루지는 못한다. 이 비유는 예수님과 믿는 이들 사이에 깊은 통교가 필요함을 아주 효과적으로 설명한다.

"너희는 나 없이 아무것도 하지 못한다." 생명의 원천인 그리스도와 분리된 제자는 초자연적이고 신적인 영역에서 살 수도 없고 일할 수도 없는 근원적인 무능력을 체험한다. 성령의 움직임 없이 하느님 나라에 들어갈 가망이 없으며(3,5), 아버지께서 이끌어 주지 않으면 그리스도께 간다거나 믿을 수조차 없으며(6,44.65), 은총 없이는 예수님의 말씀에 당혹해 하며, 아예 걸려 넘어져 받아들일 수 없다(6,60; 8,43). 믿지 않는 세상이 신앙에 대해(12,39), 진리의 성령에 대해(14,17) 근본적인 무능력 상태에 있듯이, 제자들이 만일 그리스도와 일치해 있지 않다면 신앙과 은총의 차원에서 결실 있고 가치 있는 일은 아무것도 할 수 없다.

6-7절

그리스도 안에 머무르지 않는 제자는 단지 열매를 맺지 못하는 상태로 그치지 않고, 결국 단죄받고 치욕스러운 운명에 처하게 될 것이다. 이 구절은 마태 13,40의 가라지의 비유 이야기와 비슷하다.

예수님 안에 머무름으로써 이루어지는 것을 또 다르게 표현하면 제자들의 청이 받아들여진다는 것이다. 아버지 편에서 기도를 들어주신다는 이야기는 16,23 이하에서 좀 더 폭넓게 다루어진다. 여기 7절에서 하느님의 이름은 암시적으로 나왔다. 그런데 7절의 "내 말이 너희 안에 머무르면"(타 레마타 무 엔 휘민 메이네 τὰ ῥήματά μου ἐν ὑμῖν μείνῃ)이라는 구절은 예수님의 말씀이 제자들 안에 머무르는 것을 말한다. 3절에서는 예수님이 하신 말씀으로 제자들이 깨끗하게 되었다고 하였다. 그들은 예수님의 말씀을 듣고 수용하였기 때문에 이미 가지치기 과정을 거친 것이다. 예수님의 말씀이 그들 안에 머무르기에 그들은 열매를 맺을 수 있고(2절), 그들이 청한 것이 그대로 이루어진다(7절). 예수님의 말씀은 하느님의 계시이고 예수님 안에 머무르는 제자들에게 머물면서 생명을 준다.

8절

포도나무의 존재 이유는 포도 열매를 많이 맺는 것이니 열매가 있어야 한다. 예수님의 말씀을 따름으로써 그분과 깊은 일치를 이루면 믿음의 삶에서 큰 결실을 맺게 되어 하느님 아버지를 영광스럽게 한다. 아버지는 아들이 구원 계획을 실행함으로써 영광을 받으신다(13,31; 17,4). 제자들은 스승 안에 머무르고 많은 열매를 맺음으로써 이 일에 참여한다. 그렇게 하여 그들은 예수의 진정한 추종자가 된다. "너희가 많은 열매를 맺고 내 제자가 되면." 이미 예수님께 부르심을 받고 예수님을 믿어 제자가 되었지만, 진정으로 예수님의 뒤를 잇는 제자가 되려면 그분의 말씀 안에 머물러야 한다. 그래야 열매를 맺을 것이다. 예수님의 제자가 된다는 것은 순전히 영적이거나 관념적인 영역에 국한될 수 없다. 말씀 안에 머문다는 것은 열매를 맺는다는 것이고, 이것은 구체적인 실천이 따르는 삶과 직결된다.

9-11절

"너희는 내 사랑 안에 머물러라." 예수님과 예수님의 말씀에 이어 '내 사랑'이 머물러야 할 곳으로 제시된다. 그 사랑은 아버지에게서 시작하였다. "아버지께서 나를 사랑하신 것처럼 나도 너희를 사랑하였다." 스승은 제자들에게 무조건 당신의 사랑 안에 머무르라고 하시지 않았다. 먼저 그들을 위한 당신의 사랑이 선행하였다. 아버지에게서 받은 사랑과 같은 사랑으로 제자들을 사랑하셨다. 아버지께 받은 사랑은 스승 예수님이 제자들에게 보여 주신 사랑의 기초이다. 요한 복음서의 예수님 이야기는 항상 예수님의 아버지 하느님께로 향한다. 그분은 예수님의 모든 것, 곧 원천이고 목적이다.

예수님의 사랑 안에 머무르는 제자가 된다는 것은 무엇인가를 '한다'는 것을 의미하고, 그것은 예수님의 계명으로 규정된다. 예수님은 당신의 사랑 안에 머무르는 구체적인 방법을 알려 주시는데, 당신의 계명을 지키는 것이다. "너희도 내 계명을 지키면 내 사랑 안에 머무를 것이다"(10절). 이것 역시 스승 예수님이 하느님께 보여 주신 태도가 본보기로 제시된다. "내가 내 아버지의 계명을 지켜 그분의 사랑 안에 머무르는 것처럼"(10절) 말이다. 예수님이 사랑 안에 머무는 것의 원천은 예수님이 아니고, 아버지와 아들 사이에 존재하는 사랑의 관계이다. 예수님은 아버지 하느님의 계명들을 지켜서 아버지와 깊이 일치해 사신다고 하신다. 비슷한 표현이 앞에서도 나왔다. "내가 아버지를 사랑한다는 것과 아버지께서 명령하신 대로 내가 한다는 것을 세상이 알아야 한다"(14,31). 그분은 하느님을 향한 당신의 사랑을 세상에 보이고 싶어서 아버지의 뜻을 채우고 싶어 한다고 하셨다. 여기서 요한 복음서가 실제로 행하는 삶을 강조하고 있음이 드러난다. 예수님은 아버지의 명령대로 행함으로써 그 뜻을 따르셨고, 제자들은 주님의 계명을 실천함으로써 사랑 안에 머무르는 것이다.

예수님은 아버지와 긴밀하게 일치해 사신다. 아니 두 분은 아예 하나이다(10,30.38; 14,9 이하). 그분은 항상 아버지께서 기뻐하실 일만 하며(8,29), 그분의 음식은 하느님의 뜻을 행하는 것이기에(4,34) 항상 아버지의 사랑 안에 머무르신다. 한편 10절에서 "내 계명" "내 아버지의 계명"이 그리스어 본문에서는 '내 계명들'(타스 엔톨라스 무 τὰς ἐντολάς μου), '내 아버지의 계명들'(타스 엔톨라스 투 파트로스 무 τὰς ἐντολὰς τοῦ πατρός μου)이라고 복수로 나온다. 이것은 예수께 주신 아버지의 말씀(10,18; 12,49-50; 14,31)과 제자들에게 주신 예수님의 말씀을 가리킨다(14,15.21; 15,10). 새 계명은 제자들 간의 형제적 사랑을 가리킨다. 믿는 이들, 동료 사이의 사랑이다. 예수님이 '나의 계명'(헤 엔톨레 헤 에메 ἡ ἐντολὴ ἡ ἐμη)이라고 단수로 지정하여 말씀하실 때는(12절) 서로 사랑하라는 것을 가리킨다.

요한 공동체를 둘러싸고 있던 당시 세상에는, 영지주의의 영향으로 믿음의 계시에만 중점을 두고 사람들이 사는 방식, 즉 실천에는 주의를 기울이지 않는 경향이 있었다. 그러나 복음서는 가르침의 실천과 순종을 강조한다. 예수님이 이것을 계시하시는 이유는 아버지와 일치하고 아버지께 순종함으로써 예수님이 누리는 기쁨을 또한 제자들도 누리게 하려는 것이다(11절). 그때 제자들의 기쁨은 완전할(충만할) 것이다(헤 카라 휘몬 플레로테 ἡ χαρὰ ὑμῶν πληρωθῇ). 플레로테는 '가득하다, 완전하다'는 뜻의 플레로오(πληρόω) 동사의 접속법 원과거 수동태이다. 여기에는 포도나무의 비유를 통한 점진적인 변화가 있다. 처음에는 포도나무의 비유를 통해 '머무름'이라는 주제(4.5ㄱ.5ㄴ.6.7절)를 언급하고, 이어서 예수님 안에 머문다는 것은 그분의 사랑 안에 머무르는 것을 의미한다는 강력한 단언(9-11절)을 도입하면서 열매 맺는 삶을 살도록 초대한다.

2) 예수님과의 관계: 친구 15,12-17

이 대목은 12절에서 사랑의 계명을 언명하고 17절에서 재언명하는 교차 대구 구조로 되어 있다. 첫 언명은 9-10절에서 다뤘던 주제가 계속되는 중에 나타난다. 예수님이 먼저 제자들을 사랑하셨고, 그 사랑을 근거로 그들은 서로 사랑해야 한다(12-14절). 이어서 계명을 재언명하시기 전에 예수님은 제자들이 선택되고 사랑받았기 때문에 그들의 처지가 변화되었음을 명백히 하신다(15-16절). 여기에서 13,34-35에 제시되었던 사랑의 계명이 확장되어 나타나며 열매 맺음이란 8절의 주제가 실제적으로 해석된다. 사랑의 계명 맥락에 '친구' 개념과 '열매' 주제가 삽입되었다. 16절은 친구이고 선택된 사람들인 제자들에게 열매를 맺으라고 다시 촉구한다. 여기서 예수님은 그들을 선택한 이유가 "너희가 가서 열매를 맺어 너희의 그 열매가 언제나 남아 있게 하려는 것"이라고 하신다.

12절

예수님이 말씀하신다. "이것이 나의 계명이다. 내가 너희를 사랑한 것처럼 너희도 서로 사랑하여라." 여기서 말하는 동료 간의 사랑은 예외 없이 서로 나누는 것이어야 한다. 요한의 첫째 서간에도 이 계명이 다시 나온다. '그리스도인들은 서로 사랑한다'(1요한 3,11.23; 4,7.12). 제자들은 일생 동안 지속적으로 서로 사랑한다. 12ㄴ절의 "사랑하여라"(아가파테 ἀγαπᾶτε)는 아가파오(ἀγαπάω) 동사의 접속법 현재형이다. 서로에 대한 사랑의 척도는 예수님이 그들에게 보여 주신 최고의 사랑이다. 12ㄴ절 "내가 너희를 사랑한 것처럼"(카토스 에가페사 휘마스 καθὼς ἠγάπησα ὑμᾶς)에서 "사랑한"(에가페사)이라는 단어는 아가파오의 직설법 원과거다. 그러니까 믿는 이들 간의 형제적 사랑을 특징짓는 요소는 그 척도와 본보기에서 찾아볼 수 있다. 요한 복음서에서 스승께 적용된 '… 처럼'(카토스 καθὼς)은 단순 비교가 아니고 제자들의 행동이 의지해야 하는 버팀목이다. 예수님의 사랑이 사람에게 그런 사랑을 가능하게 해 준다. 예수님께 사랑받은 체험에서 예수님의 제자가 다시 사랑할 수 있는 가능성이 나온다.

예수님의 사랑은 모든 그리스도인 사랑의 "본"(13,15)이다. "우리가 사랑하는 것은 그분께서 먼저 우리를 사랑하셨기 때문입니다"(1요한 4,19). "사랑하는 여러분, 하느님께서 우리를 이렇게 사랑하셨으니 우리도 서로 사랑해야 합니다"(1요한 4,11). "우리가 그분에게서 받은 계명은 이것입니다. 하느님을 사랑하는 사람은 자기 형제도 사랑해야 한다는 것입니다"(1요한 4,21).

13-14절

모든 사랑 중에서 가장 큰 사랑(메이조나 타우테스 아가펜 우데이스 에케이 μείζονα ταύτης ἀγάπην οὐδεὶς ἔχει)은 친구들을 위하여 자기 목숨을 내놓는 사람에게서 드러난다. 제자들을 위한 예수님의 사랑은 생명을 바치는 것으로 최고조에 달했다. 13-15절은 '사랑하다', '사랑', '친구', '알다', '택하다' 등 한 동아리로 묶을 수 있는 단어들로 연결되어 있다. 여기에 '종',

'모르다'라는 반대되는 개념의 단어들로 대조시키며 그 연결을 더욱 강화한다. 주님께서 우리를 위하여 생명을 바치셨기에(1요한 3,16) 그리스도인들은 사랑을 체험했기에 안다. 예수님은 당신 양들을, 즉 자기 제자들을 위하여 목숨을 내놓은 착한 목자이다(10,11.15). 제자들은 예수님의 계명을 지킴으로써 그분의 친구가 될 수 있다(15,14). 그러므로 예수 그리스도와 제자들이 참되고 깊은 우정을 맺기 위한 조건에는 구체적이고 구속력이 있는 무엇, 곧 실행의 약속이 붙는다. 그들은 주님께서 명령하신 것을 행하는 것으로 그분의 사랑에 응답할 것이고 친구가 된다(14절).

15-17절

예수님은 그 사랑으로 새로운 관계를 만드셨다. 12-14절이 제자들을 향한 예수님 사랑의 특질을 이야기하고 있다면, 15-16절은 예수님이 먼저 사랑하셨다는 사실, 즉 그 사랑의 주도권이 예수님께 있음을 강하게 표현한다. 제자들은 그들 편에서의 행동이나 노력이 아닌 것을 통하여 새로운 관계로 들어간다(15절). 그들은 더 이상 주인이 하는 일에 대해서 모르는 종이 아니다. 종은 언제까지나 집에 머물러 있지 못한다(8,35). 그는 가족 구성원이 아니기 때문이다. 또 종은 집안일을 모두 알지도 못한다. 그러나 예수님은 아버지를 제자들에게 알려 주었고 사실 그들이 보고 들은 것에 대해 증언하게 하면서(3,11.32) 아버지의 생명을 계시하고 전하면서(8,26.40) 삼위일체의 생명에 참여케 하셨다. 결국 여기서 예수님은 제자들에게 구원 사업에 동참하라고, 다시 말해 아버지 집안의 일, 아버지의 일을 알고 함께 하자고 말씀하시는 것이다.

제자들은 주인의 생각에 의해 움직이는 종(둘로스 δοῦλος)이 아니라, 그들을 끝까지 사랑하시는 예수님과 친밀하고 동등한 관계를 맺은 친구(필로스 φίλος)이다. 이들을 두고 예수님은 말씀하신다. "너희가 나를 뽑은 것이 아니라 내가 너희를 뽑아 세웠다"(16절). 예수님의 선택이라는 주제가 여기서 두드러진다. 예수님의 주도적인 선택과 결정으로 제자들은 주님의 친구가 되었고 뽑혀 세워졌다. 예수님은 파견되어 길이 남을 열매를 맺는 사람으로서 제자들을 선택하시고("내가 너희를 뽑아": 에고 엑셀렉사멘 휘마스 ἐγὼ ἐξελεξάμην ὑμᾶς) 세우셨다("세웠다": 카이 에테카 휘마스 καὶ ἔθηκα ὑμᾶς). 예수님이 제자들을 선택하신 까닭은 파견하기 위해서이다. 파견하여 아버지 하느님의 일을 하기 위해서이다. "너희가 가서 열매를 맺어 너희의 그 열매가 언제나 남아 있게 하려는 것이다"(16절). 그들은 아버지의 일을 알고 행하는 예수님의 친구로서 파견된다. 여기서 예수님은 당신 제자들의 사도적 결실에 대해 말씀하신다. 파견과 함께 예수님의 이름으로 아버지께 청하는 것은 다 들어주시겠다는 약속이 따른다. "그리하여 너희가 내 이름으로 아버지께 청하는 것을 그분께서 너희에게 주시게 하려는 것이다." 이 구절은 다음 8절과 그 내용이 통하는 것을 볼 수 있다. "너희가 많은 열매를 맺고 내 제자가 되면, 그것으로 내 아버지께서 영광스럽게 되실 것이다."

예수님과 우정을 맺는 것은 제자들의 선택으로 이루어진 일이 아니다. 제자들은 그분의 친구가 되기 위해서, 그리고 파견되기 위해서 스승에게 선택되었다. 공관복음서는 열두 제자를 선택하는 이야기(마르 3,13 이하 등)와 갈릴래아에서 그들을 부르시는 이야기를 전한다(마르 6,7 이하). 그런데 요한 복음에서는 단순히 제자들을 선택했다는 말씀만 하신다. 복음사가가 열두 사도라는 말을 즐겨 사용하지 않는 의도를 파악해야 한다.

요한 복음서의 '제자'라는 단어에는 예수님을 진정으로 믿고 따르는 모든 사람이 포함된다. 이 단어는 제자 됨의 내용을 강조(8,31)하는 것으로서 시간과 공간에 제한되지 않는다. 따라서 예수님을 믿고 따르는 모든 이가 이 말씀에 초대된 것이다. 시대를 초월하는 부르심이고 초대이다. 이 단락의 강조점은 우리가 열매를 맺도록 주님이 선택하셨다는 것이다. 그리하여 길이 남는 열매를 맺는 제자가 예수님의 이름으로 청하는 것은 아버지께서 다 들어주시게 하려는(목적을 밝히는 접속사인 히나 ἵνα 구문) 것이다(16절).

"내가 너희에게 명령하는 것은 이것이다. 서로 사랑하여라"(17절). 여기서 12절에 나왔던 계명을 반복하는 것은 단순한 문학적 끝맺음이 아니다. 예수님이 제자들을 친구라는 새로운 신분에서 열매를 맺어 그것이 남아 있게 하려고 뽑아 세우셨다는 말씀(16절)에 이어, 그들 신분의 본질적 조건인 계명을 재언명하는 구절로 마무리하는 것이다. 그들은 예수님의 계명을 수용해야 하고 서로 사랑해야 한다.

3) 세상과의 관계: 미움 15,18-16,4

이 대목의 기본 주제는 '세상이 제자들을 미워한다'는 현실에 잘 대처할 수 있도록 제자들을 준비시키는 것이다. 먼저 제자들과 세상의 관계에 대해 말하고, 그다음에 성령과의 관계를 언급한다. 이 세상에서 그리스도의 제자로서, 주님의 증인으로서 살도록 도와주기 위해 성령을 보내주신다. 예수님은 바로 위 단락에서 사랑에 대해 말씀하신 후에 이제는 대조되는 주제인 '미움'을 다루신다. 제자들은 스승의 구체적이고도 극진한 사랑의 모범을 따라 서로 사랑하게 될 것이다. 그런데 그들은 예수 그리스도의 제자라는 이유 때문에 세상으로부터는 미움을 받을 것이다. 악과 죄의 완고함을 지닌 세상은 그리스도의 제자들에게 호감을 갖지 못한다. 빛이며 진리인 말씀을 미워하였으니 이 적대적인 행위를 계속할 것이다. 하느님의 아들에게서 특별한 은총을 받았음에도 불구하고 믿지 못하는 세상은 예수님의 제자들을 계속 미워하고 박해할 것이다. 제자들은 예수님 안에 머무르고 예수님은 그들 안에 머무르는 것의 중요성을, 제자들은 이미 앞에서 배웠다(15,1-11). 이 상호 관계와 상호 작용에 대한 가르침은 세상이 예수님도 아버지도 미워하기 때문에 제자들도 미움과 거부, 박해와 죽음을 반드시 경험하리라는 예수님의 예시(15,18-16,3)와 조화를 이룬다.

18-21절

이 구절들에는 에이(εἰ 만일)로 시작하는 조건절이 네 개 있다. 18-19절에는 세상과 갖는 직접적인 관계가 묘사되고, 20절에서는 예수님과의 관계에 따라 제자들도 같은 대우를 받을 것이라는 말씀이 이어진다. 조건절에 이어지는 주된 문장으로 18-19절에서는 제자들이 할 일이 명령형으로 나타나고, 20절에서는 세상의 태도가 미래형으로 나타난다.

18절: 에이 호 코스모스 휘마스 미세이(Εἰ ὁ κόσμος ὑμᾶς μισεῖ)
- 세상이 너희를 미워하거든

19절: 에이 에크 투 코스무 에테(εἰ ἐκ τοῦ κόσμου ἦτε)
- 너희가 세상에 속한다면

20절: 에이 에메 에디옥산(εἰ ἐμὲ ἐδίωξαν)

- 사람들이 나를 박해하였으면

에이 톤 로곤 무 에테레산(εἰ τὸν λόγον μου ἐτήρησαν)

- 내 말을 지켰으면

이 단락은 제자들이 세상에서 받는 험한 대우를 필연적인 현상이라고 밝힌다. 자체 구조에서 볼 수 있듯이, 처음 18ㄱ절의 "세상이 너희를 미워하거든"이라는 대전제에서 미움의 대상이 '너희들' 곧 예수님의 제자들로 드러난다. 그러나 곧 이어서(20절) 대상의 초점이 '나'로 바뀌어 스승이신 예수님을 예표로 제시하고 제자들이 그런 대우를 받을 수밖에 없음을 나타낸다. 이어서 그것에 대한 설명을 직선적으로 전개해 나간다. 끝으로 이러한 말씀을 "기억하라"는 요소가 등장한다(16,4; 참조 15,20).

18절: 제자들에 대한 세상의 미움에 놀랄 필요가 없다. 이미 세상은 그 스승을 거슬러 반대했기 때문에 그의 제자들을 미워하는 것은 필연적인 결과이다. 악의 세력을 가리키는 세상은 사실 빛을 싫어하고(3,20) 말씀-빛을 거슬러 대항하는데(1,5.10) 빛보다는 어두움을 선호하기 때문이다(3,19). 악의 권세 아래 있으며 그리스도를 미워하는(7,7) 이 어둠의 세상은(1요한 5,19) 사람의 아들이 들어 높여진 것으로 단죄를 받았고(12,31) 성령은 죄를 밝힐 것이다(16,8).

19절: 만일 제자들이 예수님의 말씀을 거부하고 적대자들의 세상-전망을 받아들여 행복하다면 그들은 세상에 속하기에 세상으로부터 미움을 받지 않을 것이다. 그런데 이 조건은 제자들의 이야기에서 실현되지 않는다. 예수님은 이 세상에 속하지 않는 그분의 사람들과 연결되어 있고, 그래서 세상은 그들을 미워한다. 예수님께 적대적인 세상은 당연히 제자들도 미워한다. 이 미움의 근본적인 동기는 제자들이 이 세상에 속해 있지 않고 그리스도께 속해 있기 때문이다.

요한 복음서에서 이원론이 좀 더 분명하게 드러나는 부분이 바로 이 구절인데, 모든 존재는 지식과 의지에서 둘로 분리된다. 하나는 빛과 사랑의 통치 아래 있어 그리스도와 믿는 이들로 구성되어 있으며, 다른 하나는 어둠의 두목 아래 있고 미움과 폭력으로 특징지어지는 사탄의 세상이다. 전반부에서는 예수님을 거부하는 유다인들이 이 어둠의 표상으로 나타났는데, 15장에서는 '세상'이라고 더 넓은 범위로 표현한다. 예수님의 추종자들은 빛의 자녀들이다(12,36: 루카 16,8). 그리스도인들은 이 어둠의 세상에서 선택된, 세상에 속하지 않는 사람들이기 때문에 세상으로부터 미움을 받는다. "내가 너희를 세상에서 뽑았기 때문에, 세상이 너희를 미워하는 것이다."

20절: 세상이 제자들을 적대하는 것이 필연적임을 가르쳐 주기 위해, 스승은 제자들의 발을 씻기셨을 때 하셨던 다음 말씀을 상기시키신다. '종은 주인보다 높지 않다'(13,16). 스승이 박해를 받았을 때 그 제자들이 세상의 미움을 피하기란 불가능하다. 사실 예수님 시대에 세상을 대표하는 유다인들은 그리스도를 박해하기 시작했고(5,16), 죽이려고 여러 번 음모를 꾸몄으며(5,18; 7,1.19 등), 나아가 그분을 제거하기로 공적으로 결의하였다(11,47 이하). 스승의 이 말씀은 초기 그리스도교 시대에 교회가 유다인들과 이방인들로부터 받은 박해를 통감하게 한다. 15장은 미움의 주체를 유다인으로 지칭하지 않아 일반 세상에서 받는 박해를 짐작하게 한다. 그리스도와 그분 공동체의 적들은 그런 미움을 드러내고야 말 것이다. 왜냐하면 그들은 예수님의 말씀을 듣지 않았으며 물론 제자들의 말도 듣지 않을 것이기 때문이다. 어둠의 자식들은 거짓말쟁이들이고 진리와 사랑 속에 살지 않는다(1요한 2,4-5). 그들은 영원한 죽음을 겪게 될 것이다(8,51).

21절: 그리스도의 친구들에 대한 세상의 미움은 그들이 주님께 속해 있다는 사실에서 비롯한다. '예수'라는 이름, 주님이신 그분의 이름이 박해의 원인이 된다. 예수님의 이름은 아버지의 외아들의 이름(3,18), 곧 "내가 바로 그 사람이다"(4,26; 참조 8,24,28,58) 하는 분의 이름이다. 바로 그 이름 때문에 그리스도인들은 박해를 받고 미움을 받을 것이다(마르 13,13; 마태 10,22; 루카 21,12). 예수님의 이름을 고백하는 이들은 예루살렘이 종교적 기능을 완전히 상실한 이후에, 실제로 세상 사람들이 고발해서 로마인들에게 박해의 고통을 받았다. 그리스도의 원수들이 이런 적대 행위를 하는 까닭은 하느님을 본질적으로 알지 못하기 때문이다. 이방인들뿐만 아니라 성경(구약)을 아는 유다인들까지도 실제로 아버지를 모르고 있었기에(17,25) 예수님과 그의 제자들을 박해하였다. 스승 예수님을 거부하고 박해한 유다인들이 하느님을 아버지로 모시고 있다고 주장할지 모르나(8,41), 사실은 아브라함의 자손이라 할지라도(8,39 이하) 하느님을 모를 수 있다(8,19). 오히려 악마의 자식이라고 꾸중을 듣기까지 하였다(8,44).

22-25절

18-21절과 병행하는 구절이 22-25절에 나타난다. 조건절과 주요 구문이 현재 상황을 묘사하고 있다.

> 22절: 내가 와서 그들에게 말하지 않았으면 … 그러나 이제는 그들은 변명할 구실이 없다(에이 메 엘톤 카이 엘랄레사 아우토이스 εἰ μὴ ἦλθον καὶ ἐλάλησα αὐτοῖς … 눈 데 νῦν δὲ…).
>
> 24절: … 일들을 내가 그들 가운데에서 하지 않았으면 … 그러나 (이제) … 내가 한 일을 보고 … 미워하였다(에이 타 에르가 메 에포이에사 엔 아우토이스 εἰ τὰ ἔργα μὴ ἐποίησα ἐν αὐτοῖς … 눈 데 νῦν δὲ…).

대구를 이루는 22절과 24절의 두 조건절 사이에 분명한 진술이 자리한다. "나를 미워하는 자는 내 아버지까지 미워한다"(23절). 이 완벽한 대칭 후에 이어지는 구절에서, 예수님은 이 '미워함'이 이미 '기록된 말'이 실현되는 것이라고 말씀하신다. 요한 복음의 서곡에 나오는 약속들은 사명을 수행하는 예수님의 삶에서 실현된다. 그분은 '오셨고 그들에게 말씀하셨다'(22ㄱ절). 말씀은 그들 가운데 사셨다(1,14). 그분은 당신 땅에 오셨지만 그들은 그분의 말씀을 거부하였다(1,11).

22절: 말씀은 은총과 진리가 충만하신 분이기에(1,14) 이 세상에 인류의 빛이 되기 위해 오셨고(1,9; 3,19; 12,46) 아버지의 살아 있는 계시로 오셨다. 그분은 모든 것을 계시하고 알려 주시는 그리스도이고(4,25-26) 생명의 말씀들과(6,63) 아버지께서 가르쳐 주신 것을(8,28) 전해 주시는 진리다

(14,6). "내가 와서 그들에게 말하지 않았으면 그들은 죄가 없었을 것이다" (22절). 여기에서 '그들'은 예수님의 사명 이야기에서 명백하게 드러나는 '유다인들'이다(9,39-41). 하느님의 아들이 세상에 오셔서 계시하신 후에는 유다인들이 자신들의 죄에 대해 변명할 여지가 없게 되었다. 이 죄는 그리스도를 근본적으로 거부한 죄, 곧 불신앙이다.

23절: 유다인들의 이 죄는 측정할 수 없다. 왜냐하면 예수님에 대한 미움은 당연히 하느님에 대한 미움을 수반하기 때문이다. 그리스도는 결코 혼자가 아니다. 항상 하느님과 뗄 수 없이 일치해 계신다(8,16). 이런 이유로 누군가 예수님의 신적 본성을 인정하지 않는다면 그는 하느님도 인정하지 않는 것이다(8,19). 누군가 예수님을 미워한다면 그는 하느님도 미워하는 것이다.

24절: 미움과 불신앙이 섞인 유다인들의 죄는, 만일 그리스도가 그들 사이에서 아무런 일도 하지 않았더라면 경감되었을 것이다. 그러나 하느님 아들의 계시인 육화 사건 이후에는 선택된 백성들이 예수님을 거부한 사실에 대해서 변명의 여지가 없게 되었다. 예수님은 당신의 동족들 사이에서 표징들을 보이시고 그 누구도 결코 해본 적이 없는 초월적인 기적들을 행하셨다. 예를 들면 세상이 시작된 이래 약간의 진흙을 가지고 태생 맹인을 보게 했다거나(9,32) 죽어서 무덤에 묻힌 지 나흘이나 지난 사람을 큰 소리로 한 번 불러 무덤 밖으로 걸어 나오게 했다는(11,43 이하) 말을 들어 본 적이 없다. 이런 초월적인 일들은 예수님의 신적 파견을 증언하는 것이다. 그렇기에 유다인들은 적어도 그런 일들 때문에라도 믿었어야 했다는 것이다. 그러나 그들은 표징과 이적들을 보았음에도 불구하고 예수님이 하느님의 아들임을 믿기는커녕 오히려 그분과 하느님을 미워했다.

25절: 도저히 납득할 수 없는 이 불신앙의 근본적인 이유를 복음서는 시편을 통해 설명하려고 시도한다. 여러 시편이 이유 없이 고통당하는 이들의 울부짖음을 전한다. '그들은 까닭 없이 저를 미워하였습니다'(시편 35,19; 69,5 참조). 불신앙의 이유는 예수님의 계시에 결함이 있기 때문이 아니라, 이미 성경에 나오는 불의하게 고통당하는 이들의 처지와 유사한 현실이 여전히 존재하기 때문이라고 할 수 있다. 예수님을 통해 드러난 하느님의 계시를 거부한 유다인들의 부정적인 응답은 결과적으로 예수님의 아버지, 이스라엘의 하느님을 미워하면서 율법을 실현한 셈이 된다. 유다인들을 고발한 것은 다른 무엇이 아니라, 그들 자신의 성경 말씀, 하느님의 말씀이었다.

26-27절; 16,1-4

세 번에 걸쳐 비슷한 주제가 언급되고 있는 이 단락에는 약간의 변조가 있다. 18-21절과 22-25절에서 공통적으로 나타났던 구성 요소들이 이어지는 단락(15,26-16,4)에는 나타나지 않으나 주제는 15,18-21에서 언급한 것들과 통한다. 27절의 "너희도 처음부터 나와 함께 있었으므로"는 19절의 "너희가 세상에 속하지 않을 뿐만 아니라"를 기억하게 한다. 16,1의 "내가 너희에게 이 말을 한 이유는 너희가 떨어져 나가지 않게 하려는 것이다"라는 말씀은 15,20의 "내가 너희에게 한 말을 기억하여라"는 말씀을 상기시킨다. 양쪽 모두 그분의 말씀에 의해 제자들이 살리라는 것을 강조한다. 15,21의 마무리 진술은 "그들이 나를 보내신 분을 알지 못하기 때문이다"인데, 이는 16,3의 마무리 진술 "그들은 아버지도 나도 알지 못하기 때문에"와 일치한다. 그러나 '너희는 처음부터 나와 함께 있었으므로 나를 알고 나를 증언할 것이다'(15,27). 그래서 제자들은 예수님의 하느님 계시를 전달하는 도전적 존재가 될 것이다. 그들은 두려워할 필요가 없다. 다른 보호자가 그들에게 모든 것을 가르치고 항상 그들과 함께할 것이기 때문이다.

26-27절

스승 예수님은 제자들이 장차 겪게 될 경험에 대해 말씀하신다. 예수님은 벌써 두 번이나 아버지께서 보내시는 보호자에 대해 말씀하셨다(14,16.26). 파라클레토스의 역할은 분명하다. 그것은 예수님 안에서 예수님을 통하여 일어나는 하느님의 계시를 계속 전하는 것이다. 이제 성령이, 제자들과 더 이상 함께 계시지 않는 예수님을 증언할 것이다. "그분께서 나를 증언할 것이다"(에케이노스 마루튀레세이 페리 에무 ἐκεῖνος μαρτυρήσει περὶ ἐμοῦ, 26ㄴ절).

고별 담화에서 성령은 예수님께 종속된 관계로 나타난다. 그 이유는 성령이 예수님을 증언하고(15,26), 영광스럽게 하고(16,14), 세상에서 그분을 변호하실 뿐만 아니라, 예수님이 보내시는 분으로 묘사되기 때문이다. "내가 아버지에게서 너희에게로 보낼 보호자"(15,26; 16,7). 아들이신 예수님만 하늘로부터 오는 것이 아니라 성령도 하늘로부터 파견된다. 아들은 아버지께로부터 파견 받았고 보호자, 성령은 아들 예수님께로부터 파견을 받는다. 그러나 "아버지에게서" 보내는 영이니 그리스도 예수님이 홀로 파견하시는 것이 아니다. "아버지에게서 나오시는 진리의 영"이다.

26ㄱ절:	ὁ παράκλητος	ὃν ἐγὼ πέμψω ὑμῖν	παρὰ τοῦ πατρός
	보호자	내가 너희에게로 보낼	아버지에게서
26ㄴ절:	τὸ πνεῦμα τῆς ἀληθείας	ὃ παρὰ τοῦ πατρὸς ἐκπορεύεται	
	진리의 영	아버지에게서 나오시는	

이 두 구절에서 문자적으로 대응하는 어구를 보면 성령의 오심이 하느님과 그 아들에게 달려 있음을 뚜렷이 알 수 있다. 성령의 기원은 하느님 아버지와 하느님 곁에 사는(1,14.18) 외아들 예수님이다. 보호자는 제자들에게 오셔서 예수님을 증언하며 그분을 위한 파견 임무를 수행할 것이다(14,26). 성령의 역할은 육화한 진리이신 그리스도를 향하여 방향 지어져 있다. 그래서 그분을 진리의 영이라 부른다(14,6.17; 15,26).

그런데 성령께서는 어떤 방식으로 예수님을 위해 증언할 것인가? 이 신적 증언은 제자들의 증언과 병행하여 나타난다. "그리고 너희도 … 나를 증언할 것이다"(27절). "진리의 영이 오시면 그분께서 나를 증언하실 것이다"(26절). 예수님 제자들의 증언은 외적인 성격을 띤다. 박해의 때에는 성령의 내적 증언이 그들의 마음에 주어질 것이기 때문에 제자들이 그리스도 신앙을 증언할 수 있을 것이다. 성령은 하느님의 아들에 대한 불타는 마음을 일으킬 것이고(3,5 이하) 불신의 세상을 이겨 승리를 가져옴으로써(1요한 5,5-6) 그들 안에 깊은 신앙을 형성하신다. 제자들은 스승과 처음부터 함께 있었으니 스승의 신격에 관해 증언할 것이다. 성령의 활동으로 강해진 제자들은 세상을 향해 그리스도의 증인이 될 것이다(루카 24,48; 사도 1,8.22).

16,1-4

1절: 성령을 계시하심으로써 스승 예수님은 걸림돌, 즉 시련과 박해의 시간에 있을 수 있는 제자들의 배교를 예방하신다. 예수님을 따르는 이들이 첫 번째로 이탈한 때는 예수님이 생명의 빵에 대한 담화(6,61 이하)를 하신 후이다. 그런 이탈과 변절은 박해 때 받는 유혹에서 비롯될 수 있다(루카 8,13; 마태 24,10). 예수님은 세상에서 계속되는 미움을 예고하시며 그들이 세상의 미움을 직면할 수 있도록 교육하신다. 확신을 갖게 해 주는 그분의 말씀을 신뢰하여 떨어져 나가지 않도록 하시는 것이다. 예수님과 제자들의 적대자로 묘사되는 대상이 처음에는 '세상'(15,18.19)으로, 그리고 '그들'(15,20.21.22.24.25)로, 또 그들 자신의 성경으로 고발당하는 백성(25절)으로 나타나는데, 이들이 '유다인'임을 암시하고 있으나, 명시적으로 유다인에게만 국한되지는 않으며 더 넓은 영역의 박해 또한 포함하고 있다.

2-3절: 이런 고통스러운 상황에서, 예수님을 메시아라고 인정했던 사람들이 유다인들에게서 협박당했던 것처럼(9,22; 12,42), 제자들은 회당에서 쫓겨날 것이다. 이것은 태어나면서부터 눈먼 사람을 치유하신 이야기에서 드러났다(9,34). 유다인들의 종교적 사회적인 환경에서 제자들을 소외시키는 것은 그리스도인들을 향한 미움의 첫 단계이고, 그 미움은 결국

그리스도인들을 학살하는 극단적인 폭력에까지 이를 것이다. 게다가 그것을 하느님을 위한 행위라고까지 여길 것이다. 스승의 이런 예언 말씀은 공관복음서의 전승(마태 10,21; 마르 13,12)과 일치한다. 그리스도의 적대자들은 믿는 이들을 향하여 살인적인 미움을 드러내는데, 15,21에서 말한 대로 그들은 아버지도 아들도 모르기 때문이다. 유다인들이 하느님께 봉사한다고 여기며 그리스도인들을 박해하는 이야기는 요한계 그리스도인들의 체험을 반영하며, 9장과 15,18-16,4 사이에 있는 연결에서 드러난다. 요한 공동체는 회당에서 추방당하는 일을 겪었다. 사도행전에서도 박해받은 사실의 흔적을 볼 수 있다(사도 7,54-60; 8,1-3; 9,1-5.13-14.21.29). 요한 복음서의 초기 독자들이 이미 경험한 세상의 상황이다.

4절: 1절의 내용이 4절에서 반복되면서 그 의미를 강조한다. 세상의 박해로 시련을 받을 때 제자들은 자신들이 버려지지도 않았고 홀로 남겨지지도 않았음을 기억해야 한다. 보호자께서 하느님의 아들에 대한 신앙을 강화시켜 주실 것이고 혹독한 박해 중에 용기 있게 증언할 힘을 주실 것이기 때문이다. 사실, 제자들은 예수님이 부활하신 후에 예수님에게서 실현된 성경 말씀들과(2,17; 12,16) 스승의 예언들을 기억하게 될 것이다(2,22).

고별 담화에서 15,1-16,4 단락의 독특한 점은 예수님이 혼자 말씀하신다는 것과, 떠남의 담화 한가운데에 위치하면서 머무름과 사랑, 그리고 미움 받음에 대한 메시지를 밝히고 있다는 사실이다. 이 구절은 대조되는 두 가지 경험에 대한 예수님의 말씀인데, 둘은 서로 사랑하라는 그분의 계명으로 연결되어 있다. 이 대목은 "내가 너희에게 이 말을 한 이유는"(15,11; 16,1)이라는 구절을 중심으로 둘로 나뉘는데, 첫 대목은(15,1-11) 예수님과 제자들 사이의 '머무름'의 상호 관계를 다루고, 마지막 대목은(15,18-16,4) 예수님, 제자들, 세상 사이의 '미움과 난폭한 분열'을 설명한다. '머무름'과 '미움'이라는 두 요소가 모두 예수님을 보내신 하느님에 대한 인식과 관련이 있다. 이 둘은 같은 진실, 곧 요한의 이야기에서 하느님께서 결정하시는 모든 작용에 대한 응답의 두 측면이다.

15,1에서 예수님은 당신이 참포도나무라고 선언하셨다. 유다인들은 예수님을 미워하고 거부하고 죽였다. 제자들은 '포도나무'라고 선언된 하느님 백성의 모임 장소인 회당과 연결되어 있다. 포도나무-회당이 참포도나무를 미워하고, 박해하고 차단시키는 데에서 모순이 생겨난다. 누가 누구를 박해하는가? 누가 누구를 제외시키는가? 미워하며 박해하는 자들, 죄를 집행하는 자들(15,22-25)은 참포도나무의 가지이면서도 열매를 맺지 못한다. 그래서 그들은 포도나무를 돌보는 농부인 아버지에 의해서 잘릴 것이다. 그들이 스스로 자초한 심판에도 불구하고, 예수님의 말씀과 행동은 그들의 무지, 실패, 배신, 부인否認의 한가운데에서도 계속되고 있음을 15,12-17은 말해 준다. 그들이 그분을 선택한 것이 아니라, 그분이 제자들을 선택하시어(15,16), 그들을 위해 당신 목숨까지 내놓는 사랑을 보여 주셨고(15,13), 제자들을 종이 아닌 친구로 부르셨다(15,14-15). 그렇게 미움과 폭력의 한가운데에 하나의 진실이 버티고 있다. 참포도나무인 예수님의 사랑은 하느님의 사랑에 한계가 없음을 보여 주고(13,1-38) 가르치며 확신을 주고자 하신다(15,1-16,3). 왜냐하면 제자들은 예수님과 그분을 보내신 아버지를 거부함으로써, 그들 스스로가 주님과의 관계에

서 축출되는 것을 선택할 수 있기 때문이다. 예수님은, 이런 약한 제자들에게 당신 안에 머무를 필요가 있고(15,1-11), 지금 여기서 서로 사랑해야 한다고 하시며(15,12-17), 앞으로 받게 될 미움, 박해, 추방, 그리고 순교까지도 대비하도록(15,18-16,3) 교육시키신다. 복음서는 그리스도인들에 대한 세상의 미움이 일시적인 현상이 아닐 것이라고 밝힌다.

3. 보호자 16,5-33

예수님은 4절을 이어받아 "이제 나는 나를 보내신 분께 간다. 그런데도 '어디로 가십니까?' 하고 묻는 사람이 너희 가운데 아무도 없다"(5절)고 말씀하신다.

4절의 "내가 너희에게 이 말을 한 이유는"(알라 타우타 렐라레카 휘민 ἀλλὰ ταῦτα λελάληκα ὑμῖν)에서 렐라레카는 랄레오(λαλέω) 동사의 직설법 완료형이다. 이 동사와 복수 지시대명사 타우타(ταῦτα)는 이미 한 말을 가리킨다. 문법상 4절은 위 구절들의 마무리임을 드러낸다. 이 절은 15,1-16,4의 마무리인 동시에 16,1-4을 한 단위로 묶는 것이기도 하다. 5절이 이 내용을 받아 자연스럽게 '떠남'의 주제를 시작한다. 다음 구절들에서 떠남을 전제로 하는 이야기가 진행되어 제자들의 반응과 예수님의 가르침이 이어지고 그에 대한 제자들의 응답까지 나타난다.

33절의 "내가 너희에게 이 말을 한 이유는"이라는 말씀은 5-32절을 마무리한다. 이 마지막은 특히 4ㄴ절과 연결되어 한 단락을 구성하는 듯하다. 4ㄴ절에서 예수님은 "내가 처음부터 이 말을 너희에게 하지 않은 것은 내가 너희와 함께 있었기 때문이다"라는 말씀을 통해 지금은 함께 계시다는 사실을 강조하신다. 이것은 5절의 전제 조건인 동시에 배경이 된다. 그러나 33절은 또한 1ㄱ절, 4ㄱ절과 동일하며, 바로 위 단락과 같은 구조로 연결되는 동시에 16,1-33을 한 단락으로 보이게 한다.

이 단락에서 예수님은 혼자 말씀하시지 않고 14,1-31에서처럼 제자들과 대화를 하신다. 내용도 예수님의 떠남(16,5-7.16-19.28), 보호자(파라클레토스), 선물(7-15절)이라는 주제에 따라 이야기를 진행하여 13,31-14,31과 밀접한 연관성을 보인다. 16,5-33의 구성에서 '보호자'에 대한 이야기가 한 부분(7-15절), 떠남과 함께 제자들이 예수님을 다시 보게 되리라는 약속이 다른 한 부분(16-33절)을 이룬다.

스승 예수님은 제자들과 세상의 관계에 대해 말씀하신 뒤, 바로 그 세상에서 제자로서 살 수 있도록 성령께서 하시는 일에 대해 말씀하신다. 성령을 보내어 도울 것이라는 명백한 약속을 다시 한 번 종합해서 말씀하시며, 당신이 떠나가시는 것에서부터 시작하여 보호자가 하시는 일을 명시하신다. 그래서 앞에 밝힌 내용을 바탕으로 16,5-33에는 예수님과 제자, 그리고 성령과의 관계와 그 역할에 관한 이야기가 나온다. 이야기의 배경은 제자와 예수님의 관계다. 둘이 함께 있는가, 떨어져 있는가에 따라 상황 설정이 다르다. 이것을 바탕으로 예수님과 제자가 따로 떨어져 있을 때 예수님이 보호자를 보내어 새로운 관계를 형성해 주신다. 보호자가 오시어 제자들과 관계를 맺으며, 그 보호자의 역할에 따라 진리의 영, 성령의 다른 이름이 나타나며 보호자의 본질이 소개된다. 그런데 14장과 확실히 다른 점은 16장이 제자들에게 좀 더 집중하고 있다는 것이다.

16장은 예수님이 제자들에게 들려주시는 마지막 말씀인데, 전체적으로 그분이 제자들에게 쏟으시는 사랑으로 가득하다. 그들의 미래, 그들을 안내하시고 이끌어 주실 분인 성령의 역할과 성령과의 관계, 그들의 기쁨과 평화에 대해 말씀하신다. 그래서 이 짧은 대목은 앞에서 서술했던 전체 내용이 기억되고 통합되는 양상을 띤다.

- 보호자 성령

  1-4절: 예수님께서 특별한 말씀들을 이제 하시는 이유

  5-15절: 보호자가 되실 성령, 진리의 영께서 오신다.

- 제자들의 기쁨과 평화의 근거

  16-24절: 제자들의 기쁨

  25-33절: 제자들의 평화

1) 성령과 제자들 16,5-15

5-6절

예수님은 당신을 보내신 분께로 곧 가실 것(5ㄱ절)이라고 제자들에게 말했는데도 아무도 어디로 가는지를 묻지 않는다고 말씀하신다(5ㄴ절). 무슨 뜻일까? 이미 시몬 베드로가 질문을 했었고(13,36), 토마스도 "저희는 주님께서 어디로 가시는지 알지도 못하는데…" 하며 질문했었다(14,5). 베드로와 토마스의 질문은 예수님의 죽음이라는 인간적인 경험과 연결되어 있다. 13장에서 베드로는 예수님을 공간적 조건에 갇혀 있는 존재로 이해한다. 그래서 예수님은 베드로가 공간적 제약을 넘어서 당신을 이해할 수 있도록 도우셨다. 그런데도 베드로는 계속해서 왜 지금은 안 되냐고, 예수님을 위해서는 목숨도 내놓겠다고 맹세까지 하였다(13,37). 그 이후로 예수님이 제자들에게 굉장히 많은 말씀을 들려주셨는데, 모두가 예수님의 떠남을 인간적이고 역사적인 죽음 체험일 것이라는 추측을 무색하게 하는 말씀이다(13,33.36ㄴ; 14,2-4.6.12.18.19-20.28.31; 15,26).

그런데 16,5에서 예수님은 "'어디로 가십니까?' 하고 묻는 사람이 너희 가운데 아무도 없다"고 하신다. 이것은 요한 복음서가 안고 있는 편집의 문제, 곧 13-14장과 16장의 편집자와 편집 시기가 같지 않다는 사실을 보여 주는 징후이다. 이미 여러 번 말한 대로 요한 복음서는 기존 자료에 손을 대지 않고, 그 옆에 다른 자료들을 병렬식으로 배치하며 첨가하였다.

현재 이 구절이 놓인 자리를 존중하면서 5절의 의미를 찾아본다. '묻는 사람이 없다'에서 '묻다'는 그리스어 동사 에로타오(ἐρωτάω)의 직설법 현재형 에로타(ἐρωτᾷ)를 사용하였다. 이 시제로 보면, 그들은 이제 더 이상 어디 가시냐고 묻지 않는다는 의미가 될 수 있다. 그들이 더 이상 묻지 않는 이유는 물리적 죽음을 넘어서는 떠남과 아버지께 돌아가는 것의 의미를 실제로 이해할 수 없기 때문이다. 그래서 예수님이 떠난다는 사실 자체로 근심이 스며들었고, 그 근심이 그들의 마음을 차지하였다(6절). 베드로의 첫 질문(13,36)이 지닌 오해는 극복되지 못했으며, 그들은 아직도 이해할 수가 없어 근심에 잠겼다. 유의할 것은 앞부분에서도, 이곳에서도 그리고 다른 어느 곳에서도 '어디로' 가시는지에 대한 직접적인 답변은 없다는 점이다. '어디로' 가시는 것이 아니기 때문일 것이다.

여기에서 이 단락과 공관복음서에서 수난과 부활을 예고하는 단락이 얼마나 다른지 짚어 보는 것은 유익하다. 기본적으로 서술하는 관점이 아주 다르다. 요한 복음사가는 독자들이 이미 기술된 정황들에 대한 기본 지식을 갖고 있음을 전제한다. 그래서 주님의 수난, 죽음, 부활을 예고하기보다 이미 신앙을 받아들인 사람들이 그리스도의 일(수난과 부활)에 동참하는 것 곧 제자 됨에 대하여 말하면서, 그들을 준비시키는 데에 초점을 맞추고 있다.

7절

예수님이 떠나시는 것이 제자들에게 유리하다. 그분의 떠남은 그들에게 고통을 더하는 것이 아니라 근심을 극복하게 할 것이다. 예수님은 보호자를 보내시기 위해 떠나셔야만 한다. 아버지의 구원 계획에서 제자들에게 성령을 파견하는 것이 아들 예수 그리스도의 영광에 종속되어 있었기에(7,39), 그들에게는 스승이 떠나는 것이 더 낫다. 떠나지 않으면 보호자가 주어지지 않을 것이다. "내가 떠나지 않으면 보호자께서 너희에게 오지 않으신다. 그러나 내가 가면 그분을 너희에게 보내겠다"(7ㄴ절). 죽음과 떠남, 영광, 그리고 성령-보호자 선물들 사이의 연결이 점점 더 강화되고 있다(11,4; 12,23.32-33; 13,1.31-32).

8절

보호자가 오셔서 세상이 가지고 있는 그릇된 생각을 밝히실 것이라고 하신다. 그동안 보호자가 제자들을 상대로 어떤 일을 하실 것인지가 이야기되어 왔고, 이제는 '세상'을 상대로 무엇을 할 것인지가 드러난다.

"보호자께서 오시면 죄와 의로움과 심판에 관한 세상의 그릇된 생각을 밝히실 것이다"(8절). 세상과 관련된 보호자의 역할이 표현된 8절은 전치사 페리(περὶ)와 함께 쓰인 동사 엘렝코(ἐλέγχω)가 다양한 뜻을 지닌 탓에 전체 뜻이 명확하지 않다. 엘렝코 페리는 '밝히다', '드러내다', '유죄를 선언하다', '책망하다' 등의 의미를 가진다. 가톨릭 《성경》은 '그릇된 생각을 밝힐 것이다'라고 번역하였다. 이전의 이야기들에서 이 동사가 사용된 사례를 보면, 3,20의 "자기가 한 일이 드러나지 않게 하려는 것이다"에서는 '드러내다'라는 뜻으로 사용되었고, 8,46에서는 '입증하다'라는 뜻으로 사용되었다. 16,8에서는 직설법 미래형으로 사용되어 '밝힐 것이다'라는 의미로 본다. 이 표현을 해석하기 위해 유용한 추가적 요소는 예수님과 보호자 사이에 있는 유사점이다. 예수님은 심판하러 오시지 않았다. 그러나 하느님의 계시로서 그분의 존재는 위기를 초래한다(3,19-21; 5,22; 7,7; 8,24; 9,39; 12,31). 예수님은 존재 자체로 주변의 어둠을 드러내는 진리이고 빛이다(12,45-47). 오실 보호자(파라클레토스) 또한 세상의 어둠을 드러내고 판단받게 한다. 요한의 이야기는, 예수님이 고발되고 그를 고소한 이들이 오히려 단죄받는 내용으로 법정 사건 이야기를 닮았는데, 이 소송은 예수님이 떠나신 후에도 계속될 것이다. 보호자는 비판하고, 판단하는 기능, 분명하게 예수님께 부여되었던 권한을 계속 행사할 것이다(5,27). 보호자에게 있는 이 지속적인 권한은 세 가지를 규명하는 역할을 하는 것으로 묘사된다(9-11절). 보호자의 특수한 소임은 예수님을 변호하고 증언하는 것인데, 세상에게 죄와 의로움과 심판에 대해서 밝히는 것이다.

보호자(파라클레토스)는 비판적인 존재로서 죄와 그릇된 의로움과 세상의 잘못된 심판에 대항하여 그 맞은편에 있다는 것이 예수님의 새로운 가르침(8-11절)이다. 그러나 이 파라클레토스를 받아들일 수 없는 세상의 무능력에 관해서는 이미 14,17에서 밝히셨다.

9-11절

9-11절의 주절은 그리스어 원문에서 단순하게 나타난다. 전치사(페리 περὶ ~에 대하여)와 명사 형식으로 나타나 있다.

9절: περὶ ἁμαρτίας μέν, ὅτι … 죄에 대하여,

10절: περὶ δικαιοσύνης δέ, ὅτι … 의로움에 대하여,

11절: περὶ δὲ κρίσεως, ὅτι … 심판에 대하여,

9절: 보호자는 죄에 대하여 밝힐 것이다. 죄를 구성하는 것이 무엇이냐에 대한 생각을 밝힌다. 무엇이 죄인가를 잘못 알고 있는 것은 예수님을 믿지 않았기 때문이다. 세상의 죄는 불신앙이다. 이것이 유다인들의 크나큰 죄이다. 그들은 예수님의 계시를 받아들이기를 거부하고(5,47; 8,45-46 등) 그분의 신성을 받아들이지 않았다(5,38; 6,36; 10,37-38 등).

10절: 보호자는 의로움에 대하여 밝힐 것이다. 의로움은 구약의 백성에게 아주 중요한 덕목이었다. 복음서들도 예수님 시대가 완전히 도래하기 전, 이 의로움을 기준으로 사람들을 평가하였다. 그리스어 디카이오쉬네(δικαιοσύνη)는 구약성경에서 '정의', '공정', '의로움'으로 번역되는 히브리어 처다카(צְדָקָה)와 비슷한 의미를 지닌다. 보호자는 의로움에 대한 견해를 드러내신다. 세상은 예수님이 아버지께로부터 오셨고, 아버지께로 가신다는 것을 받아들여야 한다. 이것을 못 받아들이는 것은 의롭지 못하다. "내가 아버지께 가고 너희가 더 이상 나를 보지 못할 것이기 때문이며" 유다인들은 예수님에게서 이것을 보지 못하였다. 그들은 아브라함의 자손이고(8,39-59), 모세의 제자이며(6,30-31; 9,28-29), 토라를 따른다는 것(5,16-18.39-40.45-47; 7,12.18.20-24.48-49; 9,16.24; 8,58-59; 10,24-38; 11,48-50; 16,2)으로 그들의 의로움을 주장하였다. 적대자들은 하느님에게서 받는 영광보다 사람에게서 받는 영광을 더 좋아하였다(12,43). 그들이 수평

적 관점에서 이해하는 의로움은 인간 역사 안(아브라함, 모세, 토라)에서 나온 것이다. 그들은 예수 그리스도 안에서 말씀이 육을 취하셨다는 수직적 이해는 거부한다.

예수님은 아버지께로 가신다. 여기서 의로움을 밝힌다는 것은 예수님이 아버지께로 가신다는 사실을 명백히 하는 것이다. 예수님의 의로움은 역사에서 당신을 계시하시는 아버지의 초월성을 가리키는 하느님의 거룩함과 비슷하다. '하느님의 의로움'은 그분의 거룩함과 권위를 포함한다. 그래서 8절과 10절에 나오는 의로움은 윤리적 의미가 아니라 17,25에서처럼 신적 서술로 이해해야 할 것이다. 17,25에 나오는 '의로우신 아버지'는 17,11의 '거룩하신 아버지'와 같은 의미이다. 이 대목은 오늘의 우리가 깊이 생각해 볼 만한 부분이다. 예수님에 대한 불신앙은 사실 예수님이나 야훼 하느님에 대한 특별한 적대감이나 비호감에서 나오지 않는다. 예수님을 믿지 못하는 것은 신神에 대한 무관심 때문이다. 그러한 무관심이 오늘날 우리 사회와 문화 전반에 큰 영향을 미치고 있다.

보호자는 제자들과 그들의 양심에, 믿지 않는 세상이 예수님의 계시를 거부하고 그분을 죽이면서 범한 큰 죄의 명백한 증거를 제공할 것이다. 이 명백한 증거는 믿는 이들의 마음을 비추시는 성령을 통해 주어진다. 진리의 성령은 제자들 위에 오실 것이고, 제자들에게 오실 것이기 때문이다(15,26; 16,7). 성령은 믿는 이들 곧 제자들에게 오시지 그것을 받을 능력이 없는 세상에는 오시지 않는다(14,17).

11절: 보호자는 세상의 잘못된 심판에 대해서도 밝히실 것이다(11절). 죽음을 통한 예수님의 떠남은 영광으로 들어 올려지는 것(3,14; 8,28; 12,32-

33)이고, 하느님의 영광과 그 자신이 받을 영광을 계시하시는 것(11,4; 12,23; 13,31-32)이며, 흩어진 자녀들을 모으시는 것(11,50.52; 12,11.19.32)이다. 이렇게 보호자는 세상의 심판을 밝힐 것이다. 이 세상의 우두머리는 사람의 아들이 높이 들어 올려짐으로써 완전히 패배했고 밖으로 쫓겨났다(12,31). 어둠에 싸인 이 존재가 그리스도를 체포하고, 재판하고, 수난을 겪게 하고 십자가에 매다는 모든 일을 지휘하였다(14,30).

12절

"내가 너희에게 할 말이 아직도 많지만 너희가 지금은 그것을 감당하지 못한다." 예수님은 성령께서 아직 깊은 신앙의 빛으로 그들 안에 오시지 않아 제자들이 이해하지 못하는 그 무엇을 나중에 계시하기를 바라신다. 앞에서 예수님은 아버지께 들은 모든 것을 다 말했다고 하셨다(15,15). 언뜻 보기에 두 문장의 내용은 모순인 것 같으나 계시의 두 측면에서 보면 그렇지 않다. 하나는 이 세상에 계신 그리스도와 연결되어 있고, 다른 하나는 성령의 가르치는 행위와 연결되어 있다.

진리의 영은 새로운 계시를 가져오지 않고 진리로 이끄시는 분이다. 곧 예수님이 보여 주신 계시를 깨닫게 하시는 존재이다(13절). 성령은 하느님의 말씀이 가져오신 유일한 계시를 더 깊이 깨닫도록 한다는 의미에서 새로움을 더해 주신다고 이야기할 수 있겠다. 진리의 영은 실제로 '모든 진리 안으로' 믿는 이들을 '인도하실 것'이다. 그러나 새로운 계시를 주시지 않고 들은 것을 말씀하실 것이다. 진리란 하느님의 말씀이고(17,17), 육화한 말씀의 위격 곧 예수님이다(14,6). 성령은 진리이신 그리스도를 향해 있고, 그런 이유로 진리의 영이라고(14,17; 15,26; 16,13), 나아가 진리라고 불린다(1요한 5,6). 예수님이 지상에 계실 때에는 제자들이 그분 계시의 무게를 감당할 수 없었지만 성령의 시대에는 가능할 것이다. 그 말씀을 모두 기억나게 하며 가르쳐 주시는 성령의 도움으로 그들이 통찰하고 깨닫게 될 것이기 때문이다.

13-15절

그분은 "너희를 모든 진리 안으로 이끌어 주실 것이다"(호데게세이 휘마스 엔 테 알레테이아 파세 ὁδηγήσει ὑμᾶς ἐν τῇ ἀληθείᾳ πάσῃ). 이 모든 진리, 충만한 진리로 가는 여정은 예수님이 "길"로 계셔도(14,6ㄴ) 아직 완성되지 않았다. 그분은 곧 떠날 것이나 "길"은 계속된다. 제자들은 그 안으로 안내를 받을 것이다. 역동적 의미에서 계시의 지속적인 전개는 아직 완전하게 파악되거나 경험되지 못했다. 안내자가 주어지니 제자들은 무조건 신뢰하며 여행할 것이다.

진리의 영은 이야기하실(랄레세이 λαλήσει 13절에 2회) 것이고, 알려 주실(아낭겔레이 ἀναγγελεῖ 13.14.15절) 것이다. 이처럼 운율에 맞춰 반복하는 것은 9-11절에도 나타났는데, 요한 복음사가는 이런 특징적 표현으로 이 일이 언제 어떻게 일어날 것인지를 효과적으로 밝힌다.

14-15절

진리의 영(보호자)은 그가 통교하는 계시의 궁극적인 근원은 아니다. 진리의 영은 무엇이든 예수님께 받아서 알려 주실 뿐이다. 성령의 임무는 완전히 그리스도-진리로 집중되어 있다. 그리고 예수님은 그 모든 것을 하느님에게서 받았다. "아버지께서 가지고 계신 것은 모두 나의 것이다. 그렇기 때문에 성령께서 나에게서 받아 너희에게 알려 주실 것이라고 내가 말하였다"(15절). 15절의 그리스어 원문에는 성령이란 단어가 없다. 7절에는 파라클레토스(παράκλητος)가 나타나고(8절에는 인칭대명사 '그' ἐκεῖνος), 13절에는 진리의 영(τὸ πνεῦμα τῆς ἀληθείας)으로 표현되어 있고, 14절에 다시 인칭대명사(ἐκεῖνος)가 사용되어 15절까지 영향을 미친다.

2) 제자들의 기쁨 16,16-33

16장의 뒷부분에서 예수님은 제자들에게 기쁨(16-24절)과 평화(25-33절)를 약속하신다. 제자들이 겪을 상황을 미리 보시고 위안과 격려를 주시는 것이다.

16-19절

예수님은 다시금 당신의 지상 삶의 마지막에 대해서 말씀하신다. 제자들은 동요하며 무엇보다도 "조금 있으면"이 무슨 뜻인지 몰라 곤혹스러워한다. 그리고 보지 못한다는 것과 "조금 있으면" 다시 본다는 것과 연관시켜 좀 전에 말씀하신(10절) '아버지께로 간다'는 말씀의 뜻을 몰라 의아해한다(17절). "조금 있으면"(미크론 μικρὸν 16절에 2회; 17절에 2회)이라는 말은 예수님이 당신의 떠남과 관련하여 자주 사용하신 표현인데(7,33; 12,35; 13,33; 14,19), 그들은 예수님의 말씀을 온전히 이해하지는 못하지만 여전히 예수님 떠남의 깊은 의미에 대하여 하신 말씀을 기억한다. 그들은 두 번의 "조금 있으면"이라는 시간의 의미를 알고 싶어 하고, 예수님이 아버지께로 가신다는 '장소'에 대해서도 알고 싶어 한다(17.18절; 14,28). 그러나

16-19절에서 "조금 있으면"이 7회나 쓰였지만 쟁점은 그것의 때가 아니라 예수님이 '떠난다'는 사실과 '다시 본다'는 데에 있다. 예수님은 제자들이 이해하지 못해 예수님의 설명을 바라면서도 직접 요청하지 못하고 있음을 아신다(19절).

20절

예수님은 "조금 있으면"의 뜻도 정확히 밝히지 않으시고, 아버지께로 가기 때문이라는 말씀이 무엇을 의미하는지도 설명하지 않으신다. "내가 진실로 진실로 너희에게 말한다" 하시며, 제자들에게 곧 닥칠 상황과 그들이 극복해야 하는 일을 통하여 경험하게 될 정황을 이야기하신다. 제자들이 곧 겪을 일에 대한 말씀은 그들에게 먼저 하신 말씀을 떠올려 준다(13,18-20; 14,25-27.29; 15,11; 16,1.4 참조). 그것은 믿음, 기쁨, 기억, 그리고 평화를 열매 맺기 위하여 그들이 지금 겪어야만 하는 경험들, 즉 미래의 열매와 현재의 상황 사이에 존재하는 긴장과 불안을 일으키는 말씀이었다. 예수님이 제자들에게 말씀하신 대로 십자가의 시간이 불안하게 다가오고 있다. 제자들은 울며 애통해하고, 세상은 즐거워할 때가 가까이 다가오고 있다. 그동안 결탁하여 예수님을 반대해 온 이들은(11,49-50.53.57) 십자가 위에 들어 올려지는 예수님의 죽음에서 자기네 승리를 보고 기뻐할 것이다. 그러나 그들의 기쁨은 잠시뿐이고 공허할 것이다. 성찰하지 않는 역사적 사실에는 예수님 죽음의 참된 의미가 반영되어 있지 않기 때문이다.

21-24절

여기서는 '지금'과 다시 제자들을 보게 되는 '이후'의 요소가 시작과 마지막을 완전히 뒤바꿔 놓는다(22절). "그날에는"(엔 에케이네 테 헤메라 ἐν ἐκείνῃ τῇ ἡμέρᾳ, 23절)이란 표현은 22절에서 말씀하신 상황이 벌어지는 날을 가리키는 일반적인 의미로 쓰이기도 하지만, 전통적인 종말의 날을 표현하는 데도 사용된다. 스승 예수님의 수난과 죽음으로 그분의 제자들은 눈물을 흘리고 고통과 좌절을 느낄 것이다. 반면에 그분의 원수들은 승리에 취해 기뻐할 것이다. 실제로 예수님을 사랑하는 사람들은 그분의 무덤가에서 우는데(20,11 이하), 유다의 음모로 예수를 잡아 죽인 대사제들은 기뻐한다(마르 14,10-11 등).

그러나 제자들의 슬픔과 근심은 얼마 가지 않아 기쁨으로 바뀔 것이다(20절). 주님께서는 부활 날에 제자들 가운데 나타나실 것이기 때문이다. 그분이 지상에서 겪는 마지막 사건들 속에서 그분의 제자들이 겪는 고통은 해산의 고통만큼이나 격렬하고 클 것이다. 그런데 제자들은, 마치 여인이 해산 후에 그 고통을 다 잊는 것처럼, 고통 후에 아주 충만한 기쁨을 느끼는 체험을 하게 될 것이다(21절). 하느님 백성의 깊은 고통을 묘사하기 위해 해산하는 여인의 예를 비유로 드는 것은 예언문학에서 드문 일이 아니다(호세 13,13; 이사 26,17-18; 예레 6,24). 예수님은 이 이미지를 활용하여, 모성적인 행복감이 해산의 고통을 잊게 하듯 부활하신 주님께서 당신 사람들에게 돌아오는 것이 깊은 기쁨의 원천이라고 말씀하신다(22절). 부활하신 그리스도는 완전한 기쁨의 원천이 될 것이다.

예수님이 부활하신 후, 제자들은 완전히 다른 상황으로 옮겨 간다. 이제 제자들은 예수님의 이름으로 청원을 하게 될 것이다(23-24). 그러나 그

날에 제자들은 예수님께 더 이상 '설명'을 청하지 않을 것이다. 사실 요한 복음사가에 의하면 예수님이 고별사를 하실 때 제자들은 스승께 끊임없이 질문하였다. 특히 아버지께로 곧 떠나가신다는 말씀에 관해(13,36-37; 14,5 이하 등) 줄기차게 의문을 표시하였던 반면에, 실제로 복음서의 증언에 의하면 부활하신 주님께서 제자들에게 나타나셨을 때 제자들은 어떤 질문도 하지 않는다. 베드로가 예수님께 사랑받는 제자의 운명에 관해 질문한 것만 예외이다. 예수님을 보는 것은 그분의 현존을 지속적으로 경험한다는 것을 의미한다. 예수님을 보는 것, 그분의 현존을 체험하면서 받은 기쁨과 앎 때문에 더 이상의 질문이 필요치 않게 된 것이다. 그 기쁨과 앎은 예수님의 제자들과 후대에 그 뒤를 잇는 제자들, 곧 모든 그리스도인들이 실존적으로 누리는 특권이다. 예수님의 약속은 모든 그리스도인들에게 허락된 것 안에서 성취되었다.

제자들은 예수님 이름으로 아버지께 무엇이든 청할 것이며 청하는 것은 다 받아들여질 것이다(23절). 믿는 이들의 기도는 주님의 뜻에 맞기만 하면 다 받아들여질 것이다. 왜냐하면 하느님께서는 예수님의 친구들을, 제자들을 사랑하시기 때문이다(16,27). 그렇기 때문에 제자들의 기쁨이 충만하고 완전하도록 스승은 제자들이 예수님의 이름으로 아버지께 탄원하도록 격려하신다. "청하여라. 받을 것이다. 그리하여 너희 기쁨이 충만해질 것이다"(24절). 예수님은 제자들이 완전한 기쁨을 누리기를 바라신다.

16-24절의 이야기는 제자들이 예수님을 다시 보게 된다는, 그래서 기쁨으로 충만하게 된다는 부활 발현을 예고한다.

25-28절

25절: 이 구절로 예수님의 말씀이 거의 마무리되고 있음을 알 수 있다. 예수님은 이제 제자들의 현재 상태와 미래 상황을 나란히 놓으시며 비유(파로이미아 παροιμία)로 말씀하시는 현재와 드러내 놓고 알려 줄 미래라는 두 차원에서 계시를 말씀하신다. 12절에서 예수님은 제자들에게 들려줄 말이, 신적神的 상황이 많이 있지만 지금은 그들이 감당할 수가 없고 그 일을 도와주는 것은 성령께 맡겨져 있다고 말씀하셨다. 그러나 이제 "더 이상 너희에게 비유로 이야기하지 않고 아버지에 관하여 드러내 놓고 너희에게 알려 줄 때가 온다"(25절)고 밝히시는데, 예수님이 아버지를 알리시는 방법이 변화되며 이 변화는 다가오는 때와 연관된다. 그때에 말씀들, 항상 그 뒤에 있는 진실에 근접한 것을 알렸던 말씀들은 이제 아버지에 대하여 드러내 놓고(파레시아 παρρησία) 하는 말씀이 되며 사실을 알리게(아팡겔로 ἀπαγγέλλω) 될 것이다. 이 약속은 예수님이 십자가 위에서 하신 계시와 관련된다. 하느님의 영광은 예수님의 죽음 안에서 죽음을 통하여 밖으로 빛난다(11,4; 12,23.32-33; 13,1.31-32 참조). 그리고 성령께서 그 의미를 풀어 주시고 밝혀 주실 것이다(25절; 참조 16,13-15). 그때에는 성령께서 말씀하시기 때문에 예수님이 말씀하시는 내용은 부활 후의 발현이라는 역사적 상황을 넘어선다. 그리고 요한 복음서는 부활하신 주님이 아버지에 대해서 계시하시는 이야기를 더 이상 전하지 않는데 제자들이 신적 상황을 확실히 알게 되기 때문이다. 그런데 중요한 것은 계시하는 내용보다 계시와 제자들의 관계이다.

26절: 그때가 오면 제자들이 직접 아버지 앞에 존재할 것이다. 제자들은 더 이상 그들이 알고 있었던 예수님께 접근하지 않을 것이다. 예수님이 그들을 위해 아버지께 청하지 않고 그들이 예수님의 이름으로 아버지께 직접 청할 것이다(26절). 왜냐하면 '예수님 시간'의 사건들과 밀접하게 연관된 하느님의 계시는, 예수님의 아버지와 예수님의 제자들 사이의 관계의 본질을 변화시킬 것이기 때문이다. 제자들이 예수님을 사랑하고, 예수님이 하느님에게서 나왔다는 것을 믿었기에 그들은 아버지의 사랑을 받을 것이라고 예수님은 말씀하신다(26-27절). 이 말씀은 14,23을 떠올려 준다. 예수님을 통하여 제자들은 하느님과 아주 밀접한 관계를 갖게 되었다.

28절: "나는 아버지에게서 나와 세상에 왔다가, 다시 세상을 떠나 아버지께 간다." 예수님은 하느님과 함께하는 당신의 기원을 밝히신다. "나는 아버지에게서 나와"(엑셀톤 파라 투 파트로스 ἐξῆλθον παρὰ τοῦ πατρὸς)라는 표현은 그분이 육화 사건으로 아버지에게서 나오셨다는 말씀이다. 여기서 "나와"는 엑세르코마이(ἐξέρχομαι) 동사의 원과거인 엑셀톤(ἐξῆλθον)으로 일회적인 과거 사건을 표현한다. 반면에 "세상에 왔다가"에서는 '오다' 동사(에르코마이 ἔρχομαι)의 완료형 동사(엘레뤼타 ἐλήλυθα)를 사용하여 지속적으로 세상에 계셨고 이제 완료했음을 표현했다. 그리고 "세상을 떠나 아버지께 간다"에서는 "떠나"에 아피에미(ἀφίημι) 동사 현재형, "간다"에도 포레우오마이(πορεύομαι) 동사 현재형을 사용하였다. 그분의 오심에 대한 진술과 균형을 이루면서 떠날 시간이 임박하였음을, 곧 아버지께로 가실 것임을 말씀하신다. 존재와 생명의 원천이며 말씀과 모든 피조물의 행위의 원천이시기 때문에(5,19 이하) 하느님은 만유보다 크시며(10,29) 당신의 아들보다도 더 크시다. 그분은 역사와 구원의 창시자이며 창조주이시다. 하느님은 크신 사랑으로 외아들을 세상에 보내시고(3,16) 내어 주셨다(1요한 4,9-10). 이제 예수님은 그 아버지께로 돌아가신다.

29-30절

예수님이 이제는 드러내 놓고(엔 파레시아 ἐν παρρησίᾳ) 말씀하신다고 하니, 제자들은 지금 스승께서 말씀하시는 것은 분명하다고 판단하며 이미(눈 νῦν 이제) 완전히 알았고 믿는다고 당당히 말한다(30절). 과거의 만남들, 특히 5,1-10,42에는 불신하는 태도로 예리하게 공격하는 질문들(5,12.18; 6,5.7.9.30-31.34.41-42.52; 7,3-4.20.25-27.31.35-36.40-42.45-51; 8,13.19.22.25.33.39.41.48.52-53; 9,40; 10,6.19-21.33)이 많이 들어 있었다. 최근에 제자들도 16,19에서 질문을 제기하였다. 그런데 이제는 예수님이 모든 것을 알고 계심을 깨달으면서, 예수님이 하느님의 유일하고 참된 계시임을 알게 되었다. 알게 되니 그들은 믿음으로 나아가게 된다.

이로써(엔 투토 ἐν τούτῳ) 제자들은 스승께서 모든 것을 알고 계시며 신적 기원을 가지고 계시다는 신앙을 고백하는데, 어느 한 제자가 아니라 지금 예수님과 함께 있는 제자 모두가 명확하게 아주 중요한 신앙고백을 한다. "이로써 저희는 스승님께서 하느님에게서 나오셨다는 것을 믿습니다." 이 고백은 많은 것을 내포한다. 그분의 기원에 대한 신앙고백은 곧 그분의 신원에 대한 신앙고백이다. 하느님과 함께 계셨던 말씀이라는(1,1) 신앙고백이며 하느님 아버지의 외아드님으로서 하느님이시라는(1,18) 신앙고백이다. 드디어 제자들은 이 믿음에 이르렀다고 요한 복음사가는 기술한다. 이 믿음을 통해 예수 그리스도와 일치하는 제자상을 그리고 있는데, 사실 이것은 예수님이 수난과 부활로 인해 영광스럽게 되신 후에 제자들이 깨닫고 갖게 될 믿음을 미리 받은 것이다.

16장은 특히 앞부분의 이야기들과 말씀들을 전제로 하여, 그것들을 통합하며 내용을 전개한다.

31-33절

예수님의 말씀은 계속 앞으로 뻗어간다. 예수님은 "이제는 너희가 믿느냐?"(아르티 피스테유에테? Ἄρτι πιστεύετε, 31절)라고 물으시고, 그 질문으로 제자들의 믿음은 한계를 드러낸다. 29절에 나오는 "이제는"(눈 νῦν)은 제자들이 '이제' 알았고 믿는다고 선언하는 것인데, 31절에서 예수님이 말씀하시는 "이제는"(아르티 Ἄρτι)은 '이제서야' 믿느냐는 반문을 나타낸다. 제자들이 이제야, 이 순간에야(이 순간부터) 믿는다는 것에 대한 예수님의 반문이며 제자들의 믿음이 충분한지에 대한 의문이다. 주님은 제자들이 이 신앙고백에 만족하여 안주하도록 내버려 두지 않는다. 예수님은 조금 후, 당신이 체포될 때 제자들이 예수님을 홀로 두고 도망갈 것을 알고 계시며 예고하신다. "그러나 너희가 나를 혼자 버려두고 저마다 제 갈 곳으로 흩어질 때가 온다"(32ㄱ절). 그들은 아주 잠시 후에 흔들리며 더 이상 믿지 않고 각자에게 이로운 곳으로 돌아갈 것이고 예수님을 버려둘 것이다. 그들의 믿음은 아직 더 무르익어야 한다. 제자 됨과 믿음에도 어떤 단계가 있음을 알 수 있다.

"때가 온다. 아니, 이미 왔다"(이두 에르케타이 호라 카이 엘레뤼텐 ἰδοὺ ἔρχεται ὥρα καὶ ἐλήλυθεν). 제자들이 예수님을 버려두고 저마다 제 갈 곳으로 흩어지는 때다. 여기서 '저마다 제 갈 곳으로(스코르피스테테 헤카스토스 에이스 타 이디아 σκορπισθῆτε ἕκαστος εἰς τὰ ἴδια) 흩어진다'는 표현이 의미심장하다. 예수님과는 전혀 상관없이 각자 자신의 안전을 위해 살 길을 찾아 도주한다. 그런데 위 구절에 나오는 '이디아'(ἴδια)는 서곡의 말씀 찬가 1,11에 두 번 언급된 바 있다. "그분께서 당신의 땅에(에이스 타 이디아 εἰς τὰ ἴδια, 직역하면 '자신의 자리에') 오셨지만 그분의 백성(호이 이디오이 οἱ ἴδιοι, 직역하면 '자신의 사람들')은 그분을 맞아들이지 않았다." 물론 1,11에 나오는 사람들이 그분의 제자들을 가리키는 것은 아니다. 그러나 묘한 울림을 주는 표현이다. 좁은 의미에서 그분의 사람들이라고 분류되는 제자들이, 그리고 예수님의 길이 생명의 길이라는 가르침을 계속 받았고 믿는다고 고백한 이들이, 그분의 길과 그분의 장소가 아니라 각자 제 갈 길을 찾아 살겠다고 떠나는 것이다(32절). 사실, 스승 예수님은 그들이 평화를 얻을 수 있게 하려고 이 말씀을 하신다(33ㄱ절). 이는 제자들이 평화를 잃었다는 사실을 전제로 하시는 말씀이다. 예수님이 제자들에게 주시는 안배와 평화, 그분의 가없는 사랑에 초점이 맞춰져 있지만 사실 얼마나 슬프고 기가 막힌 일을 제자들이 겪는 것인지 이 표현에서 살짝 엿볼 수 있다. 복음서가 예수님께 집중되어 있고 제자들의 심경을 자세히 전하지는 않고 있으나 그들의 마음을 짐작할 수는 있는데, 스승 예수님이 미리 이렇게 말씀하시는 이유가 거기에 있다.

그리고 그 순간, 제자들이 당신을 버리고 가는 순간에도 예수님은 혼자가 아니니 너무 마음 아파하지 말라고 미리 말씀해 주신다. "그러나 나는 혼자가 아니다. 아버지께서 나와 함께 계시다"(32ㄴ절). 예수님과 아버지의 하나 됨은 죽음을 둘러싸고 있는 폭력에도 없어지지 않는다(32ㄴ절). 그날 예수님의 생명을 앗아가는 폭력으로 세상의 힘이 이기는 것처럼 보이지만, 예수님과 아버지 사이의 일치는 예수님의 승리를 보장한다(33ㄷ절). 예수님이 이미 세상을 이기셨다. 예수님의 이 승리는 제자들의 실패와(32ㄴ절), 세상에서 받는 고난(33ㄴ절)에도 불구하고 그들에게 평화를 약속하시는 기반이 된다. 아버지와 예수님의 일치에서 흘러나오는 예수님의 평화와 승리는(33절) 제자들이 순간적으로 그분의 곁을 떠날지라도, 그분을 사랑하고 믿는 그들에게 주어진다. "내 안에서(엔 에모이 ἐν ἐμοὶ) 평화를 얻게 하려는 것이다." 제자들은 세상이 아닌 그분과 하나 됨으로 초대된다. 세상과 연합되지 않았기 때문에 세상에서는(엔 토 코스모 ἐν τῷ κόσμῳ) 고난을 겪을 것이다. 혼돈을 겪어도(16-17절), 한정된 믿음을 가지고 있어도(30-32절), 예수님의 제자들은 격려를 받을 충분한 이유를 가지고 있다. 그들은 예수님의 사람들이고, 예수님은 세상을 이기셨기 때문이다(33절; 참조 25-27절).

16장 마무리

16장은 예수님이 제자들에게 주시는 마지막 사랑의 메시지다. 보호자(파라클레토스)와 진리의 영과의 관계, 그리고 당신과의 관계로 그들이 기쁨과 평화를 누릴 것이라고 말씀해 주신다.

그래서 말씀들은 전체적으로 2장-12장까지 진행된 논쟁들을 전제로 하는 한편, 13-15장을 마무리한다. 최후의 만찬에서, 예수님이 제자들의 발을 씻겨 주신 후 고별사를 하실 때 첫 부분에서 당신의 떠남을 언급하신 바 있다(13,33 이하; 14,2-3.28). 예수님은 13-14장에서 말씀하셨던 것처럼 비슷하게 여기서 떠남을 다시 언급하신다. 고별사라고 이름 붙은 부분에 이런 내용이 들어간 것이 아니고, 떠남에 대한 언급 때문에 이 부분이 고별사라고 불린다는 사실을 인식할 필요가 있다. 예수님이 제자들을 떠나가신다는 사실, 이 세상을 하직한다는 사실은 제자들에게 무척 중요하다.

그런데 이 대목에서 드러난 주요 주제는 '기쁨'이다. 그리스어를 기준으로 명사인 기쁨(카라 χαρά)과 동사 기뻐하다(카이로 χαίρω)는 신약성경에 59회 쓰였는데 그중 복음서에만 24회(마르-1회; 마태- 6회; 루카-8회; 요한-9회) 나타난다. 요한 복음서에서는 9회 중에 5회이 16,20-24절에 집중된다(3,29에 1회; 15,11에 2회; 16,20-24에 5회; 17,13에 1회). 제자들이 예수님의 떠남으로 슬픔과 좌절과 고난을 겪게 될 것을 예수님은 아신다. 그 후, 제자들은 예수님의 부활로 그분의 승리를 확인하게 될 것이다. 그들은 세상 때문에 겪게 되는 일과 그들 자신의 부족함과 결점으로 겪게 되는 모든 것을 넘어서는 주님 때문에, 또 예수님이 아버지와 하나라는 사실 때문에, 그분이 약속하신 기쁨과 평화를 누릴 수 있다. 이것이 스승 예수님이 사랑하는 제자들에게 주시는 신뢰와 보증이다.

제3장 예수님의 기도 17,1-26

17장의 예수님의 기도에는 공동체가 이미 세상에서 직면하고 있는 사태가 언급되고, 그 세상에 살고 있는 제자들을 위한 기도가 들어 있다. 14절은 과거형 동사를 사용하여 세상이 공동체를 대하는 양상에서 드러난 모습을 표현한다. "저는 이들에게 아버지의 말씀을 주었는데, 세상은 이들을 미워하였습니다." 또한 예수님이 제자들을 이미 세상에 보낸 상황도 전제되어 있다. "아버지께서 저를 세상에 보내신 것처럼 저도 이들을 세상에 보냈습니다"(18절). '보냈습니다'는 보내다(아포스텔로)의 원과거형으로 제자들이 이미 세상에서 살고 있음을 표현한다. 이 시기, 기원후 90-110년 무렵의 팔레스티나 주변 지중해 연안에서는 사실 예수님을 주님으로 믿고 고백하며 따르는 이들이 안티오키아를 중심으로 그리스도인이라 불리고 있었고, 그리스도인 공동체는 세상에서 이미 박해를 받으며 고초를 겪고 있었다.

기도 내용의 대부분이 제자들에 관한 것이고, 끝은 예수님과 제자들의 만남과 일치로 마무리된다. 이것은 예수님의 목소리를 듣고 있던 청중인 제자들에게 전해지고 밝혀진 계시이며, 또한 이 증언이 전달된 요한 공동체가 세상에서 당면하고 있는 상황을 드러낸다. 동시에 미래의 독자들에게도 열려 있는 삶의 자리를 전제로 한다. 그래서 세상과 맞서야 할 때, 아버지와 아들과 하나가 되며, 제자들이 하나가 되기를 촉구하는 메시지를 더욱 강조하고 있다. 외부의 박해와 공격이 치열한데, 공동체 내부에서는 주님에 대한 앎과 가르침, 제자들에 대한 의견 등으로 분열이 일어나는 상황에서, '하나'가 되기를 간곡히 청하는 예수님의 기도는 절절하게 들려왔을 것이다. 하나가 되는 방법은 그들 사이에서 시시비비를 가리는 것이 아니라, 아버지와 그분의 아들인 예수님께 집중하는 것이다. "그들이 모두 하나가 되게 해 주십시오"(21절)라는 예수님의 기도는, 구심점이 그들 중 '누구'이거나 가르침 중 '무엇'이 아니라 하느님과 예수 그리스도의 일치 안에 머무르는 것이라고 가르친다. "아버지, 아버지께서 제 안에 계시고 제가 아버지 안에 있듯이, 그들도 우리 안에 있게 해 주십시오. 그리하여 아버지께서 저를 보내셨다는 것을 세상이 믿게 하십시오"(21절). 그리고 이미 예수님이 그들 안에 계시다는 것을 알린다. "저는 그들 안에 있고 아버지께서는 제 안에 계십니다. 이는 그들이 완전히 하나가 되게 하려는 것입니다"(23절).

17장은 예수님이 아버지께 드리는 장엄한 기도로서 고별 담화와 수난 이야기 사이에 배치되어 있다. 이 기도는 '때'에 맞추어서 '영광'이 드러나게 해 달라는 간청으로 시작하고, 이어지는 사건들의 일치로 완성되어 하나의 신비를 드러낸다. 예수님이 취하시는 최고의 행위는 우리의 구원을 위하여 아버지께 가시는 것이다. 그분은 아버지께로 떠날 때가 임박하자 이와 관련된 의미에 대해서 제자들에게 말씀하셨다. 그리고 세상을 위한 하느님의 사랑과 당신의 사랑을 보여 주는 최고의 계시를 드러내시기 전에, 아주 깊은 신비를 드러내는 기도를 제자들 앞에서 아버지께 바치신다. 하느님께 당신의 영광을 청하신 후에 제자들을 보호해 주실 것을 청하시고, 또 미래의 믿는 이들을 위해서 청하신다. 기도는 지금 기도를 듣고 있는 이들, 제자들에게 집중되어 있다.

기원후 90-110년 무렵의 그리스도교 상황

예루살렘과 초기 그리스도교의 상황은 로마 황제들의 행적과 깊은 관계를 맺고 변화해 간다. 요한 공동체의 삶의 자리에서 시대적 요소를 간략히 본다. 요한 복음서가 기록 편집되었다고 추정되는 시기의 상한선은 90년이고 하한선은 110년이다. 그 시기의 로마와 지중해 주변 국가들의 정황을 살펴본다. 예루살렘을 공격하기 시작한 장군으로서 황제가 된 베스파시아누스(69-79년 재위)는 예루살렘이 함락되고 성전이 소실된 후(70년), 야브네로 피신한 라삐 요하난 벤 자카이가 그곳에 거점을 마련하고 율법을 가르칠 수 있도록 허용했다. 유다인들이 예루살렘에 들어가는 것도 공식적으로 금하지 않았기에 들어가기는 했으나 성전 산에는 올라갈 수 없었고, 순례자들은 키드론 골짜기 즈카르야 무덤 옆에서 성전 파괴를 애도했다. 성전 파괴 이후 지중해 주변에 사는 그리스도인들은 더 이상 예루살렘을 찾지 않았다(지도 1 참조).

베스파시아누스의 큰아들 티투스는 2년(79-81년) 동안 짧게 통치한 후 죽었고, 작은아들 도미티아누스(81-96년)는 유다인을 탄압하며 그들에게 세금을 계속 걷었고, 정권을 안정적으로 유지하기 위해 그리스도인들을 박해했다. 그가 암살당한 후 뒤를 이은 황제 네르바(96-98년)가 예루살렘의 세금을 완화하고 압제를 느슨하게 했으나 트라야누스(98-117년)가 뒤를 이으며 유다인 인두세를 부활시켰다. 트라야누스는 속주(에스파냐 이탈리카) 출신으로 유다 전쟁 때 베스파시아누스 휘하에서 10군단을 이끌고 싸운 장수였다. 트라야누스는 113년 파르티아 원정을 시작하였다. 115년 메소포타미아 북부 지역을 점령했을 때, 디아스포라 유다인들이 반란을 일으켰다. 이집트, 키레나이카, 키프로스 섬 등지로 퍼진 유다인들이 현지의 그리스계 주민과 상권 다툼을 벌였고 로마에 반기를 드는 데까지 이르렀다. 로마는 속주민의 반란을 배신행위로 간주하였고, 가능하면 유다인 전체를 말살시키기로 결심했다고 한다. 키프로스 섬의 경우 살아남은 유다인은 추방되었고, 출입이 금지되었다. 유다계 그리스도인들의 처지도 이들과 별반 다르지 않았을 것이다.

트라야누스 황제 즉위 이전의 로마 제국 영역(지도 2)에서, 당대의 그리스도인들이 흩어져 살던 지역을 살펴볼 수 있다. 시리아 속주는 갈라티아, 카파도키아, 킬리키아 등과 더불어 황제 속주로서 로마 군단이 상주하고 있었다. 에페소, 페르가몬 등이 속한 아시아, 비티니아 속주는 군단이 상주하지 않는 원로원 속주였다.

당시 요한 공동체 등 그리스도인들의 사정은 플리니우스 총독과 트라야누스 황제 사이에 오간 서한에서 볼 수 있다. 소 플리니우스(Gaius Plinius Caecilius Secundus 61-112년)는 103-112년 비티니아의 법무대행관으로 시작하여 티베리스 강 유역 감리관을 거쳐 비티니아-폰투스 속주의 총독을 지냈다. 플리니우스는 서한에서 황제 트라야누스에게 '그리스도인'이라고 고발된 자들에 대한 재판 기준에 대하여 질의한다. 서한에는 그 당시 로마 제국에서 그리스도인이라는 사실 자체가 고발 거리이고, 고발되면 처형을 받았다는 사실이 전제되어 있다. 플리니우스는 어느 정도의 증거가 있으면 기소할 수 있는지, 어느 정도의 죄상이면 국가반역죄 또는 사교 신봉자로 처벌할 수 있는지, 그리고 피고발자의 나이는 형벌 경감의 사유가 될 수 있는지를 질문한다. 그리고 고발당하는 자가 너무 많고 익명 고발도 많다고 말하면서 자신이 처리한 방식을 알린다. 즉 그는 고발당했어도 아니라고 언명하고 다른 신들을 경배하며 그리스도를 매도하면 무죄 방면했고, 또 처음에는 그리스도인이라고 하더라도 나중에 번복하면 무죄 방면했다고 말한다. 물론 로마의 신들을 경배하고, 그리스도를 매도해야 한다는 조건을 붙였다고 한다. 이런 말도 한다. "우리가 수집한 정보에 따르면, 주변인들이 그리스도인들의 죄나 과오로 여기는 것은 일정한 날(일요일) 동트기 전에 모여서 그리스도를 찬송하는 노래를 부르고, 노래가 끝나면 엄숙하게 맹세를 하는 것입니다. 그 맹세는 사회에서 비행으로 간주되는 일을 하겠다는 맹세가 아니라, 도둑질과 강탈과 간통을 저지르지 않고, 약속을 엄수하고, 보관을 의뢰받은 물건은 의뢰자가 요구하면 반환에 응해야 한다는 따위를 맹세할 뿐입니다. 그리고 이 의식을 끝낸 뒤에는 집으로 돌아가 예사로 함께 빵과 포도주로 아침을 먹습니다." 마지막으로 그리스도교는 나이, 성별, 지위에 상관없이 앞으로 계속 늘어날 추세이며, 도시뿐만 아니라 지방도 이 종교에 오염되고 있다고 보고한다.

이에 대해 트라야누스는 이렇게 답한다. '그대의 법적 대처는 훌륭하다. 이런 문제를 제국 전체를 다스리는 규범으로 처리하는 것은 무리이다. 그리스도인이 죄인이긴 하지만, 굳이 그들을 색출해내는 행위를 해서는 안 된다. 다만 정식으로 고발되어 자백한 자는 마땅히 처벌을 받아야 한다. 그 신앙을 버린 자는 상응한 배려를 하는데, 우리 신들을 경배하는 마음을 분명하게 보이고, 후회도 분명히 드러내야 한다. 그것만 명확하다면 과거가 어떻든 처벌을 면제해 줄 만하다. 그리고 익명 고발은 어떤 법적 가치도 없는 것으로 처리하라.' 이를 통해 이 시기에 그리스도인들이 처한 위협과 박해 상황을 잘 알 수 있다.

하드리아누스(117-138년)는 파르티아 전쟁 때부터 트라야누스와 함께 출정했는데, 114년 트라야누스가 하드리아누스에게 안티오키아 방위를 맡겼다. 117년에는 시리아 속주의 총독이 되었다가 트라야누스가 죽은 뒤 황제가 되었다. 130년 두 번째 순회 여행을 할 때 유다 문제를 처리했다. 70년 이스라엘 함락 때에는 로마의 1개 군단(제10군단)이 주둔하였는데, 트라야누스 황제 말기에 일어난 유다인 반란을 진압하고 2개 군단(제6군단, 제10군단)으로 증강하였었다. 하드리아누스는 제6군단은 스키토폴리스에 주둔시키고, 제10군단은 예루살렘 도심이 아니라 북쪽에 배치하였다. 그는 예루살렘이라는 이름을 없애고, 제10군단 기지를 중심으로 도시를 형성하여 '아일리아 카피톨리나'라는 이름으로 불렀다. 또 유다인들에게 할례를 금지시켰고 성전 산에 유피테르 신전을 세웠다(《로마인 이야기》 제9권 참조).

지도 1 헤로데 시대의 예루살렘

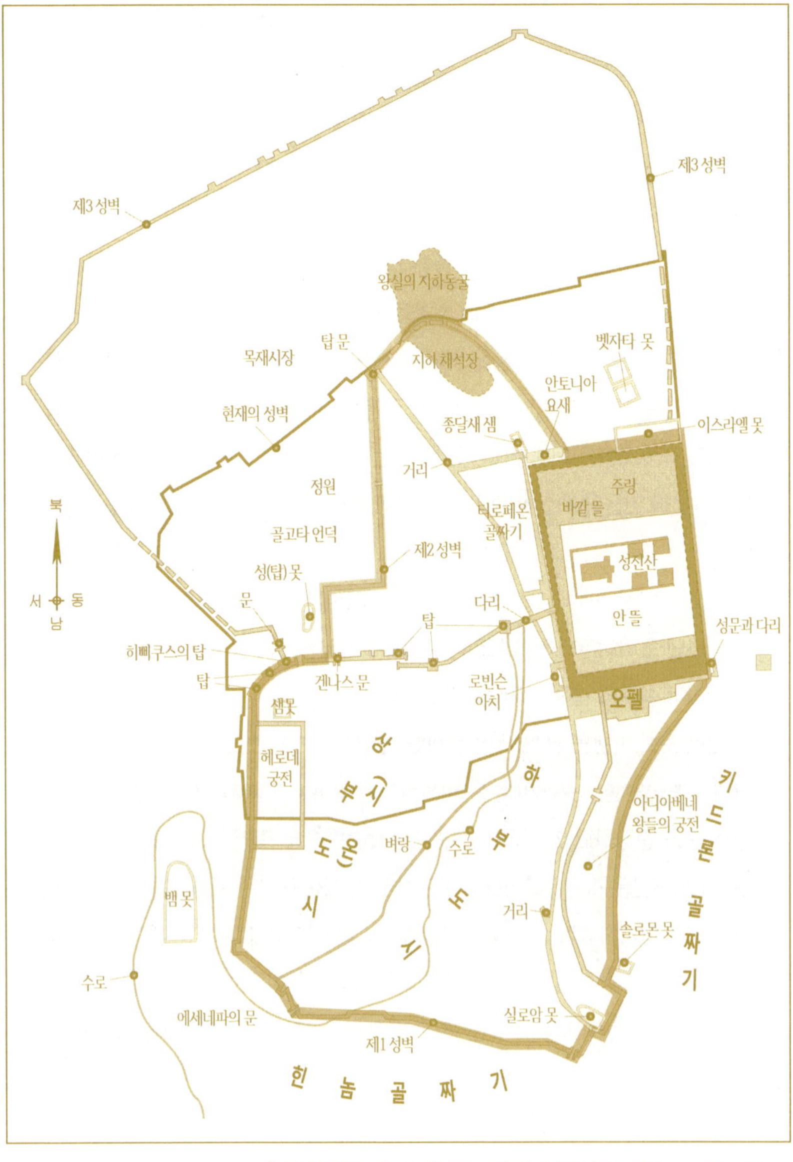

출처: 영원한도움 성서연구소 편저, 《성경지도》, 지도 133 중 그림 11.

지도 2 트라야누스 황제 전후 시기의 로마 제국 지도

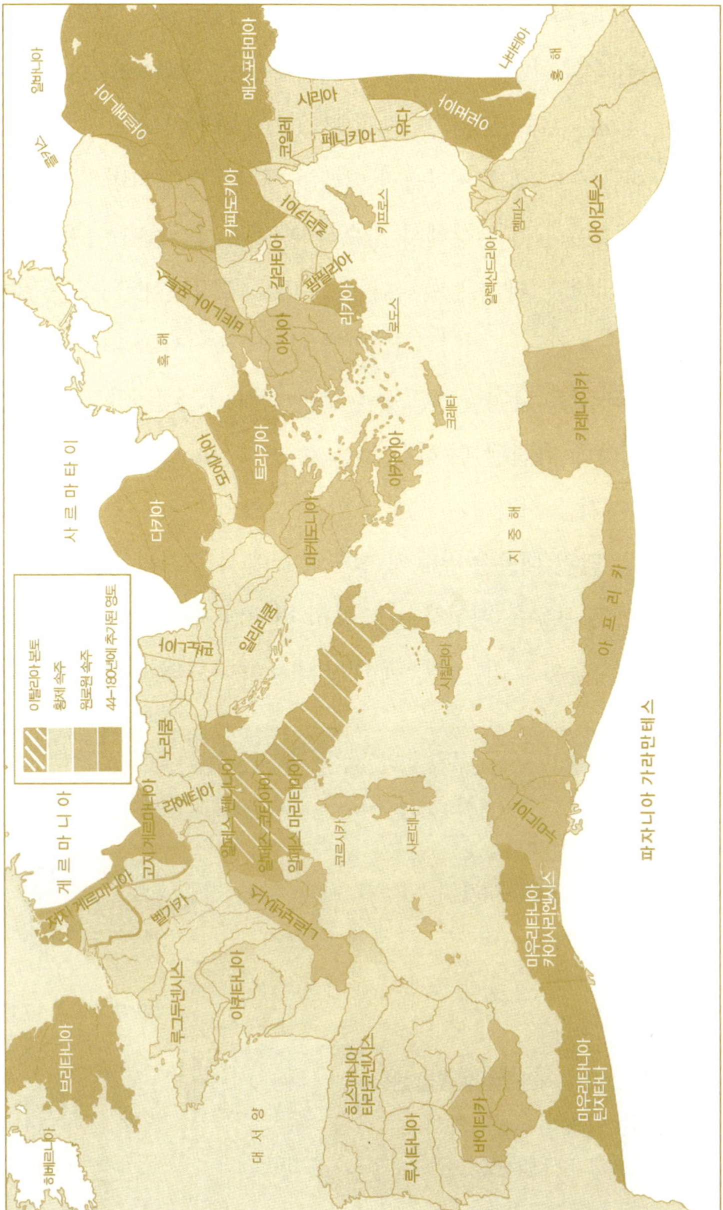

17장 기도에서 예수님은 당신의 형제들을 위하여 기도하는 하늘의 대사제로 소개된다(1요한 2,1-2; 로마 8,34; 히브 4,14-15; 7,25). "우리에게는 하늘 위로 올라가신 위대한 대사제가 계십니다. 하느님의 아들 예수님이십니다"(히브 4,14). 그리스도는 몇 군데에서(17,11) 당신이 천상에 있음을 드러내는 표현을 쓰며 현재 제자들과 미래의 제자들을 위하여 기도하신다. 이 기도에는 예수님이 지상에서 겪으신 마지막 사건들이 아주 깊이 새겨 있는데, "아버지, 때가 왔습니다"라는 말로 시작된다. 기도는 일관되게 '때'에 초점을 맞추어 이어진다. '이제'(눈 νῦν, 5.7.13절), '더 이상'(우케티 οὐκέτι, 11절)과 같은 단어들이 그것을 보여 준다. 17장은 이 기도를 통해 예수님이 지상에 파견된 뒤 하신 일을 총괄적으로 보고하며 수난과 죽음, 부활 이야기를 시작하기 전에 요한 복음서의 중반부를 마무리 짓는 역할을 한다. 담긴 내용은 운율적 형태로 복음서를 시작했던 서곡과 내용 면에서 반복 구문을 형성하는데, 특히 현재의 제자들과, 앞으로 믿게 될 미래의 제자들이 누리는 은총에 대한 내용이 두드러지게 나타난다.

내용	17장	1장
예수 그리스도	17,3	1,17
세상이 창조되기 이전부터 있었던 하느님 아들의 삶에 대한 이야기	17,5.24	1,1 이하
"세상은 알지 못했다"라는 관용구로 표현된 세상의 불신	17,25	1,10
하느님을 받아들이는 이들, 아버지께서 저에게 주신 이들, 하느님에게서 난 사람들	17,8.9	1,12.13
우리, 제자들 편에서 외아들의 영광을 관상 1,14: 우리는 그분의 영광을 보았다. 17,24: 저에게 주신 영광을 그들도 보게 되기를 바랍니다.	17,24	1,14

말씀이신 예수님의 기도(대사제의 기도)가 1장에 나온 말씀 찬가와 반복 구문을 이루면서 요한 복음 전체 맥락의 중심에 자리 잡은 데서 이 복음서를 이해하는 데 필요한 핵심적인 실마리를 제공받을 수 있다.

예수님이 하늘을 향하여 눈을 들어 말씀하신다. 공관복음서에서도 예수님이 기도하러 산에 가시는 모습이 여러 번 보이고, 루카 복음서에서는 제자들이 예수님께 기도를 배우는 장면도 보인다. 요한 복음서에서는 예수님이 제자들과 함께 있는 자리에서 아버지께 기도를 드리며 제자들은 그 기도 내용을 듣는데, 제자들을 위해서 직접 청하시는 기도를 접하게 된다. 처음에는 당신 자신을 위하여(17,1-8), 다음에는 제자들을 위하여(17,9-19) 아버지께 청하신다. 그리고 세 번째로 그 제자들의 증언을 통해 믿게 될 이들을 위하여 청하신다(17,20-26). 이 세 번째 청원은 결국 그들을 맞아들여 두 번째 집단 곧 제자들의 무리에 참여시키는 것이며, 예수님의 표지인(13,35) 그들의 말을 듣고 믿게 되는 또 다른 이들, 다른 세 번째 집단에게로 열려 있는 기도이다.

구조를 관찰해 보면 ① 1-8절, ② 9-19절, ③ 20-26절에는 기도의 대상과 각 대상을 위한 청원의 내용과 그 이유, 또는 목적이 밝혀져 있다.

	청원의 내용
①	아버지의 아들을 영광스럽게 해 주십시오(1절).
②	아버지께서 저에게 주신 이름으로 이들을 지키시어, 이들도 우리처럼 하나가 되게 해 주십시오(11절). 이들을 악에서 지켜 주십사고 빕니다(15절). 이들을 진리로 거룩하게 해 주십시오(17절).

③	그들이 모두 하나가 되게 해 주십시오. 그들도 우리 안에 있게 해 주십시오(21절). 아버지께서 저에게 주신 이들도 제가 있는 곳에 저와 함께 있게 되기를 바랍니다(24절).

청원의 이유, 목적	
①	아들이 아버지를 영광스럽게 하도록(1절). 영원한 생명이란 홀로 참 하느님이신 아버지를 알고 아버지께서 보내신 예수 그리스도를 아는 것입니다(3절).
②	이들은 아버지의 사람들이기 때문입니다(9절). 이들이 속으로 저의 기쁨을 충만히 누리게 하려는 것입니다(13절). 이들도 세상에 속하지 않습니다(16절).
③	아버지께서 저를 보내셨다는 것을 세상이 믿게 하십시오(21절). 저에게 주신 영광을 그들도 보게 되기를 바랍니다(24절).

청원의 내용과 목적을 종합해 보면 그 핵심은 '사랑의 일치'에 있다. 이 청원 기도의 내용을 이해하려면 이 기도에는 '세상'이 전제되어 있다는 것, 즉 '세상'이 이 기도의 근본 배경이라는 사실을 반드시 기억해야 한다. 예수님 앞에서 말씀을 듣고 있는 제자들, 그 제자들의 증언을 듣고 있는 현재의 제자들, 그리고 세세대대로 이어질 제자들은 계시를 듣고 믿으며 예수님의 사람, 하느님의 사람이 되고 하나가 된다. 하느님 아버지와 외아들 예수님의 관계가 이 하나 됨의 원형이다. 이 놀라운 관계의 완성이 예수님의 기도에 드러나 있다. 그분의 바람은 믿음의 일치로 표현되는 사랑의 관계의 완성이다. 그리고 이를 통해 하느님의 영광이 드러

난다. 하느님의 영광을 아들 예수 그리스도께서 보시듯이 제자들도 보게 된다.

1. 영원한 생명을 위하여 17,1-8

이 단락은 일반적으로 예수님이 당신을 위한 지향을 말씀하시는 것으로 본다. 예수님은 아버지께 영광을 청하시는데 이 영광은 인간들과의 관계에 기반을 두고 있다. 예수님이 만난 사람들은 파견된 분과 파견하신 분, 즉 하느님과 그 외아들을 알게 되었고 믿었으며 아들을 통해 하느님 아버지와 어우러지게 되었다. 이제 사람들은 영원한 생명을 얻을 수 있게 되었다. 아버지를 영광스럽게 하고 아들을 영광스럽게 한다는 것은 무엇인가? 이것은 1-4절을 근거로 하여 볼 때, 사람들이 누리게 될 영원한 생명과 관련이 있다. 영원한 생명이란 홀로 참하느님이신 아버지를 알고 아버지께서 보내신 예수 그리스도를 아는 것이다. 그렇다면 첫 번째 청원 역시 제자들, 사람들을 위한 기도이다.

예수님은 당신의 지상 삶을 아버지께서 마무리하시도록 맡기신다. 당신께서 하신 일을 아버지 손으로 영광스럽게 하시라고 청하며 그분의 뜻에 당신을 온전히 내놓는다. 그리고 그 영광은 이미 천지창조 이전부터 당신이 누리던 것인데, 현재 드러나는 것은 지금 일어나는 모든 일이 찰나적인 것이 아니고 영원의 맥락 속에 놓여 있는 것임을 밝혀 준다.

1절: 영광스럽게 해 주십시오

예수님은 당신이 아버지께 가실 때가 된 것을 아시고(13,1) 제자들과 마지막 만남의 자리를 마련하셨다. "일어나 가자"(14,31)라고 이르셨음에도 불구하고 일어나지 않고 그 자리에 머물러 계시면서 계속 말씀하시다가 드디어 마무리에 접어드셨다. "예수님은 이렇게 이르시고" (타우타 엘랄레센 Ταῦτα ἐλάλησεν 이런 것들을 말씀하셨고) 눈을 들어 하늘을 향하시고 말씀하셨다. "아버지, 때가 왔습니다. 아들이 아버지를 영광스럽게 하도록 아버지의 아들을 영광스럽게 해 주십시오." 아들이 영광스럽게 될 때가 다가왔다(12,23: 참조 12,32-33). 예수님은 아버지를 부르는 것으로 기도를 시작하시면서 아들을 영광스럽게 하시기를 청하신다. 지상 삶의 마지막이 왔고 이제 수난, 죽음과 부활로 사람의 아들은 영광스럽게 될 것이다. 복음사가는 고별사를 소개하기 이전에 이미 스승께서 파스카의 때가 다가왔음을 완전히 인식하고 있다고 전했다(13,1). 12,23은 특히 17,1ㄴ에 가깝다.

12,23: 사람의 아들이 영광스럽게 될 때가 왔다.
17,1ㄴ: 때가 왔습니다. … 아버지의 아들을 영광스럽게 해 주십시오.

12,23에서는 그저 수동태로 아들이 영광을 받게 될 것을 암시한다. 17장에서는 아들을 위해 이 일을 하는 이가 아버지임을 명백히 밝힌다. 그래서 예수님은 아버지의 영광을 드러내기 위하여 하느님께 영광을 청하는 것이다. 하느님과 그분의 아들인 그리스도 사이에 존재하는 영광의 상호의존이란 주제가 여기에서 언급되고 있는데, 이것은 이미 13,31에서 선포되고 강조된 바 있다.

2절: 예수님의 권한

예수님의 권한(엑수시아 ἐξουσία)은 모든 사람(사륵스 σάρξ) 위에 있고, 그분은 하느님께서 당신께 맡기신 모든(파스 πᾶς) 이에게 영원한 생명을 주실 수 있다(6,37 참조). 모든 육(사륵스)이 영원한 생명을 누리게 된다. 육肉과 영원한 생명의 대조는 주님의 권한을 더 극대화하여 드러낸다. 권한에 대한 말씀은 서곡(1,12-13)과 생명을 주고 심판하는 권한에 대한 그분의 말씀(5,19-30)을 상기시킨다. 아버지께서는 아들에게 모든 것을 알려주었고 사람을 살리고 심판하는 권능도 주셨다. 아버지와 아들을 영광스럽게 하는 것(1절; 5,23)은 그분께 맡겨진 모든 사람(육)에게 영원한 생명을 주는 데에서 나온다(2절; 5,21.24). 5절에서 영광을 수식하는 "세상이 생기기 전에 제가 아버지 앞에서 누리던"이라는 말은, 한처음 창조 때에 아버지와 함께 계시던 말씀(1,1-3)을 떠오르게 한다. 사람이 영생을 얻게 되는 구원 사건은 창조에 버금가는 놀라운 일이다.

3절: 영원한 생명

영원한 생명은 무엇으로 구성되어 있는지를 밝힌다. 그것은 오직 한 분, 참된 하느님을 알고 그분이 파견하신 예수 그리스도를 아는 것이다. 이것은 구원하는 힘을 지닌 영지주의적 전망의 '앎'을 가리키지 않고, 예수 그리스도께서 말씀하신 하느님의 구원을 믿는 이들에게 주어지는 생명의 약속을 말한다. 여기서 '아는 것'은 성서적 의미로 이해해야 하는데 생명의 내적이고 깊은 통교 내지 공유를 뜻한다. 이는 다음 구절에서 명확히 밝혀진다. "나는 착한 목자다. 나는 내 양들을 알고 내 양들은 나를 안다"(10,14). 그러니 영원한 생명이란 아버지와 아들의 통교와 공유를 가리킨다. 하느님에 대한 '앎'은 그분께서 파견하신 분이 계시하시는 말씀과 행적을 통하여 얻을 수 있다(1,14.16-18; 3,14-15.16-17.31-36; 4,13-14; 5,24-

25; 6,35.51; 7,37-38; 8,12; 9,5; 10,27-29; 11,42; 13,18-20; 14,6-7).

3절에서 예수님은 자신을 "예수 그리스도"라고 말씀하신다. 이것은 요한 공동체의 전례 형식 또는 고백 형식을 반영한다. "예수 그리스도"라는 명시적 언명은 1,17과 반복 구문을 형성한다. 이 이름은 요한 복음서에서 오직 이 두 곳에서만 나타난다. 아버지는 성경에서 자주 언급하고 있는 바와 같이 거짓 우상과 대치되는 주님을 표현하는(2열왕 19,18-19; 신명 5,6 이하; 6,4; 이사 37,20; 1코린 8,4 이하; 마르 12,29; 묵시 6,10) '오직 한 분, 참된 하느님'이시다. 예수 그리스도는 하느님께서 파견하신 분이시다. 육화한 말씀을 하느님께서 보내셨다는 믿음은 이미 앞에서 여러 차례 나왔듯이 요한 복음서의 특징적인 요소 중 하나이다. 이 사실은 예수님의 기도에서도 반복하여 강조된다(17,8.18.21.23.25).

4-5절: 영광

예수님 삶의 기본 방향은 아버지께서 부여하신 직무를 완수하는 것이었다. 그분은 아버지의 구원 계획을 이루는 일을 당신의 매일 "양식"(4,34)이라고까지 표현하셨다. 예수님은 이제 그 임무를 완수하였다고 아버지께 말씀드린다(4절). 그렇기 때문에 예수님 이야기는 결정적인 전환점에 도달했고(5ㄱ절 "그리고 이제" 카이 눈 καὶ νῦν), 예수님의 말씀과 행적을 통하여 드러나는 하느님의 계시는 완료되었다(5ㄴ절). 그래서 예수님은 세상이 만들어지기 이전에 아버지 곁에서 누리던 영광을 아버지께서 되돌리시어, 당신을 영광스럽게 해 달라고 청하실 수 있다(5절ㄷ). 그런데 이것은 오로지 '들어 올려지는' '때'를 통하여 일어날 수 있는데, 그때 하느님의 영광이 드러나고 아들이 영광을 받을 것이다(13,31-33 참조). 사륵스

(σάρξ)로 표현되는 사람을 영원한 생명으로 이끌기 위해 계시하고 구원하는 일은 십자가에서 완성된다(19,28.30). 그분의 '때'의 경계를 넘으면서 예수님은 그분의 삶과 사명을 다시 보신다. "저는 땅에서 아버지를 영광스럽게 하였습니다." 하느님을 현양하고, 항상 어디서든지 그분의 뜻을 채운 예수님은 지상 삶의 마지막에, 세상이 있기 전 아버지 앞에서 누리던 그 영광으로 영광스럽게 해 달라고 아버지께 청하신다. 말씀은 육肉을 취하기 전에 아버지 앞에서 아버지와 함께 계셨고(1,1-2), 아버지의 영원한 사랑의 선물(17,24)인 신적 영광을 누리셨다. 허약하고 약한 인간 본성을 기꺼이 입으신 하느님의 아들은 당신의 신적 영광을 감추시고(필리 2,6-7) 지상 생활 중에는 그것을 섬광처럼 나타내셨을 뿐이나(1,14; 2,11; 루카 9,31 등), 십자가 위에 들어 올려짐으로써 신적 영광은 말씀의 인간 본성 위에 온전한 빛으로 드러날 것이다. 죽음과 부활과 승천으로 인간 나자렛 예수님은 결정적으로 완전하게 영광을 받았다. 그러니 제자들에게 당신의 신적 영광의 빛을 관상하게 할 수 있을 것이다(17,24).

6-8절: 아버지를 알게 하다

"아버지께서 … 저에게 주신(에도카스 ἔδωκάς) 이 사람들에게…. 이들은 … 저에게 주셨습니다(에도카스 ἔδωκάς)"(6절). 아버지께서 예수님에게 주신 것들을 강조하는데 모든 것 중에서 제자들이 큰 부분을 차지한다. "저에게 주신 모든 것이 아버지에게서 왔다…"(7절). 그리고 예수님은 아버지께서 '자기에게 주신 말씀을 이들에게' 주었다고 말씀하신다(8절). 아버지께서 '저에게'(모이 μοι) 주셨다는 표현은 6절과 7절에 이어 8절(9.11.12절)에서도 반복하여 명시된다. 또 제자들과 주신 사람들에 대한 언급 역시 명사나 대명사로 계속 거론되면서 아버지와 제자들 가운데에서 예수님이 완수하신 일의 역동성을 강조하는 역할을 한다.

예수님이 세상에서 하신 일이 자세하게 반복되는데 이제는 대상, 즉 제자들, 아버지께서 주신 사람들에게 초점이 맞춰진다. 제자들은 하느님께서 아들 예수님에게 주신 가장 귀한 선물들 중의 하나이다. 바로 그들에게 예수님은 아버지의 이름을 계시하였다. 아버지의 이름을, 아버지를 알게 된다는 것이 얼마나 엄청나고 큰일인지를 독자는 짐작한다. 17장에서 예수님의 모든 말씀과 행적이 이것으로 집약되고 있다는 사실에 주목해야 한다. 예수님은 아버지 계시의 절정에서 그분의 사랑을 드러내고 있으며, 그 사랑이 그들 안에 있도록 계속 드러내실 것이다. 요한 복음서는 이것이 이제 예수님의 몸과 영을 통해 실제로 드러날 것이라고 밝힘으로써 외아들 예수님을, 인간을 위한 하느님 사랑의 현현顯現으로 제시한다.

제자들은 예수님이 주 하느님을 아버지로 계시하는 말씀을 들었고 응답하였으며, 스승이 신적 기원을 가지고 있으며 파견되었다는 것을 알았다(7절). 하느님께서는 아들을 사랑하시어 그분에게 모든 것을 알려 주시며(5,20 이하), 모든 것을 그분의 손에 맡겼고(13,3) 모든 것 위에 권능을 주었다(17,2). 예수님은 하느님께로부터 왔고(7,29), 예수님의 제자들은 그분이 아버지께로부터 왔다는 것을 믿었다(16,27; 17,8). 예수님은 모든 것을 아버지에게서 받았는데 일뿐만 아니라(5,36; 10,32.37; 14,10) 말씀도 받았다(17,8). 가르침 역시 그분의 것이 아니라 그분을 보내신 분의 것이기에(7,16) 그분의 말씀은 아버지의 말씀이다(17,6.14). 예수님은 아버지의 말씀들을 계시한다(3,34). 말씀이신 빛을 받아들이는 사람은 하느님의 자녀가 되고(1,12) 그분의 말씀을 거부하는 사람은 마지막 날에 심판받을 것이다

(12,48).

제자들의 신앙은 예수님이 하느님의 아들이라는 사실, 하느님께서 그분을 세상에 보내셨다는 사실을 믿는 것이다. 이것이 요한 복음사가가 제시하는 제자 됨의 기본 자질, 곧 근본 바탕을 이루는 요소이다. 본래 하느님의 사람들이었던 이들이 이렇게 해서 예수님의 사람들이 된다. 이 구절들은 예수님의 제자 됨의 본질을 규명하면서 다음 대목을 준비한다. 이제 스승 예수님은 바로 그 제자들을 위하여 기도하실 것이다.

▶ 예수님의 첫 번째 기도 요약

1절 청원의 근거는 2절의 카토스(καθὼς, ~듯이)에서 드러나듯이 아버지께서 이미 주신 것 위에 기초한다.

1ㄴ절

"아버지의 아들을 영광스럽게 해 주십시오"(독사손 수 톤 휘온 δόξασόν σου τὸν υἱόν),

"아들이 아버지를 영광스럽게 하도록"(히나 호 휘오스 독사세 세 ἵνα ὁ υἱὸς δοξάσῃ σε).

2절

"아들이 … 모든 이에게 영원한 생명을 주도록"(히나 판 호 데도카스 … 도세 아우토이스 조엔 아이오니온 ἵνα πᾶν ὃ δέδωκας … δώσῃ αὐτοῖς ζωὴν αἰώνιον),

"아들에게 … 권한을 주셨듯이"(카토스 에도카스 아우토 엑수시안 καθὼς ἔδωκας αὐτῷ ἐξουσίαν…).

영원한 생명이란 아버지를 알고 아들을 아는 것이다(3절). 예수님은 아버지를 영광스럽게 하셨고(4절), 아버지의 이름을 드러내시어(6절), 아버지를 알게 하셨다. 아버지를 알게 된 그들은 예수 그리스도가 아버지에게서 나왔고, 아버지께서 보내셨다는 것을 믿는다. 이제 아들이 영광스럽게 되면 아버지께서 보내신 예수 그리스도를 알게 된다. 아버지를 아는 것, 아들을 아는 것, 이것이 영원한 생명이니(3절), 예수님의 첫 번째 기도는 궁극적으로 지금 당신과 함께 있는 제자들이 하느님 아버지와 맺는 관계, 그리고 아들이신 예수 그리스도와 맺는 관계에 대한 기도로 귀결된다. 예수님은 제자들이 영원한 생명을 얻을 수 있도록 청하고 계시다.

2. 기쁨을 충만히 누리도록 17,9-19

이제 예수님은 제자들을 위하여 기도하시는데, 중심에 있는 9-19절은 세 부분으로 나누어 볼 수 있다. 당신이 세상을 떠나 아버지께로 가게 되었기 때문에 세상에 남게 될 제자들을 위해 기도를 바치신다(9-11ㄱ절). 그분은 하느님을 거룩하신 아버지라 부르며 그들이 하나가 되도록 해 주시고, 악에서 지켜 주시며(11ㄴ-16절). 그리고 진리로 그들을 거룩하게 해 달라고 청하신다(17-19절). 아버지의 말씀으로 거룩해진 그들을 예수님이 세상에 파견하신다(18절). 그들은 예수님의 표지이다(13,35). 그들은 세상에서 예수님을 증언할 것이다.

1) 제자들을 위하여 17,9-11ㄱ

9절

"저는 이들을 위하여 빕니다. 세상을 위해서가 아니라 아버지께서 저에게 주신 이들을 위하여 빕니다"(9절). 여기서 예수님이 명시적으로 "빕니다"(에로토 ἐρωτῶ, 요청하다)라는 단어를 사용하신다. 이 동사는 16,26에서도 사용되었다. 제자들이 아버지께 무엇인가를 청할 때는 일반적으로 아이테오(αἰτέω, 청하다) 동사를 사용하는데(14,13.14; 15,16; 16,23.24.26), 16,26에서 제자들이 청할 때는 아이테오 동사, 예수님이 청하실 때는 에로토 동사가 쓰였다(14,16; 16,26). 예수님이 제자들을 위하여 아버지께 기도하신다는 사실을 뚜렷하게 드러내는 표현이다. "저는 이들을 위하여 빕니다"(에고 페리 아우톤 에로토 Ἐγὼ περὶ αὐτῶν ἐρωτῶ).

스승 예수님은 바로 위에서 제자 됨의 본질을 말씀하신 다음 제자들을 위한 청원기도를 시작하신다. 이 기도는 아버지도 모르고(17,25) 말씀-빛도 모르기에(1,10) 불신으로 특징지어지는 세상을 위해서가 아니라, '아버지의 사람들 곧 아버지께서 주신 이들을 위한' 것이라며 대상을 명백히 하신다. 요한 복음사가는 '믿는 이들'(8절 참조)이라는 포괄적인 단어로 제자들을 지칭하는데, 이러한 독특한 관점으로 제자들을 규정하여 한층 넓은 의미의 제자라는 열린 지평을 제시한다. 특히 고별사에서 열두 사도라는 전통적인 단어를 사용하지 않고 처음부터 '아버지께서 저에게 주신 이들, 아버지의 사람들'이란 단어로 시작하는 것은 이러한 의도를 분명히 드러낸다. 앞에서도 언급한 대로 요한 복음사가의 제자관이 뚜렷이 드러나는 대목이다. 지금 이 부분에서도 예수님의 사람들, 아버지의 사람들이란 말이 그것을 뒷받침한다.

10절

아버지와 아들은 모든 것을 공유한다. 아버지와 아들은 사실 하나(10,30)이며 한 분은 다른 분 안에 사시고(10,38; 14,9 이하), 아버지가 가진 모든 것은 예수님의 것이다(16,15). 이 선물의 부분인 제자들은 자신들의 책임과 소명을 수행하고, 그로 말미암아 예수님은 영광을 받으셨다. 사실 예수님은 카나의 혼인 잔치에서 당신의 영광을 드러내셨지만, 부활하신 후에 믿음을 갖게 되는 제자들 가운데서 영광을 받으신다. 제자들이 그들의 마음속에서 성령의 도우심에 힘입어 하는 증언으로 영광을 받으실 것이다(15,26-27). 그리고 제자들은 그들이 예수님께 받은 사랑의 체험처럼 서로 사랑하며 사는 삶으로써 자신들이 예수님의 제자임을 드러낼 것이다(13,34-35; 15,12.17). 그런 방식으로 진리의 영에 의해 영광을 받을 것이다(16,13-14).

11ㄱ절

스승은 제자들을 위하여 아버지께 전구기도를 하신다. 당신은 세상을 떠나 아버지께로 돌아가지만 그분의 사람들은 세상에 남는다. 예수님의 사명은 막 끝나가고 있지만, 제자들은 이 세상에서 이제 막 사명을 시작하기에 제자들을 끝까지 사랑하셨던 예수님은 그들을 염려하신다. 예수님이 세상에서 볼 수 있는 인격으로 그들을 더는 보호하실 수 없기 때문이다.

2) 지켜 주십시오 17,11ㄴ-16

11ㄴ절

예수님은 하느님을 "거룩하신 아버지"(파테르 하기에 πάτερ ἅγιε)라고 부른다. 앞부분에서는 단순하게 "아버지"(파테르 πάτερ)라고 불렀고(17,1.5), 제일 마지막에서는 "의로우신 아버지"(파테르 디카이에 πάτερ δίκαιε)라고 부를 것이다(17,25). 여기서 '파테르'와 '하기에' 이 두 단어는 이어지는 기도를 두 부분으로 즉 11-16절은 파테르, 17-19절은 하기오스(ἅγιος)로 구분한다. 예수님은 성부께서 제자들의 아버지가 되어 주시기를, 그들을 지켜 주시기를 청하신다. 사제의 기도에서만 사용되는 "거룩하신 아버지"라는 용어는 창조주이신 하느님의 초월성, 하느님의 존재와 영광 속에 드러난

엄위를 지칭하는 말이다. "아버지께서 저에게 주신 이름"에서 이름의 주체는 '당신의 이름으로'(엔 토 오노마티 수 ἐν τῷ ὀνόματί σου), 곧 아버지다. 예수님은 그들을 아버지께 맡기시며 아버지께서 자신에게 주신 당신의 이름으로 '이들을 지켜'(테레손 아우투스 τήρησον αὐτοὺς) 주시기를 청한다. 그 결과는 '이들도 우리처럼 하나'가 되는 것이다.

예수님이 제자들에게 아버지의 이름을 드러냈다는 것은 그들이 하느님의 실재에 대해 알 수 있게 되었다는 뜻이다. '그 이름'은 원래 아들에게 속한 것이 아니고 주어진 것으로, 아들이 '그 이름'을 받았기에 아버지의 '이름'을 계시할 수 있다. 예수님이 제자들에게 드러낸 아버지의 이름(6절), 그 이름으로 아버지께서 제자들을 지켜 주시면 그들은 아버지와 아들처럼 하나 됨을 체험할 것이다. 그 이름으로 지키신다는 것은 하느님의 실재를 알 수 있게 되는 모든 것 안에 그들을 모으시며, 예수님과 아버지 사이에 항상 존재했던 하나 됨을 통해 그들 사이의 일치를 창조하시는 것이다.

12절

이어지는 절에서 예수님은 반복하여 '아버지께서 자신에게 주신 아버지의 이름으로' 제자들을 지켰다고 말씀하신다. 지상에 있는 동안 예수님은 아버지의 이름으로 그들을 지키고 보호하는 역할을 하였다(12절). 이 말씀을 통하여 11절에서 청한 기도를 들어주신다는 신뢰를 확인한다.

11-12절에 '저에게 주신 아버지의 이름'이 반복되어 나왔다. 이 표현은 구원을 완성하기 위하여 아버지와 아들이 일치되어 있음을 가리키고, 아들 예수님 안에 아버지의 본성이 존재하며 서로 통교하고 있음을 계시하

는 것이다. 믿는 이들을 보호한 첫 번째 결과는 예수님의 사람들 사이의 일치이다. 예수님의 사람들은 아버지와 아들의 일치에 근거하고 그 일치를 닮아, 깊고 완전한 일치를 이루게 된다. 믿는 이들의 일치가 어디에 근거하고 그 일치를 위하여 예수님이 얼마나 큰 이름을 부르고 계신가를 볼 수 있다. 예수님이 아버지께 청하여 당신의 사람들에게 주시고자 한 것은 당신이 아버지와 성령과 함께 누린 일치이다. 믿는 이들은 겸허하게 예수님의 이 기도에 뜻을 합하여 일치를 청하고 또 그 일치를 이루고자 노력해야 할 것이다.

예수님은 아버지의 보호를 받으면 멸망하지 않는다고 하신다(12ㄴ절). 이것이 세상에서 악에 물들지 않고 아버지의 사람으로, 믿는 사람으로 살 수 있는 길이다. 예수님은 이렇게 그들을 지켰다고 보고하신다. '아무도 멸망하지 않았습니다'에서 멸망이란 명백히 영원한 잃음을 가리키는 말이고, 또 '멸망하도록 정해진 자'란 표현은 너무도 분명하게 유다를 지칭한다. 복음사가는 이미 그의 배반을 이야기했으며 그가 어둠의 세계로 들어갔음을 전하였다(13,21-30). 이와 반대로 '지킨다'는 것은 영원한 생명에 이르는 구원을 의미하는데, 이 12절을 다음 12,25과 비교하여 보면 그 의미를 좀 더 분명히 알 수 있다. "자기 목숨을 사랑하는 사람은 목숨을 잃을 것이고 이 세상에서 자기 목숨을 미워하는 사람은 영원한 생명에 이르도록 목숨을 간직할 것이다"(12,25). 15절에서 다시 '악에서 지켜 주십사'고 청하는 것은 두 번째로 드리는 다른 청원기도라기보다 다른 각도에서 하느님 아버지의 보호를 일컫는 말이다. 곧 거룩하신 아버지께서 그들을 보호하는 것은 그들이 하나 되는 것이며 악에서 지켜지는 것이고, 진리로 거룩해지는 것이다.

13절

"이들이 속으로 저의 기쁨을 충만히 누리게 하려는 것입니다." 스승께서는 이제 세상을 떠날 것이기에 아직 세상에 계실 때 제자들을 위하여 아버지께 그들을 지켜 달라고 청하는 것을 제자들이 듣게 하시는데, 자신들이 하느님 아버지께 맡겨졌음을 아는 것이 제자들에게는 온전한 기쁨의 원천이 될 것이기 때문이다. 아버지의 강하고 자애로운 손을 느끼는 것이 깊은 평화를 낳지 않을 수는 없으니, 스승께서 곧 떠나실 것이란 말씀을 듣고 슬픔으로 가득 찬(16,5 이하) 그들은 이렇게 해서 미래에 대한 모든 불안을 떨쳐버리고 예수님의 기쁨으로 충만해질 것이다.

13ㄴ절의 그리스어를 직역하면 '내 기쁨을 그들 안에 충만히 가지게 하기 위해서'이다(히나 에코신 텐 카란 텐 에멘 페플레로메넨 엔 헤아우토이스 ἵνα ἔχωσιν τὴν χαρὰν τὴν ἐμὴν πεπληρωμένην ἐν ἑαυτοῖς). 예수님이 간직하시는 기쁨이 제자들 안에도 넘치게 하려는 것이다. 이 충만한 기쁨에 대해서는 앞에서도 언급되었는데(15,7-11; 16,20-24), 이곳에서 아버지의 보호라는 것이 더하여져서 한층 구체적으로 드러났다. 예수님의 기쁨은 온전하고 가득 찬 것으로 그 기쁨은 제자들 안에서도 충만해질 것이다(πεπληρωμένην 가득하다: πληρόω 동사의 완료 분사 수동태 목적격). 서곡의 한 구절이 떠오른다. "그분의 충만함에서 우리 모두 은총에 은총을 받았다"(1,16).

14절

예수님은 그들에게 아버지의 말씀을 주시며 아버지의 이름으로 그들을 지켰다고 하신다. 예수님이 아버지께서 주신 말씀을 제자들에게 주었기에(17,8) 그들은 진리의 수신인이며, 이는 예수님의 말씀으로 밝혀졌다. 바로 그 이유 때문에 세상은 그들을 미워하였다. '미워하였다'(에미세센 ἐμίσησεν)는 미세오(μισέω 미워하다) 동사의 원과거 형태를 취하여 순간의 일임을 드러낸 반면, '말씀을 주셨다'(데도카 δέδωκα)에서 디도미(δίδωμι 주다) 동사는 직설법 완료형을 취하여 지속되는 상태를 표현하였다.

사실 그들은 세상에 속해 있지 않다(우크 에이신 에크 투 코스무 οὐκ εἰσὶν ἐκ τοῦ κόσμου). 이 말은 제자들이 세상을 벗어나 고립된 영역을 형성한다는 뜻이 아니다. '세상 밖으로'(에크 투 코스무)가 뜻하는 것은 예수님을 죽이기 위해 결속하고 대적하는 멸망의 아들, 어둠과 악의 세력인 이 세상의 우두머리에 속한 것이 아니라는 의미이다. 예수님은 하느님을 알게 하였지만 '세상'은 그분을 거부하였고, 그분을 보내신 분을 거부하였고, 그분의 제자들을 거부할 것이다. 그들은 하느님의 말씀에 어긋나는 세상의 원리를 따르지 않는 사람들이기 때문이다.

15-16절

예수님은 어둠의 세상이 믿는 이들을 미워한다 할지라도 그들을 그 세상에서 빼내시라고 기도하지 않고 다만 어둠의 두목, 거짓말쟁이, 살인 교사자, 미움과 불신의 교사자(8,44; 14,30)인 악으로부터 지켜 주시라고 청하신다. 믿는 이들은 세상에서 분리되어 고립된 상태에서 살지 않고, 세상에서 살아가면서 세상의 원리가 아니라 하느님의 원리(뜻)로 살아간다. 하느님께서는 그분의 거룩한 이름으로 악의 영향에서 그들을 보호하시며(15절) 지켜 주실 것이다(11절). 그들은 스승 예수처럼 세상에 속해 있지 않기 때문이다.

3) 거룩하게 해 주십시오 17,17-19

이 대목은 '거룩함'이라는 주제를 통하여 예수님과 제자들의 하나 됨과 파견, 사명을 이야기한다. 이 파견과 사명이 수행되는 곳이 세상이다. 아버지는 거룩하시고(11절), 아드님 예수님도 자신을 거룩하게 하셨고, 이제 제자들도 거룩해야 한다. 예수님이 제자들도 거룩하게 해 주십사고 청하신다. 요한 복음서에서 '거룩하다'라는 말은 자주 등장하지 않는다. "아버지께서 거룩하게 하시어 이 세상에 보내신 내가 '나는 하느님의 아들이다.' 하였다 해서, '당신은 하느님을 모독하고 있소.' 하고 말할 수 있느냐?"(10,36) 하는 말씀에서 세상에 파견하심과 거룩하게 하심이 연결되어 나타난다. 17,17-18에도 그 연관성이 드러나 있다.

"나는 주 너희 하느님이다. 내가 거룩하니 너희도 자신을 거룩하게 하여 거룩한 사람이 되어야 한다"(레위 11,44). 이처럼 구약성경에서는 인간이 하느님의 모상대로 창조된 그분의 백성이기에 거룩하게 되어야 한다고 말한다. 구약의 이러한 내용과 요한 복음의 '거룩함'이라는 주제가 조화를 이룬다. 그리고 무엇보다도 제자들이 하느님께 속한다(9절)는 사실은 곧 그들이 세상에 속하지 않는다는 것(14절)이고, 성별되어 거룩하다는 의미이다. 진리로 거룩하게 해 달라는 17절의 청원은, 아버지의 말씀으로 그들을 거룩하게 해 달라는 것이며, 그들이 진리이고(14,6) 말씀(1,1.14)이신 예수님께 속한 존재임을 드러낸다. 그래서 제자들이 진리로 거룩해지도록 당신 자신을 거룩하게 하신다(19절)고 말씀하신다.

17절

예수님의 제자들은 하느님의 비호 아래 당연하게 은혜를 입는 것이 아니다. 스승은 거룩하신 하느님에 의해 제자들이 거룩하게 되기를 청한다. 아버지께 제자들을 진리로, 즉 완전하고 충만한 계시인 당신의 말씀으로, 말씀 안에 거룩하게 하시기를 청하는 것이다. 여기서 '진리로'(엔 테 알레테이아 ἐν τῇ ἀληθείᾳ)라는 어구의 그리스어 전치사 엔(ἐν)은 중요한 의미를 담고 있다. 셈어법의 브(בְּ)처럼 쓰였는데 거룩함이 이뤄지는 장소를('안에서') 뜻하는 동시에 수단이란('로써') 의미도 가진다. 그래서 제자들은 '진리 안에서/진리로', '하느님 안에서/하느님을 앎으로' 거룩하게 될 것이다. 진리는 거룩하게 하는 힘이며 또한 거룩하게 되는 영역이다.

"아버지의 말씀이 진리입니다." 하느님의 뜻과 하나 됨이 그들을 거룩하게 할 것이다. 거룩하게 된다는 것은 '거룩하신 아버지'와 하나가 된다는 것을 의미한다(11ㄴ절).

진리는 아버지의 말씀이다. 아버지는 하느님 말씀의 성전, 곧 하느님의 말씀이고(1,1-2), 육을 취하여(1,14) 인간이 되신 진리인(14,6) 그리스도 안에서 믿는 이들을 거룩하게 하신다. 하느님께서는 하느님의 아들, 즉 말씀을 통하여 믿는 이들을 거룩하게 하신다. 그러므로 진리 안에서 거룩하게 한다는 의미는 믿는 이들이 그리스도와 통교하는 은총으로, 곧 말씀이며 아버지와 일치해 계신 아들을 통하여 아버지와 통교하면서 자녀로서 살아가도록 보호된다는 뜻이다.

18절

"아버지께서 저를 세상에 보내신 것처럼 저도 이들을 세상에 보냈습니다.” 예수님이 제자들을 세상에 보내셨다(아페스테일라 ἀπέστειλα)고 하여 ‘보내다’(아포스텔로) 동사의 원과거형이 쓰였다. 제자들은 이미 세상에 와 있다.

예수님은 하느님에게서 파견된 분으로서 자신의 사명을 통하여, 그 사명 안에서 세상이 하느님을 알게 하셨다. 그와 마찬가지로 제자들도 예수님을 보내신 같은 하느님을 알리는 일을 계속한다. 거룩하신 하느님을 계시하려면 그 일을 위해 파견된 사람도 거룩해야 한다. 하느님을 알리는 사명을 수행하려면 거룩함이 필요하기에 제자들은 거룩하게 됨으로써 파견될 수 있는 자격을 갖추게 된다. 만일 그들이 진리로 변화되고 말씀에 잠겨 산다면 아들을 통하여 아버지와 통교하는 자녀로 살게 되므로, 그들은 세상에 파견될 수 있다. 예수님은 지금 세상에 머무는 제자들의 삶의 형태를 말씀하고 계시다. 제자들 사이에서 지켜야 할 규율과 삶의 원칙이 스승께 사랑받은 그 사랑으로 서로 사랑하는 것이었다면, 이제는 그들 존재가 진리로 거룩해지는 것, 스승처럼, 아버지처럼 거룩하게 되어 스승과 아버지와 하나가 되어야 하는 것이다.

그분은 앞에서 제자들 스스로가 해야 할 바를 협조자 성령께서 도와주신다고 약속하시더니, 이제는 하느님 아버지의 은총을 청하시며 아버지의 은총을 빌어 주신다. 마치 말씀이 거룩하게 되었고 세상에 파견된 것처럼(10,36), 아버지께서 진리 안에서 그들을 거룩하게 하실 것이기 때문에(17,17.19) 믿는 이들은 예수님께로부터 세상에 파견될 수 있다. 사도로 파견된 임무를 완성하기 위해 제자들은 그리스도의 계시로 이끌어 주는 진리의 영, 성령도 받을 것이다(20,21-23). 그러니까 그리스도인들은 예수님께로부터 파견된 사람들이다(4,38).

19절

예수님은 말씀하신다. "저는 이들을 위하여 저 자신을 거룩하게 합니다"(18절). 예수님은 진리를 증언하려고 태어났으며, 진리를 증언하려고 세상에 왔다고 스스로 말씀하실 것이다(18,37). 진리를 궁극적으로 증언하기 위해 그분은 십자가에 들어 올려지시며 진리로 당신을 거룩하게 하셨다. 성전은 사라졌고, 이제 유다인들은 정화되고 거룩하게 되는 데에 제사라는 종교 예식보다 토라와의 관계가 더 중요하게 되는 변화를 겪게 되었다. 유다교 전통, 구약 전통에서 출발한 그리스도인들에게는 이제 주님께서 성전을 대신하고, 직접 그들에게 거룩함(정화)을 얻는 길을 알려 주시고, 또 그들을 정화하시고 거룩하게 하신다. 그분은 진리, 아버지의 말씀을 통해 그렇게 하신다.

예수님은 당신의 사절들을 세상에 파견하였고 그들을 위하여 당신 자신을 거룩하게 하셨다. 그분은 하느님의 사랑을 전하고 인간을 구원하기 위하여 아버지로부터 거룩하게 되었으며 세상에 파견되셨다(10,36). 그분은 수난과 십자가 위에서의 죽음에서 당신의 순명을 가장 구체적으로 표현하셨다. 믿는 이들을 위하여 예수님이 당신을 거룩하게 하시는 것은 골고타의 봉헌을 향하고 있다. 그것은 육화의 첫 순간부터 지상의 모든 것을 포용하고 있다. 아버지와 깊은 일치를 이루면서 십자가에 죽기까지 완전히 순명하는 그리스도의 그 거룩함으로 인해 제자들은 거룩해질 수 있게 된다.

▶ 예수님의 두 번째 기도 요약

세상에서 살아갈 제자들이, 그들 안에 스승 예수님의 기쁨과 같은 기쁨이 충만하도록 기도하신다.

"이들도 우리처럼 하나가 되게 해 주십시오."
"이들을 악에서 지켜 주십사고 빕니다."
"이들을 진리로 거룩하게 해 주십시오."

3. 그분의 사랑 안에 있도록 17,20-26

고별 담화의 시작 부분(13,1-38)의 중심 주제는 14-15절과 34-35절에서 분명히 드러난다. 그것은 사랑을 통해 하느님 아버지(보내신 분)와 아들 예수님을 세상이 알게 하는 것이다. 같은 주제가 이 단락(17,20-26)에서도 중심에 있다. 예수님은 제자들이 아버지 하느님을 알게 하셨고 당신의 임무를 제자들에게 물려 주셨다(17,1-8). 그래서 예수님은 제자들이 세상에 나가 예수님을 증언하는 말을 듣고 믿게 될 다음 세대를 위하여도 기도하신다(20-26절).

13,1-38에서 두드러졌던 '사랑'(13,1.34-35)과 '영광'(13,31-32)이라는 주제가 17,1.4-5.24(영광)과 17,21-23.26(사랑)에 다시 나타난다. 13장과 17장이 문학 형태는 다르지만 주요 주제를 공유하면서 최후 만찬의 핵심 주제를 부각시킨다. 고별 담화 전체(13,1-17,26)는 당신의 사람들을 향한 예수님의 사랑을 선언하는 것으로 시작하여(13,1), 모든 제자들이 아버지와 아들이 하나 되는 사랑에 들어가도록 비는 예수님의 기도로 마무리된다(17,26). 그리고 예수님과 그분의 제자들이 마지막으로 만나는 자리의 중앙에는 그분이 그들을 사랑한 것처럼 제자들도 서로 사랑하라는 계명이 자리하고 있다(13,34-35; 15,12-17).

현재 제자들의 말을 듣고 예수님을 믿게 되는 이들을 위한 기도는 현재 제자들을 위하여 드리는 기도와 거의 같다. 그들 역시 하나가 되고 아버지와 아들 안에 있게 되기를 바라신다. 그들 역시 아버지와 아들의 사랑을 온전히 깨닫고 그 안에 머물러 있기를 기도하신다. 결국 그것을 믿으며 예수님의 제자, 곧 믿는 이가 되어 현재의 제자 무리와 하나가 되는 것이다. 제자가 되고 제자로서 파견되는 거기까지 나아가는 것이다. 그들 또한 제자로서 예수님을 증언할 것이며 다른 이들은 그들의 말을 듣고 믿게 될 것이다. 예수님은 이 기도를 통하여 놀라운 원칙을 하나 세우셨다. 전 세계의 모든 사람에게로 펴져 나가는, 계속 열려지며 나가는 제자 공동체의 성장 원칙이다. 이 대목은 그들이 하나가 되는 것과 하느님 아버지와 아들의 사랑을 아는 것에 주안점을 두어, 결국 사랑이 점점 펴져 나가고 성장해 가는 관계의 기도라고 할 수 있겠다. 이것을 묘사하기 위해 복음사가는 목적을 표현하는 히나(ἵνα) 구문과 범례를 제시하는 카토스(καθὼς) 구문을 반복하여 사용한다.

1) 하나 됨 17,20-23

20-21절

예수님의 기도는 식탁 둘레에 앉은 제자들뿐만 아니라 그들의 말을 통해 믿게 될 미래의 모든 제자를 포괄하는 정도까지 범위를 넓힌다. 예수님이 그들을 위해 아버지께 청하는 내용은 하느님과 당신 사이에 있는 생명의 일치에 기반을 두고, 그 일치를 닮은 깊은 일치의 은혜를 제자들에게 주시라는 것이다. 21절의 구조를 보면 그 의미가 좀 더 분명하게 드러난다.

ㄱ 그들이 모두 하나가 되게 해 주십시오(히나 구문, …하도록).

ㄴ 아버지, 아버지께서 … 제가 아버지 안에 있듯이(카토스 구문, …처럼)

ㄱ′ 그들도 우리 안에 있게 해 주십시오(히나 구문).

ㄷ 그리하여 아버지께서 … 세상이 믿게 하십시오(히나 구문).

예수님은 미래의 제자 공동체를 위해서, 무엇보다도 구성원들 사이에 먼저 일치와 조화를 이루고 깊은 통교를 이룰 수 있는 은혜를 청하신다. "그들이 모두 하나가 되게 해 주십시오"라는 표현은 23절까지 세 번이나 나온다. 23절에는 "완전히" 하나가 되게 하려는 것이라고까지 말한다. 이런 것을 볼 때 제자들 사이의 일치는 아버지와 아들 예수 그리스도를 알게 하는 일과 관련된 중요한 주제임을 알 수 있다. 그리고 이 일치는 삼위일체 안에서 아버지와 아들이 갖는 일치의 관계와 연결되어 있다.

22절

스승 예수님은 하느님께 공동체 내의 일치를 청하시면서 당신이 받으신 영광을 제자들에게 주셨음을 말씀드린다. 예수님의 삶, 가르침, 표징들은 하느님의 영광을 계시한 것이었는데(2,11; 5,44; 7,18; 8,50-54; 11,4.40), 유다인들은 인간의 영광을 선호하였기 때문에 하느님의 영광을 거부하였다(12,43). 그러나 몇몇에게는 예수님의 영광 안에서 드러난 하느님의 사랑이 주어졌고, 예수님은 믿는 이들에게 아버지와 아들이 나눈 사랑과 일치를 주셨다. 아버지가 아들에게 주신 사랑인 영광을 예수님이 믿는 이들에게 주시어 그 영광은 인간의 역사 안에 있다. 믿는 이들이 이룬 사랑의 일치는 아버지와 아들 사이에 존재하는 사랑의 일치를 반영한다.

"아버지께서 저에게 주신 영광을 저도 그들에게 주었습니다." 그러니 예수님은 당신의 신성에 믿는 이들을 참여시키신다. 서곡에서 비슷한 표현을 볼 수 있다. "그분께서는 당신을 받아들이는 이들, 당신의 이름을 믿는 모든 이에게 하느님의 자녀가 되는 권한을 주셨다"(1,12). 하느님의 자녀가 된다는 말은 구원의 완성을 나타내는 말로서, 구원 신앙이 사람이 하느님의 모습으로 창조되었다는 창조 신앙과 일치함을 아주 잘 드러내고 있다. 이 신적 영광은 유일하게 아들 안에서 빛나고 있고, 그러기에 예수님은 믿는 이들이 그 영광을 관상할 수 있게 해 달라고 아버지께 청하시는 것이다. 하느님의 자녀가 되는 영광은 일치의 관점에서 제자들에게 주어졌다.

우리가 하나인 것처럼(카토스 구문)
그들도 하나가 되게 하려는 것입니다(히나 구문).

23절

예수님은 이제 21절에서 진술한 상호 내재를 위하여 기도하신다. 예수님과 믿는 이들이, 그리고 아버지와 예수님이 서로의 안에 있으면서 지속적인 상호성이 실현되기를 기도하신다. 이렇게 서로의 안에 있게 되는 일은 아버지께서 믿는 새로운 이들 사이에 완전한 일치를 주실 수 있게 하고, 이 일치가 하느님을 알게 하는 결과를 가져온다. 예수님이 아버지로부터 받아 믿는 이들에게 주신 영광의 선물은 일치된 믿는 이들의 공동체를 넘어 세상까지 다다른다. 제자들이 예수님과 일치해야 할 필요성은 포도나무와 그 가지의 비유에서 부각되었고(15,1-10) 이미 앞에서도 언급되었다(6,56). 하느님 곧 아버지와 아들과 믿는 이들이 일치를 이루면서 그들 상호 간의 일치가 완성된다.

> 저는 그들 안에 있고 아버지께서는 제 안에 계십니다.
> 이는 그들이 완전히 하나가 되게 하려는 것입니다(히나 구문).
> 그리고 아버지께서 저를 보내시고(히나 구문)
> 또 저를 사랑하셨듯이(카토스 구문)
> 그들도 사랑하셨다는 것을 세상이 알게 하려는 것입니다(히나 구문).

당신의 사람들을 위한 예수님의 사랑이 생명을 바치는 것으로 완전하게 표현되었듯이(13,1), 그리스도인들의 일치는, 그들이 삼위일체의 놀라운 표본을 닮아서, 믿는 이들의 공동체가 하느님을 아버지로 모시며 예수 그리스도를 신적 통교의 완전한 중개자로 삼는 진정한 가족을 이룰 때 완전하게 될 것이다. 그리스도 공동체 안에서 이루는 깊은 일치와 사랑의 삶은 사람들에게 신앙을 불러일으키는 아주 강한 선교의 가치를 지닌다.

> 21절: 아버지께서 저를 보내셨다는 것을 세상이 믿게 하십시오.
> 23절: 아버지께서 저를 보내시고 … 그들도 사랑하셨다는 것을 세상이 알게 하려는 것입니다.

예수님이 하느님께로부터 파견되었다는 신앙은 요한 신학에서 부각되는 요소이다. 그리스도의 제자들은 그분의 천상 파견에 대한 신앙으로 특징지어진다. 그들은 진정으로 아버지께서 예수님을 보내셨다는 것을 알고 믿었고(17,8) 하느님에게서 나왔다는 것을 믿었다(16,27.30).

2) 영광과 사랑 17,24-26

24절

예수님은 아버지께 계속 기도하시는데 어조를 바꾸어 '원한다'(텔로 θέλω) 동사를 사용하여 소망의 의지를 표현하신다. 이 동사에 히나(ἵνα) 구문 두 개가 연결되었다.

θέλω ἵνα ὅπου … ὦσιν μετ' ἐμου, …	저와 함께 있기를 원합니다.
ἵνα θεωρῶσιν τὴν δόξαν τὴν ἐμήν, …	사랑하시어 주신 영광을 보게 되기를 원합니다.

고별 담화 안에서 '원한다' 동사는 아주 강한 의미를 지닌다. 이 단어는 아버지-아들의 일치와 부서지기 쉬운 제자들, 세상에 속하지는 않으나 세상 속에 있는 믿는 이들의 모호한 처지에서, 그 격차가 메워지기를 바라시는 예수님의 원의를 드러낸다. 제자들의 모든 약함은 극복될 것이고 그들은 예수님을 그분이 계신 새로운 곳에서 만나게 될 것이며, 아버지의 사랑의 결과로 예수님이 지니신 영광을 보게(바라보다, 테오로신 θεωρῶσιν: 테오레오 θεωρέω 동사의 접속법 현재) 될 것이다.

예수님은 하느님의 뜻에 온전히 순명하셨다(4,34; 5,30; 6,38). 그 안에서 자신이 원하는 것도 하나 청하신다. 제자들에게 종말론적인 왕국을 선물하고 당신의 천상 영광에 그들도 참여시키는 것이다. 예수님은 항상 아버지의 품을 향하여 계시고(1,18) 아버지 안에 있기에(10,38; 14,10 이하) 당신의 사람들도 당신이 있는 곳에, 하느님과 완전한 일치를 이루며 사는 그곳에 있기를 원하시는 것이다. 십자가에 달린 그리스도는 자비를 청하는 죄수에게 이 구원의 선물을 약속하셨다(루카 23,43). 사도 바오로는 주님께서 재림하시면 항상 그분과 함께 있을 것이라고 성도들을 격려한다(1테살 4,17). 믿는 이들은 그분의 영광을 관상하며 항상 그분과 함께 있을 것이다. 아들의 신적 본성을 가리키는 이 영광은 아버지의 선물로서, 하느님 아버지께서 당신의 영광을 아들에게 주신 가장 큰 이유는 당신의 영원하고 강한 사랑 때문이다. "세상 창조 이전부터 아버지께서 저를 사랑하시어 저에게 주신 영광을 그들도 보게 되기를 바랍니다"(24절). 우리는 여기서 그리스도론적인 요소가 강조되고 있음을 알 수 있는데, 아들이 가지고 있는 모든 것은 하느님의 사랑 안에서 설명된다.

25절

기도의 마지막 부분은 신약성경에서 오로지 이곳에만 나타나는 "의로우신 아버지"(파테르 디카이에 πάτερ δίκαιε)라는 호칭으로 시작된다. 그리고 이어지는 구절에서 아버지를 알지 못하는 세상과, 아버지를 아는 예수님과 제자들, 이 두 집단이 대조되어 나타난다. "의로우신 아버지"라는 호칭은 이 문장에서 심판을 암시하는데 오직 하느님만이 당신을 알지 못하는 세상에게도, 아버지인 당신께 향하는 이들에게도 올바르게 행동하실 것이다. 이 행동은 파라클레토스(보호자)가 적대적인 세상에 의로움과 심판을 밝히는 임무를 수행하는 가운데 드러날 것이다(16,8-11).

요한 묵시록에 이런 찬가가 있다. "지금도 계시고 전에도 계시던 분,

거룩하신 분 이렇게 심판하시니 주님께서는 의로우십니다"(묵시 16,5). 요한 서간에서는 그리스도를 '의로우신 분'이라고 고백하는데, 이는 구세주를 신뢰하도록 돕기 위한 것이다. "우리가 우리 죄를 고백하면, 그분은 성실하시고 의로우신 분이시므로 우리의 죄를 용서하시고 우리를 모든 불의에서 깨끗하게 해 주십니다"(1요한 1,9-2,1). 여기서 형용사 '의로우신'은 예수님의 신적 거룩함을 가리킨다. 여기에서 유추하여 "의로우신 아버지"라는 호칭은 거룩하신 아버지의 변형이라고 볼 수 있다. 두 가지 다 하느님의 고유한 본성과 초월성을 표현하는 말이다.

어둠의 세상은 아버지를 알지 못했다. 어둠의 세상은 문을 닫아걸고 말씀의 빛을 받아들이지 않으므로 아버지께 이르지 못한다. 왜냐하면 말씀의 빛이신 아들을 통하지 않고는 아무도 아버지께 갈 수 없기 때문이다(8,19.39 이하; 14,6 이하). 어둠의 세상과 반대로 예수님은 아버지를 아신다. 그분은 아버지를 직접 경험하여 알았을 뿐만 아니라 아버지의 뜻을 알고 따랐으며, 지상에서 아버지의 영광을 드러내셨다(17,4.25). 믿는 이들은 이 빛의 흐름에 참여해서 아버지께서 예수님을 파견했다는 것을 알고 믿었다.

26절

'하느님을 알게 하다'라는 주제는 17장 전반에 걸쳐 지속적으로 나타나는데 17장의 마지막인 25절과 26절에서도 스승은 제자들에게 아버지의 이름을 계시하신다는 주제를 거듭 언급하신다. 그러나 26절에 새로운 요소가 삽입되었다. 당신이 앞으로도 아버지의 이름을 알려 주겠다고 하시는 것이다. 과거의 계시는 그분의 때가 이르기까지의 공생활과 연관시켜 생각해야 할 것이다. 그런데 미래의 계시는 말씀의 지상 삶의 마지막이나 혹은 수난과 죽음, 부활과 승천을 다 포괄하는 것으로 볼 수 있다. 예수님의 때는 아버지의 이름을 완전하게 결정적으로 드러내고 그분의 사랑을 드러내는 최고의 계시이다. 예수님이 제자들에게 하느님을 알려 주신 것은 아버지와 아들을 결합시킨 사랑이 제자들과도 결합하고, 아버지께서 아들을 사랑하신 같은 방식으로 제자들도 사랑하시고, 이 사랑이 제자들 자신에게 다함없는 예수님의 현존을 체험하는 자리가 되도록 하기 위해서이다(26ㄴ절).

믿는 이들을 위한 아버지의 사랑은 아들을 위한 사랑과 닮았고 그 안에 자리하고 있다. "아버지께서 저를 사랑하신 그 사랑이 그들 안에 있고 저도 그들 안에 있게 하려는 것입니다"(26절). 이런 사랑의 관계 안에서 제자들은 예수님 안에 머물고 예수님은 그들 안에 머물러 사신다. 아들과 믿는 이들을 위한 아버지의 사랑은 그래서 삼위일체의 깊은 일치의 핵을 이루고, 나아가 교회 곧 그리스도 공동체의 생명의 영혼이라 할 수 있다.

▶ 예수님의 세 번째 기도 요약

여기에서 사랑과 영광이 함께 결합되어 나타난다.

> "아버지께서 제 안에 계시고 제가 아버지 안에 있듯이, 그들도 우리 안에 있게 해 주십시오."
> "그들이 모두 하나가 되게 해 주십시오."

"아버지께서 저에게 주신 이들도 제가 있는 곳에 저와 함께 있게 되기를 바랍니다."
"저에게 주신 영광을 그들도 보게 되기를 바랍니다."

제2부

예수님의 수난과 죽음, 부활

제1장 예수님의 수난과 죽음 18,1-19,42

요한 복음사가는 육화한 말씀, 하느님 아들의 마지막 사건을 기록할 때, 독창적이고 고유한 예수님의 기도를 먼저 전한 다음 공관복음서의 전통적인 맥락과 연결한다. 예수님의 수난과 죽음에 대한 전통적인 요소뿐 아니라, 체포되어서 무덤에 묻히실 때까지 전 과정에 대한 세부 묘사 또한 다른 복음사가들과 공통된 부분이 많은 데서 복음사가가 초기 그리스도교 전승에 연결되어 있음을 알 수 있다.

그런데 공관복음서와 요한 복음서를 비교해 보면, 본질적인 면에서는 일치하나 각 복음사가들이 독창적으로 편집한 부분에서는 차이가 뚜렷하다. 요한 복음사가는 몇몇 장면의 묘사 때문만이 아니라 주님의 수난을 제왕帝王의 관점에서 다룬다는 점에서 다른 복음사가들보다 더욱 독창적이다. 고유한 이 대목의 대화들은 예술적 아름다움을 보여 줄 뿐만 아니라 특유의 신학적 깊이를 드러낸다. 예수님은 승리자로 소개되어 십자가 위에 오르기 위해 스스로 자신을 넘겨주며, 나중에는 유다인들의 임금으로 선포되신다. 그래서 요한 복음서에서는 예수님이 수난 과정에서 받는 모욕과 무례가 공관복음서보다 많이 완화되어 나타나며, 그리스도는 모든 상황에서 신적 위엄을 보여 주신다. 요한 복음사가에게 예수님의 재판과 죽음은 하느님 아들의 영광이 꽉 차서 펼쳐지는 사건이기에 수난과 죽음을 그리스도가 겪으시는 극도의 굴욕으로 묘사하지 않는다.

복음사가가 예수님을 소개할 때 고난받는 종의 측면보다는 자신의 피로 인류를 구원하는 메시아적인 측면을 강조하고 있어서, 예수님은 수난과 죽음으로 교회를 낳는 신적 임금으로 선포된다.

또 이 이야기는 17장의 기도에서 핵심 주제로 부각되었던 '하나 됨'과 연관되어 전개된다. 관계를 중심으로 예수님은 누구시며, 사랑받는 제자는 누구인지, 예수님의 어머니는 누구신지가 새롭게 계시된다.

예수님은 기도를 마치시고 당신 제자들과 더불어 키드론 골짜기 건너편으로 떠나가셨다. 17장에서 예수님의 기도 상황을 보면 예수님이 제자들을 위해 기도하셨고 제자들이 예수님의 기도를 들은 것이 명백하지만, 실제로 '제자들'이란 단어는 한 번도 나오지 않는다. 18장을 시작하며 복음사가는 자연스럽게 "당신 제자들과 더불어"라는 표현을 사용한다. 이로써 앞 장에서는 좀 더 넓은 범위로 '믿는 이들', '예수님의 사람들', '아버지의 사람들'이란 표현으로 언급된 이들의 핵심이 '제자들'이라는 사실을, 18장의 첫머리에서 확인한 것이다. 신약성경에서 '사도'라는 단어가 주로 사도행전과 서간에 많이 나타나는 것과 달리, '제자'(마테테스 μαθητής)라는 단어는 네 복음서와 사도행전에만 나온다(마태오-72회; 마르코-46회; 루카-37회; 요한-78회; 사도행전-28회). 이 단어는 요한 복음서에서 제일 많이 쓰였는데, 그 중에서도 수난 이야기에서만 13회 쓰였다(18장-9회; 19장-4회). 수난 부분에서 수난을 겪으시는 주인공이 예수님이라는 사실은 너무나 명백한데도 제자들이란 단어가 자주 등장하여 수난을 둘러싸고 움직이는 제자들에게도 주목하게 한다. 특히 18장에서 제자의 전형으로 두드러지게 나오는 이는 유다, 무명의 다른 제자, 베드로이다. 이 셋은 예수님과 관계를 맺고 있는 사람으로서 각자의 고유한 역할을 보여 준다. 빌라도는 새롭게 등장한 이방인으로서 예수님을 처음 만나는 사람으로 나타난다.

예수님은 사람에게 빛을 주시고 생명, 영원한 생명을 주시기 위해 육화하셨다. 인간을 살리는 일을 하러 이 세상에 오셨고 사람들 가운데 사셨다. 사랑하시기에 당신 생명을 바쳐 인간을 살리시는데, 그 핵심에 아버지 하느님을 아는 것이 자리하고 있다. 그분이 사람과 맺으시는 관계는 사람을 살도록 하고 힘을 북돋아 주고 기쁨을 가져 왔다. 그런데 제자의 전형으로 나타나는 세 사람의 행보는 각각 다르다. 유다는 예수님과의 관계를 이용하여 그분을 죽음으로 몰아넣는다. 그가 예수님을 넘겨줄 수 있었던 것은 예수님을 아는 자, 곧 예수님과 관계를 맺고 있는 자였기 때문이다. 다른 제자와 베드로는 체포된 스승 예수를 좇아 대사제의 집으로 간다. 주님과의 관계를 지키고 싶어 하는 베드로는 체포되신 예수님께 가까이 갔다. 예수님이 대사제 앞에서 제자들에 관하여 신문을 받으시는 동안, 더구나 하필 제자들에 관하여 신문을 받으실 때 관저 뜰에서 베드로는 예수님과의 사제師弟 관계를 부인한다. 자신은 예수님의 제자가 아니라고, 그분의 사람이 아니라고 부인하는 말을 세 번이나 반복한다.

다른 제자는 십자가 아래까지 다다른다. 예수님은 십자가 위에서, 사랑하시던 제자와 당신 어머니 사이에 새로운 관계를 맺어 주신다. 17장 기도에서는 믿는 모든 이들이 아버지와 자신 안에 있으며 일치를 이루는 관계가 되기를 바라셨고 사랑으로 맺어지는 관계가 되도록 기도하셨다. 이제 하느님의 아들 예수 그리스도가 끊을 수 없는 관계를 맺고 있는 당신의 어머니와 당신이 사랑하던 제자를 연결하며, 당신께서 그들 안에 계셔서 그들이 완전히 하나가 되도록 하신다(17,23). 그분은 관계를 창조하실 뿐만 아니라 관계를 회복시키시는 분이기도 하다. 관계를 부인했던 베드로는 그분의 자비로 관계의 회복 과정을 겪을 것이다(21장). 예수님은 제자들 사이의 관계도 무척 중요하게 여기셨다. 최후의 만찬 자리에서 제자들에게 서로 사랑하라는 새 계명을 주신 것이 그 예이다. 당신께서 사랑하신 것처럼 서로 사랑하라는 것은 예수님이 그들과 맺어 주신 관계의 질과 정도를 본보기로 하여 제자들 상호 간에 관계를 맺으라는 것이고, 베드로와의 관계 회복을 통하여 관계를 맺고 사는 방법을 가르쳐 주실 것이다. 또 다른 사람 빌라도는 예수님을 신문하며 자신이 예수와 관련 없는 자이기를 바랐다. 그분에게서 아무런 죄목도 발견하지 못했기 때문이다. 그러나 그는 황제와의 관계를 이용해 자신을 종용하는 유다인들에게 굴복하여 예수님을 사형에 처하도록 내주는 역할을 맡게 된다.

18-19장에서 예수님이 겪으시는 수난의 내용은 그분과 가까운 관계에 있던 이들이 보여 준 배신과 모욕, 그리고 그와 적대관계를 형성한 이들의 손아귀에서 받은 모욕과 고통이다. 나아가 적대관계이긴 하나 동족인 당신을 이방인에게까지 넘겨 죽게 하는 유다인들 때문에 느끼시는 아픔이다. 무엇보다도 당신의 존재와 신원, 가르침을 부인하면서 어둠 속으로 침몰하는 제자들을 보시는 고통이다. 본문은 그러면서 그 한가운데에 계신 예수님의 정체성과 관계가 무엇인지를 한층 뚜렷하게 밝힌다.
이 대목은 예수님의 수난과 고통의 여정(via dolorosa)에서 사건과 장소와 관련해서 여섯 단락으로, 관계라는 관점에서 여섯 단락으로 나눠 볼 수 있다.

	장소	예수님 사건	관계
18,1-11	키드론 건너편 정원	'나다'	유다의 관계 배신
18,12-27	대사제 관저	체포와 대사제의 신문	베드로의 관계 부인
18,28-19,16	총독 관저 / 공개 재판정	빌라도의 신문과 사형선고	동족의 배반
19,17-27	골고타	십자가형	관계의 창조
19,28-37	십자가 위	돌아가심	성경과 예수님
19,38-42	정원 무덤	무덤에 묻히심	다른 제자들과 예수님

1. 키드론 건너편 정원 18,1-11

이 대목은 예수님이 체포되는 장면을 이야기하는데, 정원에서 일어나는 사건의 주도권이 예수님께 있음을 부각시킨다. 11절까지 그분은 아직 체포되지 않으신 상태이다.

1-2절

예수님은 마지막 만찬을 마치신 후에 당신의 제자들과 함께 골짜기 건너편으로 가셨다. 거기에 정원이 하나 있었는데 제자들과 함께 그곳에 들어가셨다. 그런데 만찬 장소를 떠나 키드론 골짜기를 건너 그곳으로 가신 연유는 무엇일까? '거기에 있는 정원'(호푸 엔 케포스 ὅπου ἦν κῆπος)이 어디인지 정확히 알 수는 없으나, 저자가 말하듯 그곳은 제자들이 잘 알고 있는 곳이었다. 마르코는 "그들은 겟세마니라는 곳으로 갔다"(14,32; 참조 마태 26,36)라고 전한다. 루카는 "예수님이 밖으로 나가시어 늘 하시던 대로 올리브 산으로 가시니, 제자들도 그분을 따라갔다"(22,39)라고 전한다. 최후의 만찬 다음에 옮겨간 장소에 대한 네 복음서의 진술은 일치한다. 그곳은 예수님이 제자들과 자주 모이던 곳이고, 예수님이 기도하시던 곳이었다.

요한은 키드론 골짜기 건너편이라고 하며 특별히 경로를 언급한다. 키드론 골짜기(케이마로스 투 케드론 χείμαρρος τοῦ Κεδρὼν: 나할 키드론)는 구약성경에서 그다지 긍정적이지 않은 장소로 제시된다. 그런데 복음서들은 예수님이 이 키드론 골짜기를 자주 건너 다니셨다고 전한다. 올리브 산으로 가실 때도 베타니아로 향하실 때도 그렇다. 특히 구약 전승에 깊이 뿌리박은 요한 복음서에서 키드론 골짜기에 대한 언급은 다윗의 이야기를 상기시킨다. 압살롬이 반역했을 때, 다윗은 예루살렘에서 피신하여 키드론 골짜기를 건너(2사무 15,23) 올리브 산등성이로 올라갔다(2사무 15,30). 키드론 골짜기가 종착점이 아니고, 죽음으로 상징되는 그곳을 건너(지나서) 올리브 산으로 올라가는 이야기 말이다. 예수님도 이 골짜기를 건너 정원으로 가신다. 이곳은 이스라엘의 축복받은 일곱 열매 중 하나인 올리브라는 이름을 지닌 산에 있는 정원이다. 정원은 나무나 풀이 있고 돌봄의 손길이 미친 장소이다. '들어가셨다'는 동사에서도 장소가 지닌 안락함의 특성을 읽어 낼 수 있다. 수난이 가까워 오는 시간, 어둠이 드리우는 시간 속에서도 빛을 내고 있는 장소를 소개하는 듯하다. 키드론 골짜기와 이 부근이 다 거룩한 땅이 되리라는 예레미야의 예언(예레 31,40)도 기억하게 한다.

앞에서 언급한 대로 17장에서는 '제자들'이란 단어가 한 번도 나오지 않았는데 18,1-2절에서는 연이어 세 번이나 제자들이란 단어가 나타난다. '믿는 이들'이란 단어가 좀 더 내면적이면서도 넓은 의미로 쓰인 단어라면, '제자들'이란 말은 구체적으로 예수님께 집중되어 있는 단어이며 예수님의 수난이 시작되는 현시점에 그분을 추종하고 있는 사람들을 가리키는 말이다. 요한은 여기서 그 정원이 여러 번 갔던 곳이라서 익숙한 장소라는 이야기를 하기 위해 '모이다'(쉬네크테 συνήχθη: 쉬나고 συνάγω '모으다' 동사의 직설법 원과거 수동태형)라는 동사를 사용한다. 스승은 자주 제자들과 함께 올리브 동산에 모였다. 당신의 죽음으로 일치된 새로운 하느님의 백성이 이미 시작되었던 것이다. 요한은 올리브 산의 정원을 공관복음서들처럼 기도하시는 겟세마니로 묘사하지 않고 다른 의미를 부여하며 이 장소에서의 이야기를 전개한다.

3절

배반자 유다가 예수님을 잡으려는 사람들을 안내하여 온다.

"군대와 함께, 수석 사제들과 바리사이들이 보낸 성전 경비병들을"

λαβὼν	τὴν σπεῖραν	καὶ ἐκ τῶν ἀρχιερέων	καὶ ἐκ τῶν Φαρισαίων	ὑπηρέτας
라본	텐 스페이란	카이 에크 톤 아르키에레온	카이 에크 톤 파리사이온	휘페레타스
데리고	군대와	수석 사제들과	바리사이들의	아랫사람(성전 경비병)들을

여기서 군대(스페이라 σπεῖρα)는 로마군 보병대를 가리킨다. 로마군이 예수님 체포에 동원되었다는 것은 요한 복음서에만 언급되기에, 처형을 집행했던 로마군들과 혼동한 실수라고 추측하는 학자도 있지만 12절에 다시 '군대'라는 같은 단어와 보병대의 대장을 칭하는 호칭(호 킬리아르코스 ὁ χιλίαρχος: '그 대장'으로 번역)을 사용하는 것으로 보아, 요한이 확실하게 로마군을 언급하고 있음을 알 수 있다. 어쩌면 폭동을 두려워하여 총독 빌라도가 대사제나 산헤드린에 딸려 보낸 로마군일지도 모르겠다. '수석 사제들의 아랫사람들'은 성전 경비병이라고 본다. 유다가 횃불과 등불과 무기를 든 무장한 사람들과 함께 왔다. 예수님의 제자로서 알고 있는 정보를 이용한 것이다. 키드론 골짜기 건너편 정원은 관계를 맺고 있는 사람들이 아는 모임 장소이다. 유다는 단순히 스승과 제자의 관계를 끊고 떠난 것만이 아니라 스승을 죽음으로 몰아넣는 적대적인 원수가 되었다.

이렇게 해서 3절의 표현은 예수님과 아버지의 사람들에게 적대적인 '세상'을 극적으로 드러내는데 유다인, 로마인, 배신자는 당시 '세상'을 대표하는 사람들이다. 결국 모든 악의 세력이 집결해서 무기를 들고 예수님을 체포하러 정원에 왔으며, 유다인이든 이방인이든 세상이 그리스도를 거슬러 공모하였다는 사실을 요한은 이렇게 증언한다.

4절

유다가 입맞춤으로 예수님을 알려 준다고 말하는 공관복음서와 달리, 요한 복음사가는 예수님이 스스로 자신을 드러내시는 것으로 묘사하는데 여기서 예수님이 체포되시는 사건의 고유한 의미가 드러난다. 즉, 그들 손에 넘겨지는 것은 예수님 자신의 선택이었음을 한층 명확히 한 것이다. 공관복음서에서 수난을 겪으시는 예수님은 육화하신 분으로서 인간적 고뇌를 겪으시면서도 온전한 자유의지에서 나온 선택과 결단으로 아버지의 뜻을 따르시는 모습이다. 반면에 요한 복음서에서 수난을 겪으시는 예수님은 아버지를 계시하며 아버지의 영광을 드러내는 사명을 완수하시는 분으로서, 자신이 주도권을 쥐고 당신 자신을 적대자들의 손에 내주심으로써 아버지와 일치하시는 모습이다. 친히 당신을 드러내면서 당신을 잡아 가도록 하는 이는 바로 "나자렛 사람 예수", 아버지의 아들 자신이시다.

"모든 일을 아시고 앞으로 나서시며" 먼저 물으셨다. "누구를 찾느냐?" 그분은 무슨 일이 일어날 것인지를 이미 다 알고 계셨다. 예수님의 앎은 요한 복음서에서 자주 표현되는 특징적인 요소인데 예수님은 모든 것을 아시고 사람의 깊은 속도 아신다(2,24; 6,6.64; 13,1; 21,17 등). 제자들과 함께 모여 있던 무리에서 앞으로 나와 군인들과 제자들에게 물으신다. "누구를 찾느냐?"(티나 제테이테 Τίνα ζητεῖτε;) 이 장면은 1,38에서 당신을 따라오는 이들에게 예수님이 "무엇을 찾느냐?"(티 제테이테 Τί ζητεῖτε;) 하고 물으시던 장면을 연상시킨다. 그러나 두 장면에서 가까이 온 그들이 찾는 것은 완전히 다르다.

5-7절

그들이 "나자렛 사람 예수요"라고 대답한다. 예수님은 "나다" 하고 말씀하셨다. '나다'는 그리스어로 에고 에이미(Ἐγώ εἰμι)인데, 신적 정체성을 드러내는 관용적인 자기 계시 표현이다. 이 문장에 동반된 동사는 아포크리노마이(ἀποκρίνομαι 대답하다)가 아니라 레고(λέγω 말씀하다) 동사다. 단순히 질문에 대답한다는 의미보다는 계시의 측면을 부각한 것이다. 예수님은 세상에게, 적대자들에게 자신을 드러내시며 신적 본성을 계시하신다.

요한 복음서에서 에고 에이미는 그리스도의 신성을 가리키는 말로 쓰인다(8,24.28.58). 하지만 지금 이들은 인간 예수님을 찾고 있다. '나자렛 사람 예수'라는 이름은 그들을 보낸 이들이 알려 준 이름이다. '나자렛 예수'라는 호칭이 7절에 한 번 더 언급되고 에고 에이미는 5-8절에 세 번이나 연이어 나타난다. 이 구절들에서 에고 에이미의 반복은 로마인, 유다인, 적대자인 '세상' 앞에서 예수님이 누구신지를 강조하여 부각시키는 효과를 일으킨다. '세상'은 이에 놀라고 당황하여 "그들은 뒷걸음치다가 땅에 넘어졌다." 군인들과 경비병들의 반응에서 '나다'라는 말씀의 깊은 의미가 드러났음을 확인하는데, 예수님의 말씀에서 '내가 나자렛 예수다'라는 의미보다 '에고 에이미'가 표상하는 것, 신적 이름이 더 크게 드러난 것이다. 그러나 '세상'은 놀라고 당황하는 것으로 그치고 만다.

8-9절

"너희가 나를 찾는다면 이 사람들은 가게 내버려 두어라." 예수님은 당신의 제자들이 안전하게 피할 수 있도록 하라고 요구하신다. 예수님은 당신의 양들을 위해 목숨을 바치는 착한 목자요(10,11.15) 당신 제자들의 안전을 바라시는 스승이시기에, 어느 누구도 그분의 결정을 거역할 수 없다. 이렇게 18,4-9은 공관복음서에서는 발견할 수 없는 요한 복음의 고유한 구절로 예수님의 체포 과정에 매우 특징적이고 새로운 요소가 있음을 알려 준다. 제자들의 안전을 바라는 스승의 말씀은 실현되었다고 전한다. "'아버지께서 저에게 주신 사람들 가운데 하나도 잃지 않았습니다.' 하고 당신께서 전에 하신 말씀이 이루어지게 하려는 것이었다"(9절). 이는 앞에 나온 여러 군데의 표현(6,39; 10,28-29; 17,12)과 일치하는 말씀인데, 적개심과 폭력으로 무장한 이들 앞에서 예수님은 제자들을 자유로이 가게 내버려 두라고 요구하셨다. 요한 복음서에서 예수님의 수난은 그분께 지금 일어나는 일이 무엇인지를 바라보고 의미를 깨닫게 하며 제자들의 미래도 예측하게 한다.

10-11절

이 부분은 공관복음서의 전승과 만난다. 다른 복음사가들도 이 장면을 전하지만, 요한 복음만이 반격을 가한 인물이 시몬 베드로이고 칼을 맞은 사람이 말코스라는 구체적인 사실을 전한다. 예수님은 칼을 칼집에 넣으라고 하시고는 아버지께서 당신에게 주신 잔을 마셔야 한다고 말씀하신다(11절). '수난'이 예수님이 마셔야만 하는 쓴 잔으로 소개되는 것은 전통적인 요소로, 공관복음서에 나오는 겟세마니의 기도(마태 26,42; 마르 14,36; 루카 22,42)에서 명시적으로 표현되었다. 요한 복음에서는 예수님이 베드로의 검을 거두게 하는 이 장면에서 수난의 잔을 수락하시는 모습을 전하며(12,27), 예수님이 허락하신 수난 이야기가 시작된다. 이미 18장 첫 장면에서부터 예수님은 모든 상황의 주인으로 소개되었는데 예수님은 당신이 주님이심을 밝히며 아버지의 뜻을 이룰 필요성을 말씀하신 후, 군대와 성전 경비병들이 당신을 결박하여 끌고 가도록 허용하신다.

키드론 골짜기

키드론 골짜기[(히브리어: נחל קדרון(나할 키드론), 그리스어: χείμαρρος τού Κεδρών (케이마로스 투 케드론), 아랍어: وادي الجوز(와디 알-조즈)]. 이 골짜기는 예루살렘 구舊 도성, 곧 성전 산 동쪽 편, 올리브 산의 북남쪽에 있다. 이 골짜기의 전체 길이는 32.186㎞이고, 서안 구역에 있는 유다 광야를 통해서 동쪽으로 약 1219m 내려가 사해에 다다른다. 예루살렘 도성의 수원지인 기혼 샘은 자연적으로는 이 골짜기로 흘렀는데 히즈키야 임금 이후 도성으로 끌어들여 사용하고 있다.

성경은 다윗 임금이 압살롬의 반란 때 이 계곡을 건너 올리브 산으로 올랐다고 하고(2사무 15,13-30), 아사 임금은 역겨운 상을 잘라 내어 '키드론 골짜기'에서 불살라 버렸다고 한다(1열왕 15,13). 아탈야도 이곳에서 살해되었다(2열왕 11,16; 참조 예레 31,40). 요시야는 "아세라 목상을 주님의 집에서 예루살렘 밖 '키드론 골짜기'로 끌어내다가, 그것을 '키드론 골짜기'에서 태우고 가루로 만든 다음, 서민 공동묘지에 뿌렸다"(2열왕 23,6)고 한다. 이 지역이 역겨운 것을 내다 버리고, 기피하던 지역인 것을 알 수 있다. 그런데 반전이 있다. 예레 31,40에서는 "그러고 나서

시체와 잿더미로 가득 찬 골짜기 전체와 '키드론 골짜기', 그리고 동쪽 '말 문' 모퉁이에 이르는 모든 지역이 주님의 거룩한 땅이 되어, 영원히 다시 뽑히거나 부수어지지 않을 것이다"라고 한다. 예수님이 자주 지나다니신 자취가 이곳에 있으니 그곳은 충분히 거룩하다. 오늘날에도 키드론에는 무덤이 많다. 이는 그곳이 기피하는 장소여서라기보다는 메시아가 올 때 부활하여 먼저 영접하리라는 희망 때문이다.

2. 대사제 관저 18,12-27

대사제의 관저에 예수님과 베드로가 함께 등장하는데(12-16절), 공관복음서의 묘사와는 다른 양상이다.

12-14절

예수님은 결박되어 한나스의 관저로 끌려가셨다. 복음사가는 여기서 두 명의 대사제를 언급한다. 한나스는 6-15년에, 카야파는 18-36년에 대사제로 재임하였다. 요한에 의하면 예수님의 신문은 전직 대사제였던 한나스의 집에서 이루어졌다(13-23절). 현직 대사제인 카야파는 한나스가 "예수님을 결박한 채로 카야파 대사제에게 보냈다"(24절)는 언급만 나온다. 카야파의 관저에서 어떤 일이 일어났는지에 대해서는 아무것도 전하지 않고, "사람들이 예수님을 카야파의 저택에서 총독 관저로 끌고 갔다"(28절)라고만 전한다. 반면에 공관복음서에서는 예수님이 현직 대사제인 카야파에게 신문 받으신 것으로 되어 있다. 아무튼 첫 번째 신문은 한밤중에 이루어졌다. 카야파의 집에서 총독 관저로 데려가기로 결정한 때가 새벽이었기 때문이다.

복음서는 한나스를 그 해의 대사제(18,13-14)의 장인이라고 소개한다. 요한 복음사가는 니코데모(7,50; 19,39)나 사랑받는 제자(21,20)의 경우처럼 앞에서 한 번 언급한 인물을 뒤에서 다시 반복하여 등장시키기도 한다. 한나스는 10년 가까이 대사제직을 수행하였고 그의 다섯 아들과 사위도 대사제직에 있었던 까닭에 현직에서 물러났을 때에도 영향력이 매우 컸던 인물이다.

카야파 대사제는 이미 최고 의회에서 예수님을 두고 의미심장한 말을 한 바 있었다. "그해의 대사제인 카야파가 말하였다. '여러분은 아무것도 모르는군요. 온 민족이 멸망하는 것보다 한 사람이 백성을 위하여 죽는 것이 여러분에게 더 낫다는 사실을 여러분은 헤아리지 못하고 있소'" (11,49-51). 최고 의회는 수석 사제들과 바리사이들에 의해 소집되었고, 많은 사람이 예수님이 일으키신 표징을 보고 그분을 믿게 되는 상황에 어떻게 대처할지를 의논하였다. 결국, 그 최고 의회에서 그들은 예수님을 죽이기로 결의하였다. 그들은 로마인들에게까지 도시 치안을 빌미로 협력을 얻어냈고, 그 결과 군대와 수석 사제들과 바리사이들이 보낸 성전 경비병들이 나타났고(3절), 그들은 예수님을 결박하여 연행하였던 것이다(12절). 최고 의회가 그 일의 주체이기에 제일 먼저 의장의 장인이요 전직 대사제인 한나스의 집으로 간 것이다.

대사제

바빌론 유배 이후와 헬레니즘 시대에 팔레스티나의 종교 상황에서 묘사되는 대사제는 오경(토라)이 말하는 대사제와 뚜렷이 구분된다. 로마 속주 시대의 대사제에 대해 간략하게 짚어 본다.

기원전 63년-40년 하스모네아 가문의 히르카노스가 대사제로 임명되었다. 40-37년에는 아리스토불루스의 아들 안티고노스가 유다의 대사제이며 임금이 되었다. 그러다가 기원전 37년 이두매아 출신 헤로데가 로마의 지명으로 임금이 되어 기원전 4년까지 통치한다(헤로데 대왕). 이로써 하스모네아 왕가는 끝났다.

헤로데는 자신의 왕권을 보장해 준 로마를 섬겼고 사마리아와 카이사리아에 로마 황제를 기리는 신전을 지었다. 헤로데 대왕이 죽은 뒤 그의 아들 아르켈라우스가 기원후 6년까지 유다의 통치자인 동시에 대사제 역할을 하였다. 8년부터 로마 총독이 유다를 직접 지배하기 시작하였고 예루살렘 성전에서는 매일 로마 황제를 위한 번제를 올렸다.

로마 총독의 지배를 받고 있으나 이 시대 유다는 신정체제였다. 사제 계급은 귀족 가문에 속했고 유다 출신의 임금이 없는 시대라 대사제는 유다 민족의 최고 지도자였다. 유다 전통을 바탕으로, 대사제는 하느님께 전권을 위임받아 성전을 관리하고 유다 민족을 지도할 권한을 가졌다.

대사제는 퇴임 후에도 대사제 칭호를 계속 지녔고 명망도 보존되었다. 일례로 36년 일 년만 대사제로 재직했던 요나탄은 한참 후인 52년에, 중요 임무를 지닌 유다인 사절단을 시리아 총독 과드라투스에게 보내는 정치적 영향력을 발휘한다. 또한 당시 대사제 아나니아스와 함께 사절단으로 로마 황제를 알현하기도 한다. 황제는 요나탄의 요청에 따라 펠릭스를 팔레스티나 총독으로 임명하였다고 한다. 그런가 하면 62년 재직했던 아나누스와 63-65년에 재직했던 여호수아는 66-70년에 로마에 항거하는 항쟁이 벌어졌을 때 지도자 역할을 하였다. 대사제 출신은 퇴임 후에도 의무를 수행했고 그에 따른 제의를 수행하기 위해 관련 결혼 규정과 정결례 규정 등을 여전히 지켰다. 현직과 퇴임 대사제의 직무 차이는 속죄일에 봉헌되는 수소와 매일 번제물로 봉헌되는 고운 밀가루 십분의 일 에파를 돈으로 지불하는가, 아니면 직접 제물로 바치는가 하는 정도밖에 없었다. 현직 대사제는 돈으로 바쳤다. 퇴임 대사제가 죽었을 때에도, 도피성에 있는 살인자들에게 면죄의 특사가 주어지기까지 하였다. 이러한 대사제직의 제의적 특성에 근거하여 그들은 사회적으로도 대단한 권한과 지위를 누렸다. 예컨대 전직 대사제 한나스가 예수님을 먼저 소환 신문한 일은 당시 관행으로 특별하지 않은 일이었다. 루카 복음서는 심지어 한나스와 카야파를 구분하지 않고 대사제가 두 명인양 나란히 소개한다. "또 한나스와 카야파가 대사제로 있을 때, 하느님의 말씀이 광야에 있는 즈카르야의 아들 요한에게 내렸다"(루카 3,2).

본래 기름부음 받은 대사제직은 평생직이었고 세습직이었으나 헤로데 왕가 시대와 로마 속주 시대에 이 전통이 깨졌다. 그리고 기름부음 예식이 아니라 서품식에 의해 대사제가 되었고, 정치 권력자들에게 종속되었다. 당시 로마 행정에 종속된 왕정과 최고 의회가 백성의 통치 조직이었는데, 최고 의회에서는 대사제와 사제들이 주를 이루는 사두가이뿐만 아니라 바리사이들도 상당한 영향력을 지니고 있었다. 바리사이들의 영향력이 성장하고 있었기에 사두가이들과 대사제는 바리사이파적 전승에 따라 예식을 거행하는 것에 서서히 적응해 갔다. 그럼에도 불구하고 기원후 1세기 성전이 파괴되기 전까지 대사제는 최고 의회의 의장으로 로마인들에게 유다 민족을 대표하는 중요한 지위를 누렸다. 예수님 체포 당시에는 수석 사제들과 바리사이들이 결탁하여 성전 경비병을 보내고 로마 군대의 협조까지 얻었으니 무소불위의 권력으로 예수님을 체포한 것이다. 그들 중 한나스가 예수님을 제일 먼저 신문하였다.

당시 수석 사제들의 지위 서열을 보면 대사제의 다음 서열은 전쟁시에는 군대 사제이고, 평상시에는 성전 경비대장의 서열이 주간 당직 사제들의 수장首將보다 높았다.

15-16절

대사제를 소개한 후, 복음사가는 시몬 베드로와 다른 제자를 소개한다. 공관복음서에 의하면 시몬 베드로는 멀찍이서 스승을 따르고 있었다. 대사제와 잘 아는 사이여서 대사제의 저택 안뜰까지 들어갈 수 있었던 익명의 제자 이야기는 요한 복음서에만 나온다. 이 익명의 제자는 누구일까? 골고타에서 만나게 되는 사랑받는 제자와(19,26-27) 동일 인물일까? 만일 그렇다면 이 제자는 아주 이상적인 제자이다. 왜냐하면 스승의 수난시기 전부터 십자가에 이르기까지 전 여정에 걸쳐 스승을 따르기 때문이다. 그 익명의 제자는 문지기 하녀에게 말하여 베드로를 데리고 들어가기 위해 다시 나온다. 대사제와 아는 사이라고 소개되는 이 익명의 제자는 갈릴래아의 어부일 리가 없다는 것이 학자들의 견해이다. 그래서 어떤 이들은 바로 이 구절 때문에 사랑받는 제자가 요한 사도라고 하는 것에 이의를 제기한다. 공관복음서는 베드로가 대사제의 집에 들어갈 수 있게 되는 경위를 전하지 않는다.

그런데 16절에서 익명의 제자를 무난히 들여보냈던 문지기 하녀가 17절에서 시몬 베드로에게 "당신도 저 사람의 제자 가운데 하나가 아닌가요?" 하고 말하는 것을 보면, 먼저 들어갔던 익명의 제자를 예수님과 무관한 사이로 알고 있는 것이 분명하다. 익명의 제자가 예수님과 관계있다는 것을 그 하녀가 알았다면, 굳이 시몬 베드로에게 그 질문을 다시 하며 문제 삼을 까닭이 없기 때문이다. 그러니 대사제 관저를 드나들 수 있는 이 다른 제자는 예수님의 제자라는 사실이 알려지지 않은 사람, 그리고 갈릴래아 출신으로 보이지 않는 사람일 것이다. 그렇다면 대사제 관저에 들어간 이 익명의 제자는 아리마태아 출신 요셉, 니코데모와 같은 부류이거나, 또는 그보다 밀착되게 예수님을 따랐던 예루살렘에 살던 다른 제자일 개연성이 있다.

17-18절

복음사가는 공관복음서의 전승에 연결하여 베드로의 배반을 전한다. 그런데 여기서 요한의 기술 방식은 공관복음서와 매우 다르다. 하녀의 말을 들어보자.

마태 26,69: "당신도 저 갈릴래아 사람 예수와 함께 있었지요?"
마르 14,67: "당신도 저 나자렛 사람 예수와 함께 있던 사람이지요?"
루카 22,56: "이이도 저 사람과 함께 있었어요."
요한 18,17: "당신도 저 사람의 제자 가운데 하나가 아닌가요?"

요한 복음에서 문지기 하녀는 부정의문문으로 질문하고 '제자'라는 용어를 쓴다는 점이 특이하다. 제자라는 용어는 그분과 함께 있었다는 말보다 좀 더 지속적이고 밀접한 관계를 나타내는 말이다. 부정문에 주로 쓰이는 '아니다'라는 의미의 메(Μὴ)가 문장 첫머리에 쓰였다. 베드로는 "나는 아니오"(우크 에이미 οὐκ εἰμί) 하고 대답한다. 그는 스승과의 관계를 부인한다. 명확하게 짚자면 자신은 제자가 아니라고 한다. 1장에서 세례자 요한은 예수님을 증언하기 위하여 '나는 아니오'를 세 번 반복하였는데(οὐκ εἰμί; οὐκ εἰμί; οὔ 1,20.21), 아이러니하게 예수님께 신임 받는 제자 시몬 베드로가 관계를 부인하며 '나는 아니오'를 세 번 반복한다(25.27절). 이 대목에서 사용하는 문장과 단어는 전체적으로 베드로의 부인을 부각시킨다.

"대사제는 예수님께 그분의 제자들과 가르침에 관하여 물었다"(19절)는 기술은 베드로의 부인과 극명하게 대비된다. 예수님이 대사제 관저로 연행되어 와서 받고 있는 질문이 하필 '제자들'과 '가르침'에 관한 것이다. 그리스어를 직역하면 '그의 제자에 관하여(페리 톤 마테톤 아우투 περὶ τῶν μαθητῶν αὐτοῦ) 그리고 그의 가르침에 관하여'(카이 페리 테스 디다케스 아우투 καὶ περὶ τῆς διδαχῆς αὐτοῦ)이다. 안에서는 대사제가 예수님께 제자와 가르침에 관해 질문하고 있고, 밖에서는 문지기 하녀가 시몬 베드로에게 예수님과의 관련성을 묻는다. 두 장면이 겹친다.

베드로가 예수님의 제자로서 그런 처지에 놓일 때, 대사제와 아는 사이라는 그 익명의 제자는 어디 있었을까? 불을 지펴 놓은 그 마당에 베드로와 함께 있지 않았음은 확실하다. 19절 이하의 이야기를 볼 때 그는 대사제가 있는 장소에, 곧 예수님이 계신 장소에 있었으리라고 추정해 볼 수 있다.

19-24절

요한 복음사가는 이 맥락에서 예수님의 신원, 곧 그분이 메시아인지 아닌지에 대한 질문을 언급하지 않는다. 요한 복음에서 그 질문은 이미 공생활을 마무리하는 시기에 제기되었다(10,22 이하). 공관복음서에서는 예수님이 하느님의 아들 메시아라는 사실에 대한 확인과 단죄가 신문의 주요 쟁점이었다. 그런데 여기서는 질문의 내용이 완전히 다르다.

복음사가가 전하는 바에 의하면, 대사제가 예수님께 질문한 내용은 "그분의 제자들과 가르침"에 관한 두 가지이다. 답변하실 때 예수님은 제자들에 관해서는 직접 언급하지 않으시는데 복음사가는 이 물음을 제자 베드로의 거듭되는 배반의 언어들 사이에 배치시켜 극적인 효과를 냈다. 예수님은 전체적으로 당신의 가르침을 묻는 질문에 대해서는 한마디 하신다. "나는 세상 사람들에게 드러내 놓고 이야기하였다. 나는 언제나 모든 유다인이 모이는 회당과 성전에서 가르쳤다. 은밀히 이야기한 것은 하나도 없다. 그런데 왜 나에게 묻느냐? 내가 무슨 말을 하였는지 들은 이들에게 물어보아라. 내가 말한 것을 그들이 알고 있다"(20-21절).

예수님의 답변에는 가르치신 시간과 장소가 들어 있다. 장소를 삼중으로 드러냈다. "나는 세상 사람들에게 드러내 놓고 이야기하였다"(에고 파레시아 렐라레카 토 코스모 ἐγὼ παρρησίᾳ λελάληκα τῷ κόσμῳ).

나는 항상 가르쳤다: 에고 판토테 에디닥싸(ἐγὼ πάντοτε ἐδίδαξα)
회당과 성전에서: 엔 쉬나고게 카이 엔토 히에로(ἐν συναγωγῇ καὶ ἐν τῷ ἱερῷ)
모든 유다인들이 모이는 곳에서: 호푸 판테스 호이 유다이오이 쉬네르콘타이(ὅπου πάντες οἱ Ἰουδαῖοι συνέρχονται.)

'드러내 놓고', '모든 유다인이 모이는' 등의 표현들과 드러나는 공간을 가리키는 '세상, 회당, 성전'과 같은 단어들은 "은밀히 이야기한 것은 하나도 없다"에서 '은밀히'라는 말과 대조를 이루며, 예수님은 공개적으로 말씀하셨다는 사실을 부각시킨다. 따로 특별히 그의 제자들에게만 가르침을 준 것이 아니라 모든 유다인에게 말씀하셨으니 예수님께 가르침을 들은 이들은 모두 유다인들이다. 가르침과 관련하여 제자들에게 따로 말한 내용이 없는 것이다.

그러니 "왜 나에게 묻느냐? 내가 무슨 말을 하였는지 들은 이들에게 물어보아라. 내가 말한 것을 그들이 알고 있다"(21절)라고 하신다. "들은 이들에게"(투스 아케쿠타스 τοὺς ἀκηκοότας) 물으라, 그들은 예수님이 하신 말씀을 알고 있다. 예수님은 과거에 당신이 말한 장소가 어디이고, 그 말을 들은 이들이 누구인지, 이 두 가지 정보를 질문자에게 제시함으로써 원고, 즉 유다인들에게 합법적인 방법으로 증인을 요구하는 것으로 볼 수도 있다. '가르쳤다'(에디닥사 ἐδίδαξα)에서는 가르치다 동사의 원과거(아오리스트) 시제를 사용하셨다. 예수님은 과거에 유다인의 중심지 회당과 성전에서 가르치셨는데 그것이 오래 지속되지는 않았다. 예수님과 유다인 사이에 결정적인 분리가 일어났기 때문이다. 12,37-43에 그 상황이 명확히 묘사되어 있다. "예수님께서는 그들 앞에서 그토록 많은 표징을 일으키셨지만, 그들은 그분을 믿지 않았다"(12,37). "사실 지도자들 가운데에서도 많은 사람이 예수님을 믿었지만, 바리사이들 때문에 회당에서 내쫓길까 두려워 그것을 고백하지 못하였다"(12,42).

제자들과 가르침에 대한 대사제의 질문과 예수님의 답변은 다음 사항을 시사한다. 예수님은 오래 함께 계시지는 않을 것이나 그분의 부재 시에 그분께서 말씀하신 것을 알고 있는 제자들이 다가올 것이다. 가르침(디다케)과 제자들(마테타이)은 한 덩어리를 이룬다. 예수님의 '가르침'은 그분의 '제자들' 사이에서 발견된다. 제자들에게 예수님의 가르침이 보존되어 있다는 것이 요한 복음서가 강조하는 내용이다.

22-23절: 예수님의 솔직한 답변을 들은 성전 경비병 중 하나가 대사제에 대한 충성으로 예수님의 뺨을 쳤다. 요한 복음서는 유다 법정에서 예수님이 받은 모욕적인 행위로 이것 하나만 소개한다. 공관복음서에 나오는, 예수님이 모욕 받으시는 다른 장면은 소개하지 않는 반면에 요한은 다른 면을 부각시키는데, 모욕과 수모를 받지 않았다는 것이 아니라 그들의 비천한 행동에도 불구하고 예수님은 위엄을 잃지 않으셨다는 것이다. 성전 경비병이 손찌검한 일에 대해서도 당당히 대응하시며 그의 잘못을 지적하신다. "내가 잘못 이야기하였다면 그 잘못의 증거를 대 보아라. 그러나 내가 옳게 이야기하였다면 왜 나를 치느냐?"(23절) 예수님은

'만일 잘못 이야기하였다면'(에이 카코스 엘랄레사 Εἰ κακῶς ἐλάλησα), 증거를 가지고 와라, 그러나 '만일 옳게 이야기하였다면'(에이 데 칼로스 엘랄레사 εἰ δὲ καλῶς ἐλάλησα), 모욕자는 자신의 행동에 대해 설명을 해야만 한다고 요구하신다. 카코스 랄레인(κακῶς λαλειν)은 칠십인역에서 '모독'에 사용하는 단어다. 만일 빰을 치는 것이 모독에 대한 징계라면 증인을 데려와야만 한다. 만일 예수님이 모독에 반대되는 진실을 옳게(칼로스) 말씀하셨다면 모욕한 이는 자기 행동에 대한 벌을 받아야 한다. 이 대목도 예수님의 결백을 드러내고 있는데, 빌라도 앞에서도 예수님의 결백(무죄)이 밝혀지는 전승이 공관복음서와 요한 복음서 모두에서 발견된다(마르 15,14; 마태 27,4.19.24; 루카 23,13-16.22; 요한 18,38; 19,4.6). 예수님은 결백하실 뿐만 아니라, 진실을 계시하셨고, 옳게 말씀하셨다. 그러나 진실은 거부되었다.

24절: 한나스는 자기 집에서 예수님을 신문한 후에 그분을 결박한 채로 대사제 카야파에게 보냈다. 그러나 거기에서 유다인들이 한 신문에 대해서 복음사가는 전혀 전하지 않는다. 여기에서 카야파 대사제의 신문 내용이 요한이 전한 내용과 모순되지 않는다는 암시를 읽어 낼 수 있고 이것은 19,7에서 확인될 것이다. 요한 복음서에서는 단지 이어지는 28절에서 예수님이 카야파의 저택에서 총독 관저로 이송되었다는 사실과 로마 총독 앞에서 받는 신문을 다룬다.

25-27절

한나스 관저에서 제자들과 가르침이라는 주제가 펼쳐지는 맥락에서, 이야기는 바깥뜰에 있는 제자 시몬 베드로의 상황도 함께 전한다. 그는 곤경에 빠져 있다. 스승 예수님이 당신의 말씀을 들은 제자들 가운데에서 당신의 가르침을 알아보라고 말씀하고 계시는데, 베드로는 그의 일거수 일투족이 증언의 상황과 역할을 하게 되는 시간으로 옮겨 가고 있다는 것을 아직 깨닫지 못하고 있다. 아직도 예수님이 말씀하신 때가 왔음을(12,23; 13,1; 14,31; 17,1) 모르니, 스승님의 안위와 자신의 안위를 걱정하는 사람의 일(마태 16,23; 마르 8,33)에 머물러 있어, 급기야 자신과 예수님의 관계를 부인하는 말을 계속하는 것이다.

"당신도 저 사람의 제자 가운데 하나가 아니오?"(25절) 하고 사람들이 자신을 살피니 베드로는 "나는 아니오"라고 부인한다. 복음서는 곧바로 이어서 세 번째 같은 질문을 제시한다. "당신이 정원에서 저 사람과 함께 있는 것을 내가 보지 않았소?"(26절) 이 질문은 한층 분명하게 예수님의 체포 장소인 정원을 언급한다. 더구나 그 사람은 베드로가 칼을 내리쳐 귀를 잘라버린 이의 친척이라고 하며 베드로가 부인하기 어려운 정황을 증거로 들어 베드로가 예수님의 측근임을 증언하고 시인是認할 것을 촉구한다. 이 질문은 공관복음서에서 베드로를 예수님의 동향 사람이라는 동아리로 보는 것과 다르다(루카 22,59 참조). 이 질문은 제자라는 것의 완곡한 표현이다. 여기서도 17절과 25절에서처럼 부정의문문으로 묻는다. 복음서는 이에 대한 대답을 직접화법으로 전하지 않고 "베드로가 다시 아니라고 부인하자 곧 닭이 울었다"고 기술한다. 베드로는 이 밤에 스승이 잡혀 있는 같은 현장에 있으면서 자신이 스승과 상관없는 사람이라고, 제자가 아니라고 부인하였다.

복음사가는 "부인하자 곧 닭이 울었다"라고 짧게 기술하였다. 여기서 독자는 베드로와 함께 스승의 말씀을 기억하게 된다. "나를 위하여 목숨을 내놓겠다는 말이냐? 내가 진실로 진실로 너에게 말한다. 닭이 울기 전에 너는 세 번이나 나를 모른다고 할 것이다"(13,38). 공관복음서와 달리 여기서 베드로의 회한은 언급되지 않는다. 침묵이다. 복음사가는 그것을 생략하고 오히려 위 말씀(13,38)을 기억하게 함으로써 그의 비통을 더 강하게 느끼게 한다. 또 서술 맥락에서 베드로를 향한 첫 번째 질문에 이어서 예수님의 움직임을 서술하고(19-24절) 다시 베드로를 향한 두 번째 세 번째 질문을 서술함으로써, 예수님이 고통받으시는 일이 안팎으로 동시에 숨 막히게 진행되고 있음을 보여 준다. 예수님이 대사제로부터 받으신 질문은 그 제자들에 대해서 또 그 가르침에 대해서였다(19절). 제자들에 관해서 질문을 받는 것이 이 맥락에서 서술되는 것이 상당히 의미심장하다.

그런데 요한 복음사가가 수난 이야기의 맥락에서 예수님의 고통과 제자들의 배반보다 더 중요하게 다루는 것은 제자들이 다시 일어서서 계속 믿음으로 나아가는 자세다. 그리하여 예수님이 떠나신 후에도 제자들을 통해 계속 드러나고 명확하게 될 계시인 하느님의 아들 예수님께 집중한다. 예수님의 가르침은 이 모든 것을 다 아시는 가운데 이루어졌다. 그분의 가르침과 이끄심은 수난 중에도, 죽음과 부활 후에도 계속된다. 예수님은 제자들이 무엇을 할지, 그들이 예수님을 어떻게 증언할지 알고 계셨다. 그래서 말씀하셨던 것이다. "내가 가는 곳에 네가 지금은 따라올 수 없다. 그러나 나중에는 따라오게 될 것이다"(13,36). 그 제자들을 통해 예수님은 드러나고 계시될 것이다(18,21; 참조 13,35). 베드로는 예수님의 뒤를 따르게 될 것이다(21,15-19; 참조 루카 22,32).

요한 복음서는 독자가 예수님의 고통과 수난에 머물러 있기를 바라지 않는다. 오히려 예수님이 왜 수난과 죽음을 겪으셨고 그것을 통해 무엇을 이루셨는지에 주목하도록 끊임없이 초대한다. 사람이, 유다인이, 세상이 악하고 약함을 예수님은 알고 계시다. 모든 사람을 알고 계시기에(2,24), 그분은 사람 사이에서 사람과 함께 사시면서(1,14) 사람이 걸어야 하는 길을 마련하시고자 스스로 길이 되셨다(14,6). 베드로는 다시 일어나 걸어야 한다. 그는 예수님과 관계를 회복해야 하고, 다시 길을 가야 한다. 인간 베드로, 그는 예수님의 제자로서 가는 길을 우리에게 보여 준다. 넘어져도 다시 일어나서 가는 것, 예수님에 대한 믿음과 희망으로 또 일어나서 가는 것이다.

최고 의회(산헤드린)

일반적인 용어로 산헤드린(히브리어: סנהדרין sanhedrin, 그리스어: συνέδριον synedrion, 모여 앉다)은 의회를 뜻한다. 이스라엘에서 산헤드린(의회)은 모든 유다 도시마다 있는 판관들의 모임으로 영향력 있는 집단이었다. 로마 제국은 속주의 종교와 자치활동을 인정했기에 로마시대에 산헤드린의 활동은 활발했다. 폼페이우스가 기원전 63년 예루살렘을 점령한 후에, 시리아 총독 가비니우스는 유다 속주를 예루살렘, 가다라, 아마투스, 예리코, 세포리스 등 다섯 지역으로 나누고 의회를 다섯 개 두었다. 그중 예루살렘 의회가 중요한 위치에 있었다. 최고 의회는 대大 산헤드린(Great Sanhedrin)으로 최고 법원 역할을 하였다. 요세푸스 문헌과 신약성경에 의하면 최고 의회는 대사제가 의장을 맡는 정치·사법기구였다. 중대한 범죄로 고발된 개개인들의 사건을 취급하였다. 두 번째 성전이 존속했던 제2성전 시기(기원전 515-기원후 70)에 최고 의회는 성전 안에 있는 다듬은 돌 뜰에서

낮 동안 열렸으며, 안식일과 유다교 축제일에는 쉬었다. 한편, 탈무드 전승에는 산헤드린이 정치적·사법적 기능을 가지고 있지만 주된 기능은 현자賢者를 우두머리로 하는 종교적 입법기관으로 기록되어 있다. 아마도 70년 이후에는 대사제가 사라진 상황에서는 이 형태설이 타당성을 지닌 듯하다.

산헤드린의 구성에 대해서는 의견이 분분하다. 사두가이파 구성설, 바리사이파 구성설, 혹은 두 집단이 서로 교체하거나 혼합 형태로 구성되었다는 주장도 있다. 마르코와 루카는 예수님 재판정에 등장했던 대사제·원로·율법 학자로 구성된 연합체를 최고 의회라는 말로 지칭한다. 요한은 대사제와 바리사이들이 의회를 소집했다고 한다. 사도행전은 명백히 하나이면서 동시에 같은 '의회와 원로회' 앞에서 거행된 베드로와 요한의 재판을 묘사하면서 산헤드린의 구성 집단인 사두가이파와 바리사이파의 분열을 드러낸다. 1차 유다 항쟁(66-73년)으로 로마가 유다인들을 제압하고 예루살렘 성전을 불태우며 도성을 파괴한 후, 산헤드린은 예루살렘에서 사라졌다. 그러나 그 뒤 야브네에서, 더 나중에는 팔레스티나의 다른 지역에서 다시 구성되었다. 명망 있는 학자들로 구성된 후기 산헤드린은 종교·입법·교육 등을 담당하는, 팔레스티나에 거주하는 유다인들의 최고기관이었다. 또 로마가 그 의장을 유다인 지도자로 인정했기 때문에 정치적 역할도 수행했다.

3. 총독 관저 18,28-19,16

1) 관저 안: 빌라도와 예수님 18,28-38ㄱ

한나스와 카야파를 거치며 유다인 지도자들은 예수님에 대한 신문을 끝내고 동족을 이방인 총독에게 넘겨 재판받도록 조치한다. 같은 민족으로서의 유대를 끊어내고, 종교적 문제를 로마인들의 정치적 문제 속으로 밀어 넣는다. 그들은 틀림없이 예수님을 죽이고 싶은 것이며 그분의 존재는 물론 그분의 가르침과 명성까지 함께 묻어 버리고자 하는 의도를 가지고 있다. 로마 총독에게 보낸 것은 일차적으로 그들 공동체에서 완전히 쫓아내는 행위이다. 동족을 배반하는 짓이다.

"때는 이른 아침이었다. 그들은 몸이 더러워져서 파스카 음식을 먹지 못할까 두려워, 총독 관저 안으로 들어가지 않았다"(28절). 요한 특유의 감각으로 축제 의식의 관습을 전하는 이 구절이 공관복음서에는 나타나지 않는다. 파스카를 준비하는 때라는 사실이 강조되었고 유다인 자신들은 부정 타지 않기 위해 총독 관저에 들어가려고도 하지 않았다고 한다. 그러면서 그러한 축제시기에 예수님을 그곳에 밀어 넣는 행위에서 그들이 예수님을 얼마나 철저하게 배척하는지가 드러나며, 또한 부정不淨을 타는 것이 어떤 행위인가를 역설적으로 알려 준다.

유다인들이 관저 안으로 들어가지 않았기 때문에, 빌라도가 밖으로 나와서 고발하는 유다인들과 고발당하는 예수 사이를 왔다 갔다 하며 재판을 진행한다. 요한 복음서는 빌라도의 신문 과정에서 드러나는, 예수님이 지니신 제왕으로서의 위엄을 부각시킨다. 반면에 공관복음서는 빌라도의 법정 모티브를 십자가 위에서 임금이신 예수님을 선포하는 맥락으로 다루었다. 물론 모두가 예수님이 임금님이신 사실을 바탕으로 하는데, 공관복음서가 빌라도가 매단 명패를 통해 이 사실을 선언한다면 요한은 예수님의 언행에서 드러나는 위엄으로 그것을 선언한다. 예수님의 이 모습은 십자가 위에서도 계속된다(19,19.21).

㉠ 사람들이 예수님을 카야파의 저택에서 총독 관저로 끌고 갔다(18,28).

◇ 빌라도와 유다인- 관저 밖(18,29-32)

◆ 빌라도와 예수님- 관저 안(18,33-38ㄱ)

◇ 빌라도와 유다인- 관저 밖(18,38ㄴ- 40)

◆ 빌라도와 예수님- 관저 안(19,1-3)

◇ 빌라도와 유다인- 관저 밖(19,4-7)

◆ 빌라도와 예수님- 관저 안(19,8-12)

◇ 빌라도와 유다인, 예수님- 관저 밖(19,13-15)

㉠′ 빌라도는 예수님을 그들에게 넘겨주었다. 그들은 예수님을 넘겨받았다(19,16).

이 대목은 유다인들이 예수님을 로마의 권위, 빌라도에게 넘겼다가(㉠), 사형에 처할 수 있는 허락을 받아 다시 넘겨받는(㉠′) 것을 뚜렷이 보여 주는 구조로 되어 있다. 재판은 빌라도가 유다인과 예수님을 번갈아 만나며 진행된다. 사형을 집행하고자 하는 의지와 집행 행위까지 모든 것이 유다인들의 책임이라는 것을 명백하게 서술하는 대목이다. 19,23에 가서야 군인들의 협력이 드러나는데 그것은 명령체계 아래서 이루어진 수동적인 행위다.

28절

사람들이 예수님을 로마 총독의 법정으로 데려간다. 이제 총독 관저에서 예수님의 수난이 진행된다. 유다인들은 저녁 때 파스카 음식을 먹는 데 부정을 타지 않기 위해 관저로 들어가지 않는다. 파스카 음식을 먹기 위해 필요한 제의적 정결을 유지하려 애를 쓰는 것이다. 그들은 이른 아침부터 파스카 축제 때 쓸 어린양의 죽음을 기다리며 전례 준비를 하고 있다. 요한 복음서는 이들이 지향하는 파스카 준비를 통하여 역설적으로 예수님 죽음의 의미를 드러내고 있다.

요한 복음서에 나오는 파스카 축제 일정

공관복음서에 의하면 예수님은 축제 첫 날인 니산 달 15일에 십자가에 못 박히셨다. 즉 거기서는 최후의 만찬을 파스카 식사로 이해했고, 식사 중에 예수님의 죽음이 구원을 지향하고 있음이 공개되었다(마르 14,22.24). **한편 요한 복음서에서는 축제의 준비일인 니산 달 14일**(요한 19,14; 18,28) **파스카 양을 도살하는 시간**(요한 19,14.31; 마르 15,33-34.37)**에 예수님이 돌아가셨고, 니산 달 13일 밤에 최후의 만찬을 하셨다고 한다. 이것은 달력의 계산이 아니라 신학적인 이유에 근거한다. 공관복음서와 달리 요한 복음사가는 예수님을 파스카의 어린양으로 해석한다**(요한 1,29; 19,36; 참조 1코린 5,7; 1베드 1,19; 묵시 5,6).

29-32절

빌라도가 밖으로 나온다. 유다인들이 총독 빌라도에게 예수님을 고발하는 이 대목은 요한 복음서의 고유한 편집에서 나왔다. 예수님이 재판을 받고 십자가형에 처해졌을 때 유다 총독이 본시오 빌라도라는 것은 매우 분명한 역사적 사실이다. 1961년에 카이사리아에서 발견된 기록에 의하면 빌라도는 26-36년에 유다 총독으로 재임했다.

빌라도가 질문한 예수님의 고소 이유에 대하여 유다인들이 답하는 것을 들으면 그들은 이미 예수님을 범죄자로 단죄했음을 알 수 있다. "저자가 범죄자가 아니라면 우리가 총독께 넘기지 않았을 것이오"(30절). 이 말에서, 유다인들이 유다법에 근거하여 예수님을 종교적 죄를 범한 나자렛의 예언자로 총독에게 고발하였음을 짐작할 수 있다. 이것은 당신네가 그를 범죄자로 판단하였다면 "여러분이 데리고 가서 여러분의 법대로 재판하시오"(31절)라는 빌라도의 답변에서도 드러난다. 유다인들은 로마의 지배 아래서도 종교의 자유를 보장받고 있었다. 그러자 유다인들은 사형 선고를 내릴 권한이 자기들에게 없다고 말하는 것으로 그들의 살인 계획을 표면에 드러낸다. 예수님은 이미 사형을 받아야 하는 범죄자로 결정되었고 로마인들에게 예수님을 합법적으로 죽여 달라는 청을 하러 온 것이다. 32절에 복음사가가 덧붙이는 말은 유다인들이 꾀하는 것이 십자가형이라는 것을 암시한다. "이는 예수님이 당신이 어떻게 죽임을 당할 것인지 가리키며 하신 말씀이 이루어지려고 그리된 것이다." 이미 앞에서 예수님은 당신이 십자가에 들어 높여질 것을 예언하셨다. "나는 땅에서 들어 올려지면(에안 휩소토 엑크 테스 게스 ἐὰν ὑψωθῶ ἐκ τῆς γῆς) 모든 사람을 나에게 이끌어 들일 것이다. 예수님은 이 말씀으로, 당신께서 어떻게 죽임을 당하실 것인지 가리키신 것이다"(12,32-33).

33-38ㄱ절

빌라도는 안으로 들어가서 예수님과 마주하고 그분의 제왕 신분에 대해 묻는다. "당신이 유다인들의 임금이오?" 빌라도는 유다의 임금과 메시아 이야기를 인정하지 않으나, 예수님의 메시아 왕권의 성격에 대하여 질문한다. 이 요소는 전통적이나 복음사가는 좀 더 발전시켜 그리스도의 왕직에 초점을 맞춘다. 33-37절을 구조적으로 면밀히 살피면 대화의 초점이 이 왕직의 성격을 드러내는 데에 있음을 알 수 있다.

33절: "당신이 유다인들의 임금이오?" 하고 물었다.
37ㄱ절: "아무튼 당신이 임금이라는 말 아니오?"
37ㄴ절: "내가 임금이라고 네가 말하고 있다. 나는 진리를 증언하려고 태어났으며, 진리를 증언하려고 세상에 왔다. 진리에 속한 사람은 누구나 내 목소리를 듣는다."

예수 그리스도의 왕직은 이 세상의 정치적인 직무가 아니라 계시자로서 일하시는 직무이다. 그분은 진리를 증언하는 임금이시다. 예수님이 예루살렘에 입성하실 때 군중이 그분을 보고 '이스라엘의 임금님은 복되시어라' 하며 환호하였어도(12,12-13) 그리스도의 왕국은 정치적인 것이 아니다. 예수님은 세상의 왕직을 항상 거절하셨다. 빵의 기적을 체험한 갈릴래아 사람들이 그분을 모셔다가 임금으로 삼으려 했을 때도 산으로 물러가셨다(6,14-15). 그리스도의 왕국은 이 세상의 것이 아니다. 예수님은 당신 자신에 대해 말씀하시지 않고, 당신 나라에 대해 말씀하신다. '내 나라'(헤 바실레이아 헤 에메 ἡ βασιλεία ἡ ἐμη)라고 하시는 그리스도의 왕국은 이 세상에 속하지 않는다. 바실레이아는 요한 복음에서 '하느님의 나라'(헤 바실레이아 투 테우 ἡ βασιλεία τοῦ θεοῦ)를 표현할 때 쓰였다(3,3.5). 하느님의 나라는 하느님께서 통치하시는 곳이고 공동체이며, 하느님의 사람들, 예수님의 말씀에 응답하는 이들이 보고 들어가는 나라이다.

빌라도는 예수님이 당신을 임금이라 여기는 것을 알았다. 그래서 그에게 분명한 확인을 받으려고 한다. 예수님은 임금이라고 긍정하시며 당신의 왕직은 곧 진리의 증언자 역할임을 알려 주시고, 그것을 위하여 태어났고 이 세상에 오셨다고 하신다(36-37절). "진리에 속한 사람은 누구나 내 목소리를 듣는다"는 예수님의 계시이며 초대인 말씀에, 빌라도는 "진리가 무엇이오?"(38ㄱ절) 하고 건성으로 질문하며 대답을 들을 생각조차 하지 않는다.

하느님의 말씀은 여자의 몸에서 나면서 육을 취하시고(갈라 4,4), 당신께서 보고 듣는 천상의 일들을(3,11.32) 드러내어 진리를 증언하시면서(18,37) 세상의 빛이 되셨다(1,9; 3,19; 12,46). 그래서 그리스도의 왕직은 구체적으로 계시하고 구원하는 그분의 임무와 일치한다. 하느님 왕국의 본질적인 요소는 인류에게 신적 생명을 전달하는 데 있다. 하느님께서 당신의 백성을 위한 구원의 권능을 구체적으로 드러내실 때가 곧 다스리시는 때다. 예수님은 아버지의 사랑어린 생명을 인간에게 전하고 계시하기 위하여 세상에 오셨고, 그 방법으로 메시아 왕국을 시작하신다. 그리스도는 하느님의 구원이 현존함을 전하고 드러내는 바로 그곳에서 임금이시다. 하지만 그 왕권은 사람들이 받아들여야 하는 것이지, 힘이나 폭력으로 획득하는 것이 아니다. 받아들이는 행동은 예수님의 목소리를 알아듣는 것으로 표현되었다(37절). 그리스도의 왕국에 속하는 이는 그분의 말씀을 알아듣고 받아들이는 사람이다.

빌라도는 예수님의 말씀을 이해하지 못하고 "진리가 무엇이오?"라는 질문을 던지고는 답변을 기다리지 않은 채 다시 밖으로 나갔다(38ㄱ절). 그가 '진리'에 전혀 관심을 드러내지 못한 것은 어쩌면 당연한 귀결이다. 요한 복음서 전반에 걸쳐서 진리는 예수 그리스도라는 인격과 일치되어 있기 때문이다. 진리는 아버지의 말씀이며(17,17) 곧 예수 그리스도(14,6)이시다. 진리가 무엇인지 알기 위해서는 예수님의 말씀 속에 머물러야 한다(8,31-32).

2) 관저 밖: 빌라도와 유다인 18,38ㄴ-19,7

38ㄴ-40절

빌라도는 밖으로 나가서 다시 유다인들을 만난다. 그는 예수님이 말씀하시는 진리의 왕국에 들어가지는 못하나, 유다인들 앞에서 당당하게 예수님에게서 아무런 죄도 발견하지 못했음을 말한다. 이 사실을 요한 복음서는 루카 복음서처럼 강조한다(18,38; 19,4; 루카 23,4.13-14). 이방인 재판정이 예수님의 무죄를 선언한 것이다(38ㄴ절). "나는 저 사람에게서 아무런 죄목도 찾지 못하겠소"(에고 우데미안 헤우리스코 엔 아우토 아이티안 Ἐγὼ οὐδεμίαν εὑρίσκω ἐν αὐτῷ αἰτίαν).

그런데 이어지는 구절에서 로마 총독은 파스카 축제 때에 죄수 하나를 풀어 주는 관습을 언급한다. 마르코는 빌라도, 곧 로마 총독이 행하던 전례前例로 소개하는데, 요한은 유다인의 관습(쉬네테이아 휘민 συνήθεια ὑμῖν) 이라고 소개한다. 둘 중 어느 것이든 간에, 빌라도의 질문이 무슨 뜻인지가 중요하다. "내가 유다인들의 임금을 풀어 주기를 원하오?" '유다인들의 임금'이란 호칭은 적대적인 유다인들 앞에서 예수님께 유리한 호칭이 아니다. 그런데 빌라도가 이 호칭을 사용한 이유는 무엇인가? 빌라도는 진정으로 예수님을 석방하려 하는가? 죄목을 발견하지 못했다고 하면서 죄수 하나를 놓아 주는 풍습을 이용한다는 것은 모순일 수 있다.

사실 39절의 그리스어 표현은 '히나 헤나 아폴뤼소 휘민 엔 토 파스카' (ἵνα ἕνα ἀπολύσω ὑμῖν ἐν τῷ πάσχα)인데, 직역하면 '파스카에 너희에게 하나를 풀어 주는 관습…'이다. 여기서 '하나'가 죄수를 암시하긴 하지만 명시적으로 죄수(데스미오스 δέσμιος)라는 단어를 사용하지는 않았다. 요한이 의도적으로 생략한 것이며 이것은 예수님이 무죄라고 말하는 것과 일맥상통한다. 또한 19장 12절에서 명시적으로 "그때부터 빌라도는 예수님을 풀어 줄 방도를 찾았다"(19,12)라고 하는 것을 보면, 지금 18장에서 빌라도가 예수님을 풀어 주려고 이 질문을 한 것으로 보이지는 않는다. 아무튼 빌라도의 말을 통해 예수님은 유다인의 임금으로 선언되었다. 그 사실을 전제로 하고 그를 풀어 주기를 원하느냐고 묻는 양식을 취하고 있기 때문이다. 그러자 그들은 '그 사람이 아니라'(메 투톤 Μὴ τοῦτον) 바라빠를 풀어 달라고 소리를 지른다. 복음사가는 덧붙이기를 바라빠는 잡범인 강도였다고 전한다. 문맥에서 의미는 분명하게 드러난다. 결국 유다인들은 유다인의 임금과 강도 중에서 강도를 선택하고, 유다인 임금의 죽음을 원하고 강도의 삶을 선택하였다는 사실이 대조를 통해 극명하게 드러난다.

19,1-3

군중의 요구를 듣자 빌라도는 안으로 들어가 예수님을 채찍질하게 한다. 그분이 죄가 없다는 것을 알고 또 선언했음에도 불구하고 그런 폭력을 가하는 것은 그에게 일관성이 없음을 보여 주는 듯하다. 루카 복음서는 채찍질을 하여 유다인들의 화를 누그러뜨리고 풀어 주려는 것이 빌라도의 의도였다고 말한다(루카 23,22). 그런데 요한의 표현은 독특하다. 단순한 매질, 또는 채찍질이 아니라는 것을 드러낸다. 군인들이 예수님을 괴롭히고 고통을 주는 것은 유다인의 임금이라는 맥락과 연결되어 왕관에 해당하는 가시나무 관을 씌우고, 임금들이 입는 자주색 옷(히마티온 포르피루스 ἱμάτιον πορφυροῦς)을 입히고, 그리고 '유다인들의 임금 만세' 하며 뺨을 쳐 댄다. 묘사는 단순하지만 실제 임금과 관련이 있는 대관戴冠, 의관衣冠, 그리고 임금 선언의 요소가 역설적으로 부각되고 있다. 여기서 예수님은 유다인의 임금이라는 사실로 유다인들에게는 배척을 당하고, 로마인에게는 육체적 고통을 받고 있다는 사실이 증언된다.

4-7절

빌라도는 다시 밖으로 나와 유다인들에게 한 번 더 예수님의 무죄를 선언한다. "보시오, 내가 저 사람을 여러분 앞으로 데리고 나오겠소. 내가 저 사람에게서 아무런 죄목도 찾지 못하였다는 것을 여러분도 알라는 것이오"(4절). 빌라도는 이 대목에서 무려 세 번이나 그분의 무죄를 선언했다(18,38; 19,4.6). "내가 저 사람에게서 아무런 죄목도 찾지 못하였다."

5절은 요한 복음서에만 있는 고유 구절로 예수님을 임금의 품위를 지니신 분으로 묘사한다. "예수님이 가시나무 관을 쓰시고 자주색 옷을 입으신 채 밖으로 나오셨다. 그러자 빌라도가 그들에게 '자, 이 사람이오.' 하고 말하였다." 여기서 "자, 이 사람이오"(이두 호 안트로포스 Ἰδοὺ ὁ ἄνθρωπος)라는 빌라도의 선언을 라틴어로 번역하면 엑체 호모(Ecce homo)이다. 그분은 임금의 신분을 나타내는 상징들을 걸치신 채 나오셨다. '입으신 채'(포론 φορῶν)는 입다는 뜻을 지닌 포레오(φορέω) 동사의 현재분사 형태이다. 공관복음서는 원래 그분의 겉옷을 입히기 위해 그 자주색 옷을 벗겼다고 기록한(마태 27,31; 마르 15,20) 데 반해, 요한 복음사가는 그 옷을 벗겼다는 말을 하지 않는다. 예수님은 임금으로서 옷을 입었고 그대로 십자가에 들어 올려지기 위해 가셨다.

예수님의 복장이 이렇게 갖추어진 후에 빌라도가 "자 이 사람이오" 하고 말한 것이다. 빌라도는 4절에서 자신이 예수님을 데리고 나와 보여 주면, 예수님에게서 아무런 죄목도 찾지 못하였다는 것을 군중도 알게 될 것이라고 말하였다. 빌라도가 예수님을 이런 상태로 보여 주며 유다인들에게 말하고자 한 것은 무엇일까? '채찍질 당한 채, 가시관을 쓰고 자주색 옷을 걸친 피 흘리는 이 사람을 보라. 이 사람이 이 세상의 임금이라는 흔적은 없다. 그러니 이 사람을 죽이려고 혈안이 될 필요가 없다. 이 사람은 가시관을 쓴 임금이며, 고통을 주는 대로 받고 있을 뿐인 인간이다'를 말하는 것일 수 있다. 여기서 단죄받는 이 사람은 사람의 아들을 연상시킨다. "자 이 사람이오"에서 정관사를 붙인 '이 사람'(호 안트로포스 ὁ ἄνθρωπος)이라는 칭호는 사람의 아들이란 칭호와 어의적으로 아주 비슷하다.

그런데 유다인들, 익명의 사람들이 아닌 명확히 구체적인 인물들, 키드론 골짜기 건너편 정원에 가서 예수님을 잡아 오라고 시켰던 이들, 수석 사제들과 성전 경비병들이 등장하여 분명하게 외친다. "십자가에 못 박으시오! 십자가에 못 박으시오!"(6절) 빌라도가 선언한 대로 예수님은 무죄한 분이시나, 유다인들은 무죄한 이를 십자가형에 처하기를 원하며 요청하고 있다. 그러자 빌라도가 대답한다. "여러분이 데려다가 십자가에 못 박으시오. 나는 이 사람에게서 죄목을 찾지 못하겠소."

유다인들이 한걸음 더 나아가 대답한다. "우리에게는 율법이 있소. 이 율법에 따르면 그자는 죽어 마땅하오. 자기가 하느님의 아들이라고 자처하였기 때문이오." 이제 예수님의 죄목이 발표된다. 유다인들은 그분이 자신을 '하느님의 아들'이라고 계시하였기에 죽이려 한다. 예수님은 하느님의 아들이라서 죽는다. 이것이 5장에서부터 10장에 이르기까지 줄곧 유다인들이 예수님을 거부한 이유다. 유다인들과 예수님 사이에 존재하는 적대감의 진짜 이유가 전면에 부각되며 그것이 유다인들의 입에서 발설되었다. 그들은 예수님이 하느님의 아들이라는 것을 받아들일 수도 없고 받아들이려고 하지도 않는다. 이 고발은 요한 복음사가의 특징적인 고발이다. 결국 예수님이 하신 계시의 최고봉이 유다인들에게는 가장 큰 걸림돌이다. 그들은 예수님이 하느님의 아들이심을 믿지 않았고, 결국 종교적 이유까지 들어 예수님을 빌라도에게 고발하고 있다.

3) 관저 안: 빌라도와 예수님 19,8-12

8절

빌라도는 이 말을 듣고 '더욱 두려운 생각이 들었다'(말론 에포베테 μᾶλλον ἐφοβήθη)고 하는데, 이 말은 빌라도가 이미 예수님께 두려움을 느끼고 있었음을 암시하며 지금 그 두려움이 가중되었다는 뜻이다. 빌라도는 그분을 일관되게 정치적 맥락에서 대하고 있었는데, '예수님이 자신을 하느님의 아들이라고 했다'는 말에 두려움을 느낀다. 유다인들은 그 이유로 예수님을 죽이려 하는데, 오히려 이방인인 로마 총독은 예수님의 그 신원으로 인해 두려움을 갖는다. 그러나 이것은 신화나 온갖 신을 섬기는 미신적인 분위기에 젖어 사는 이방인으로서 갖는 두려움이다.

9-11절

빌라도는 두려운 생각을 가진 채로 안으로 들어가 예수님께, "당신은 어디서 왔소?" 하고 묻는다(9절). 이미 앞에서 언급하였던 대로 '어디서'(포텐 πόθεν)라는 단어는 그리스도의 기원 또는 은총의 신비스러운 기원을 묻는 말인데, 빌라도가 이 단어를 사용하여 그리스도론의 근본이 되는 질문을 던지나, 답변을 듣지 못한다. 이 질문에 대한 답은 이미 요한 복음서 도처에 나타나 있다. 예수님은 빌라도와 처음 대면했을 때 거리낌 없이 당신의 나라에 대하여 말씀해 주시며 "진리에 속한 사람은 누구나 내 목소리를 듣는다"(18,37)는 계시로써 그를 초대하셨다. 그러나 빌라도는 그 초대를 대수롭지 않게 여겨 거절하였다. 이제 예수님은 그에게 더 이상의 계시를 하지 않으신다. 그에게 아무 대답도 하지 않으신다.

그러자 빌라도는 자신이 예수님의 생사 여부를 결정할 정치적 권한을 가지고 있음을 드러내며 예수님을 거칠게 다그친다. "나에게 말을 하지 않을 작정이오? 나는 당신을 풀어 줄 권한도 있고 당신을 십자가에 못 박을 권한도 있다는 것을 모르시오?"(10절) 예수님이 대답하신다. "네가 위로부터 받지 않았으면 나에 대해 아무런 권한도 없었을 것이다. 그러므로 나를 너에게 넘긴 자의 죄가 더 크다." 빌라도에게 예수님을 넘긴 자의 죄가 더 크지만 빌라도는 예수님의 생명과 죽음에 대한 권한은 위로부터 온 것임을 인식해야만 한다. "위로부터"는 그분이 오신 곳으로부터이다. 그러니 어디에서 왔느냐는 빌라도의 질문에 예수님은 "위로부터" 라고 암시를 주신 것이다.

12절

"그때부터 빌라도는 예수님을 풀어 줄 방도를 찾았다"고 복음은 전한다. 그러나 유다인들은 로마 황제의 권위를 빌라도에게 상기시키고, 자기가 임금이라고 자처하는 자는 황제에게 대항하는 것인데 그를 풀어 주면 황제의 친구가 아니라는 정치적 발언으로 결국 빌라도가 재판정에 앉게 만든다. 황제의 친구가 아니라는 표현은 정치적 출세를 원하는 사람에게 매우 치명적인 말이다. 권력을 잡고자 하는 사람들 사이에서 출세할 수 있는 좋은 호칭은 '카이사르의 친구'라는 것이다. 유다인들은 이 구절에서 사실을 위조하고 왜곡시켜 예수님이 항상 거부하셨던 정치적인 임금이라는 죄목으로 예수님을 최종 고발한다. 빌라도가 예수님을 만나며 예수님에 대해 어렴풋이 갖게 된 인식, 그분의 무죄, 그 존재에 대한 두려움은 자신의 정치적 안위에 대한 위협 앞에 일순간 사라졌다.

4) 관저 밖: 빌라도와 유다인, 예수님 19,13-16

13-15절

빌라도는 이 말을 듣고 재판관으로서 예수님을 데리고 나가 재판석에 앉았다. 이는 공개적이고 합법적으로 단죄하는 자리에 앉았다는 것을 의미한다. 거기서 그분은 유다인의 임금으로 선포되는 동시에 그 죄목으로 사형 언도를 받는다.

복음서는 정치적 술책의 승리로 마무리되는 이 대목에서 전례적 의미를 지닌 내용을 보고한다. "그날은 파스카 축제 준비일이었고 때는 낮 열두 시쯤이었다"(14절). 파스카 준비일에 빌라도는 "보시오, 여러분의 임금이오" 하고 선언한다. 이러한 시간 보고는 이어져 나오는 예수님의 죽음과 무덤에 안장하는 시간들과 연결된다(19,31.42). 유다 전통에 의하면 파스카 전날의 이 시간에는 모든 일에서 손을 떼고 안식일 규정을 지켜야 한다. 그러니 공식적으로 파스카 축제가 시작되려 하는 때이다. 파스카 전날, 한낮에 총독 빌라도는 공식석상에서 모든 유다인에게 "보시오, 여러분의 임금이오"(14절) 하고 선언한 것이다. 이방인이 유다인들을 한껏 조롱한 말이기도 하나 요한 특유의 이중적 의미를 내포한 표현이다.

그러자 유다인들이 소리를 지른다. "없애 버리시오. 없애 버리시오. 그를 십자가에 못 박으시오"(아론 아론 스타우로손 아우톤 ἆρον ἆρον, σταύρωσον αὐτόν). 그를 죽이라고 소리를 지른다. "때는 낮 열두 시쯤이었다"(14절)는 구절은 그리스어 본문에 '시간은 육시경이었다'(호라 엔 호스 헤크테 ὥρα ἦν ὡς ἕκτη)로 되어 있는데, '육시'는 파스카 어린양이 성전에서 도살되는 예식이 이루어지는 시간이다. 유다인들은 하느님의 어린양(1,29.36)이신 예수님을 죽이라고 소리를 지르며 예수님의 피를 요구하고 있다. 빌라도는 유다인들이 카이사르에 대한 그의 충성심을 빌미로 위협한 탓에 예수님을 풀어 줄 방도를 찾지 못하고 재판정에 앉기는 하였으나, 여전히 예수님이 유다인들의 임금이라는 말을 한다. 재판정에 앉아서도 “보시오, 여러분의 임금이오”(14절)라고 했는데, 지금도 “여러분의 임금을 십자가에 못 박으라는 말이오?”(15절) 하고 반문한다. 유다인들을 굴욕스럽게 하려는 빌라도의 의도는 분명하나, 좀 더 깊이 읽으면 그리스도의 왕직이 계속 부각되고 있음을 알 수 있다. 요한 복음서는 이방인 로마 총독이 예수님이 임금이라고 강력하게 주장하고 선언하는 역설적 상황을 전한다. 요한 복음서는 예수님이 이스라엘의 임금이시라고 이미 복음서 첫 장에서부터 선언하였다(1,49). 수난 사화에서는 전혀 다른 측면에서 그분이 임금이심이 선포되고 있다.

6절에서처럼 결정적인 순간에 수석 사제들이 대답한다. “우리 임금은 황제뿐이오”(15ㄷ절). 이들의 마지막 선언은 요한 복음사가 특유의 아이러니로 지도자들의 불신앙의 심연을 드러낸다. 유다인들은 그들이 그토록 중요하게 여기는 모세 전승을 배반하여 예수님의 왕권을 거부할 뿐만 아니라 하느님의 왕권도 거부한다. 왜냐하면 “카이사르가 아니라면(외에) 우리는 임금이 없습니다”(우크 에코멘 바실레아 에이 메 카이사라 Οὐκ ἔχομεν βασιλέα εἰ μὴ Καίσαρα) 하고 외치기 때문이다. 그들은 그리스도와의 관계를 거부하며 나아가 하느님과의 관계까지 거부한다. 이스라엘의 구약 전통에서는 주님만이 이스라엘의 유일한 임금이시다(1사무 8,7; 12,12). 그런데 지금 지도자들은 그들의 유일한 임금이 이방인 황제라고 선언한다. 로마 황제에게 자신들의 충성을 선언함으로써 그들은 아주 확실하고 완벽하게 그리스도를 거부하였고, 그들의 하느님을 배반하였다.

16절

빌라도는 결국 그들의 요구에 굴복하였다. 자신들에게는 율법이 있어서,

이 율법에 따르면 그자는 죽어 마땅하다고 외치더니, 이제는 자기네 임금은 황제뿐이라며 수단 방법을 가리지 않고 집요하게 예수님의 피를 요구하는 그들에게, 예수님을 넘겨주고 재판을 끝냈다. "그리하여 빌라도는 예수님을 십자가에 못 박으라고 그들에게 넘겨주었다. 그들은 예수님을 넘겨받았다."

총독 관저와 재판석 18,28; 19,13

안토니아 요새는 헤로데 대왕이 하스모네아 시대의 군사시설로 추정되는 바리스(Baris) 터에 건설한 병영兵營으로, 기원전 31년 악티움 해전에서 옥타비아누스에게 패전하고 죽은 마르쿠스 안토니우스에게 헌정한 요새다. 성전 산과 벳자타 못 근처, 도성의 북동쪽으로 뻗은 큰 성벽(제2성벽) 동쪽 끝에 있다.

전승에 의하면 안토니아 요새 주변이 후에 프라이토리움이 되었다고 한다. 근처(현재 십자가형 언도를 받으신 성당과 시온 수녀원)에서 로마 판석이 깔린 구역이 발견된 사실에 근거하여 예수님을 체포해 갔던 장소가 빌라도 시대 이전에 건축되었다고 본다. 로마 판석으로 포장된 도로를 그리스어로 리토스트로토스(λιθόστρωτος)라고 부른다. 그런데 현대 고고학은 이 판석들이 하드리아누스에 의해 2세기에 건설된 아일리아 카피톨리나 건축의 일부로 포룸의 동쪽 부분이라고 밝혔다. 포룸의 위치는 원래 하스모네아 왕가가 건설한 아주 큰 야외 못인 스투루티온 못(Struthion Pool)이었다. 1세기의 유다인 역사가 요세푸스가 당대의 큰 요새라고 언급했던 이 못의 흔적은 현재 하드리아누스의 판석 근처에 남아 있다. 그러니 안토니오 요새의 판석은 예수님 시대보다 훨씬 후대의 것이다.

그리스어로 프라이토리온(πραιτώριον)은 로마 속주의 행정 책임자가 머무는 관저로서, 예수님 당시 공식 관저는 지중해 연안 카이사리아에 있었다. 요세푸스와 기원 전후의 유다인 철학자 필로의 기록에 의하면, 로마의 행정관은 예루살렘에 오면 헤로데 궁전에 체류하였고 외부 포장도로에서 재판을 행하였다. 요세푸스는 이 자리가 서쪽 언덕(당대 상부 도시) 위, 현재 야파 문 요새 모서리 헤로데 궁전에 있었다고 한다. 현대 고고학자들은 1세기에 행정관(후일 총독) 관저가 도성 북동쪽의 안토니아 요새 자리보다는 도성의 정반대 쪽인 서쪽 언덕에서 다시 발견된 옛 헤로데 궁전 자리에 있었다고 추정하는 추세이다. 헤로데 궁전 발굴의 결과물이 나오기 시작한 이후 '현대 성서와 고고학 뉴스'에는 다음과 같은 기사가 게재되었다. "빌라도는 특히 유다인 축제 기간에 예루살렘에 오면, 도성 서쪽에 위치한 헤로데 궁, 프라이토리움(praetorium)이라 알려진 곳에 체류하였다. 라틴어 프라이토리움은 군대의 사법행정 공간이나 궁전을 가리키는데, 예루살렘에서는 북쪽 군막사를 포함하여 남쪽 군병영 모두를 포함한 건물 전체를 지칭한 것으로 보인다"[심온 깁손(Shimon Gibson)의 글, *Bible History Daily*, 2016년 1월 3일자 참조].

헤로데 시대의 예루살렘 제2성벽과 성전 주변

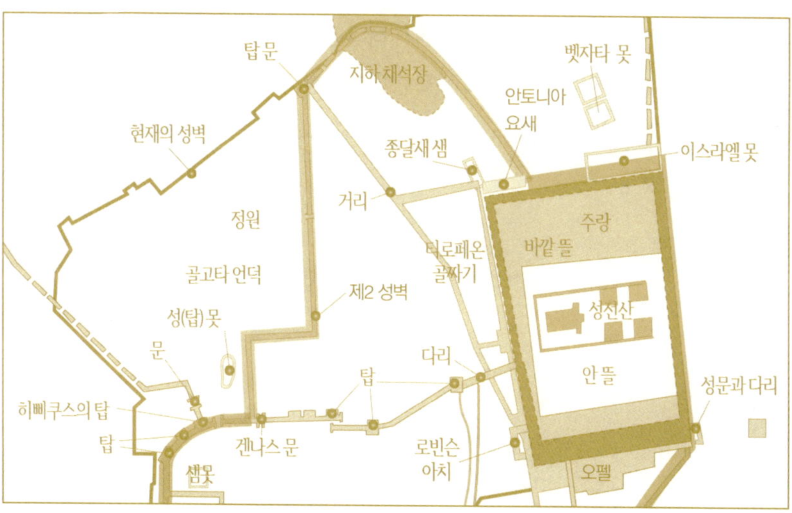

출처: 영원한도움 성서연구소 편저, 《성경지도》, 지도 133 중 그림 11(부분).

바리스(그리스어 *Baris*)

출처: 영원한도움 성서연구소 편저, 《성경지도》, 그림 11-2.

처음에는 군사적 목적 때문에 성전 산을 남쪽으로 확장하여 정사각형 형태를 이루었을 터인데, 후대에 이것이 성전 산 자체에 편입되었다. 이는 아마도 히르카노스 1세(기원전 134-104년)가 성전 산 북쪽에 바리스를 건설하였을 때의 일일 것이고, 바리스가 군사 기능을 담당하게 되었을 것이다. 당시 정치 상황에서는 지역 주민들의 조절이 문제가 아니라 외적을 방어해서 성전 산을 보호해야 했다. 성전 산은 대부분 북쪽에서 공격을 받아 왔다. 바리스는 여러 개의 탑으로 구성되었는데, 그 중 하나가 스트라토의 탑이었다. 워렌(Warren)은 이것을 타디 문(Tadi gate)과 연결시켜 추측했다. 바리스 요새에서 타디 문을 편입하면서 스트라토의 탑은 성전 산 북쪽 벽에 기대어 건설되었을 것이라고 본다.

헤로데가 기원전 37년에 성전 산을 점령하고 이곳을 재건축하여 안토니아 요새라고 불렀다.

4. 골고타 19,17-42

1) 십자가에 못 박히시다 19,17-27

17-22절

예수님은 몸소 십자가를 지시고 '해골 터'로 가셨다(17절). 공관복음서는 예수님을 끌고 가다가 키레네 사람에게 십자가를 지게 했다고 하여 예수님이 십자가를 친히 지셨음을 간접적으로 표현한다. 그러나 요한 복음서에서 십자가는 주님께서 그 위에 높이 올려질 왕좌라는 의미를 지니기 때문인지, 요한은 그분 친히 십자가를 지셨다는 사실을 명시하여 강조한다. 그렇다고 해서 이것이 예수님이 몹시 기진하시어 시몬의 도움을 받게 되었다는 사실과 모순되는 이야기는 아니다.

'몸소 십자가를 지시고 나가셨다'(바스타존 헤아우토 톤 스타우론 엑셀텐 βαστά ζων ἑαυτῷ τὸν σταυρὸν ἐξῆλθεν). 여기서 십자가는 가로 막대를 가리킨다. 세로 기둥은 사형장에 고정되어 있었다고 한다. '나가셨다'는 말은 이 해골 터(골고타 Γολγοθα)라고 불리는 곳이 성 밖에 있었음을 시사한다. 헤로데 시대에 쌓은 성벽 밖이다.

거기에서 그들은 예수님을 십자가에 못 박았다(호푸 아우톤 에스타우로산 ὅπου αὐτὸν ἐσταύρωσαν). 복음사가는 최대한 간결하게 이 사실을 기술했다. 다만 다른 두 명이 더 처형되었다는 사실을 전하는데, 예수님을 가운데로 하여 이쪽 저쪽에 하나씩 못 박았다. 여기서 십자가형에 처해진

다른 두 사람은 예수님을 중앙에 자리하게 함으로써 그분을 더 드러나게 한다. 이어지는 구절로 초점이 모아진다. 예수님 십자가 위에는 빌라도가 명패를 달았다. "거기에는 '유다인들의 임금 나자렛 사람 예수'라고 쓰여 있었다"(19절). 재판 내내 빌라도는 예수님의 제왕 신분에 집중하고 그것을 강조하였는데, 지금도 그 진실을 알리는 데 무척 열중한다. 당시 팔레스티나 로마 속주에서 통용되는 언어인 히브리어, 라틴어, 그리스어를 다 사용하여 표현하였다.

한글	유다인들의 임금 나자렛 사람 예수
히브리어	יֵשׁוּעַ הַנָּצְ רִי מֶ לֶךְ יְהוּדִ יֵא(예수아 한나츠리 멜렉 여후다예)
라틴어	Iesus Nazarenus Rex Iudaeorum(예수스 나자레누스 렉쓰 유다이오룸)
그리스어	Ἰησοῦς ὁ Ναζωραῖος ὁ βασιλεὺς τῶν Ἰουδαίων(예수스 호 나조라이오스 호 바실레우스 톤 유다이온)

유다인들, 특히 수석 사제들은 이 일에 또 개입을 하려고 빌라도에게 항의한다. "'유다인들의 임금'이라고 쓸 것이 아니라, '나는 유다인들의 임금이다.' 하고 저자가 말하였다고 쓰시오"(21절). 빌라도는 총독의 권위로 그들의 요구를 묵살한다. "내가 한번 썼으면 그만이오"(22절).

이 대목은 예수님의 십자가 수난을 기록한 부분이다. 이 장면에서 움직이는 사람들은 빌라도 측과 유다인들이다. 예수님이 유다인들의 임금이라고 한 것을 빌미로 삼아, 유다인들은 빌라도에게 몰려가서 예수님께 사형 선고를 내리도록 하였다. 그런데 유다인들, 특히 수석 사제들은 예수님이 하느님의 아들이기에 기필코 죽이려 하였고, 빌라도는 유다인의 임금이라는 칭호 때문에 사형선고를 내렸다. 빌라도는 그분이 무죄임을 알고 있었고, 로마인이 두려워하거나 문제 삼을 정치적 요소가 그에게 없음을 알고 있었다. 그러나 유다인의 계략으로 사형선고를 내릴 수밖에 없었기에, 유다인이 그토록 인정하기 싫어하면서도 제공한 빌미인 '유다인들의 임금'이라는 칭호를 죄목으로 모두가 읽을 수 있도록 세 가지 언어로 써서 십자가에 부착한 것이다. 결국 당시 팔레스티나 세상의 최고 수장인 총독 빌라도가 예수님이 유다인들의 임금이라고 만천하에 공포한 셈이다. 유다인들은 예수님이 십자가에 들어 올려지는 데 결정적인 역할을 하였다.

그래서 그곳을 지나는 많은 유다인이 그것을 읽게 됨으로써 예수님이 임금이시라는 사실이 모두에게 선포된 것이다. 십자가에 못 박히신 예수님을 임금으로서 세상에 알리는 것은 예수님의 말씀이 이미 실현되기 시작하는 것을 가리킨다. 말씀하신 대로 예수님이 땅에서 들어 올려지셨으니 모든 사람을 당신께로 이끌어 들일 것이고, 이 민족만이 아니라 흩어져 있는 하느님의 자녀들을 하나로 모으실 것이다(10,16; 11,52; 12,32).

23-24절

요한의 고유한 수난 이야기는 계속된다. 십자가 아래에서 '유다인들의 임금'이라는 명패와 예수님의 신분을 놓고 빌라도와 수석 사제 사이에 언쟁이 벌어지는 동안, 군사들은 예수님의 옷을 나누어 가진다. 예수님의 옷을 네 몫으로 나누어 가졌다는 사실을 통해 사형 집행조가 군인 네 명인 것을 확인할 수 있고, 예수님이 몸에 걸쳤던 의복 종류도 네 가지임을 짐작할 수 있다. 두건, 어깨 망토(탈리트), 허리에 두르는 띠, 그리고 샌들로 추정한다. '솔기가 없이 위에서부터 통으로 된' 속옷은 그 위에 망토나 허리띠를 걸칠 수 있는 긴 옷으로, 튜닉(키톤 χιτών) 종류를 말하는 듯하다. 레위기에서 아론과 그의 아들들에게 입혔다는 사제 옷 가운데 저고리(레위 8,7.13)가 히브리어로 쿠토네트(כֻּתֹּנֶת)인데, 이것을 긴 셔츠 또는 속옷이라 한다. 이 말을 그리스어로 옮기면 튜닉이다. 창세기에서 야곱이 요셉에게 지어 입힌 저고리라는 것도 바로 이 쿠토네트인데, 다른 아이들과 달리 긴 저고리를 지어 입혔다고 하니 아마도 무릎 아래로 내려오는 긴 튜닉이었을 것이다. 바느질이 많이 발달하지 않은 고대에, 강한 햇빛을 피하도록 쉽게 만들 수 있는 옷 종류이다. 사형수에게 속한 물건은 집행자가 처리하는 권한이 있었다 하니 그런 것은 찢어서 천으로 팔거나 그냥 사용했나 보다.

그런데 여기서 관건은 "이것은 찢지 말고 누구 차지가 될지 제비를 뽑자"라고 말하며 제비를 뽑아 가졌다는 것이다. 복음사가는 시편 22,19에 나오는 "제 옷을 저희끼리 나누어 가지고 제 속옷을 놓고서는 제비를 뽑습니다"라는 말씀이 실현되는 상황을 전하며, 이야기된 사실들이 실제임을 확인시킨다. 초대 그리스도교의 전통에서 통으로 짠 예수님의 옷은, 그렇게 많은 고기를 담고도 찢어지지 않은 베드로의 그물처럼(21,11) 교회 일치의 상징이었다. 17장에 나오는 예수님 기도의 핵심에는 제자들과, 미래에 제자가 될 사람들의 일치를 위한 탄원이 있다(17,11.22-24). 예수님은 대사제에게 신문받으실 때 그분의 가르침에 대해서 알고 싶다면 그것을 들은 이들에게 물어보라고 말씀하셨다(18,19-21). 여기에는 제자들이 자신들을 위한 예수님의 기도를 들었다는 전제가 들어 있다. 이 구절에 대해 교부들은 그들이 그것을 나누어 가졌다고만 하지, 그들이 찢지 않았다고 표현하는 것에 주목한다. 교부들은 이 통옷이 예수님의 말씀을 들은 이들, 곧 제자 공동체를 상징한다고 본다.

25-27절

복음서는 이제 주의를 돌려 십자가에 올려진 예수님과 그분 주변 사람들에 주목한다. “예수님의 십자가 곁에는 그분의 어머니와 이모, 클로파스의 아내 마리아와 마리아 막달레나가 서 있었다”(25절). 십자가 아래에 몇 명의 여제자들이 있었다는 이야기는 공관복음서에도 나오는 전통적인 보고이다. 그런데 예수님의 어머니와 예수님이 사랑하시던 제자에 대한 언급은 요한 복음서에만 나온다. 공관복음서에서는 그들이 전혀 언급되지 않으며 또 그 여제자들도 멀리서 바라보고 있었다고 쓰여 있다. 또한 요한 복음서만이 예수님이 십자가에 달려 계신 동안 어머니께서 그 앞에 있었다고 전한다. 어머니를 비롯한 여인 넷이 십자가 곁에 서 있다. 공관복음서와 이름에 다소 차이가 있어서 그들이 정확히 누구인지 밝힐 수는 없으나, 십자가 가까이에 있는 그 여인들의 존재는 고통을 받으시는 예수님의 십자가 곁에서 사형을 집행하고 옷가지를 나누어 가지는 군사 네 명과 대조를 이루며, 그들의 기세를 누그러뜨리기라도 할 듯한 분위기를 형성한다.

한편 십자가 위의 예수님은 당신의 일을 계속하신다. 이제 당신의 어머니와 사랑하시던 제자 사이에 관계를 맺어 주신다. 예수님과 가장 가까웠던 사람들, 그분이 사랑한 사람들, 그분이 누구신지를 알고 믿고 따랐던 사람들, 그분을 진정으로 사랑한 사람들, 그분의 십자가 아래 머문 그들 사이에 새로운 관계를 열어 주신다. 엄밀하게는, 믿고 따르는 차원에 충실한 제자를 다른 차원, 곧 사랑으로 깨닫고 함께 살아가는 관계로 옮겨 주시는 것이다.

복음서가 여기서 전하는 장면은 역사적 요소를 아주 깊은 상징적 차원에서 다시 읽고 해석한 부분이다. 복음서는 여기서 중요한 교회론적 의미를 밝힌다. "예수님은 당신의 어머니와 그 곁에 선 사랑하시는 제자를 보시고, 어머니에게 말씀하셨다. '여인이시여, 이 사람이 어머니의 아들입니다.' 이어서 그 제자에게 '이분이 네 어머니시다.' 하고 말씀하셨다"(26-27ㄱ절). 그분의 어머니(ἡ μήτηρ αὐτοῦ)는 예수님이 공생활을 시작하며 행하신 첫 표징인 카나의 혼인 잔치에 등장하였고(2장), 이제 공생활의 마지막 사건인 십자가 아래에 등장한다(19장). 두 장면은 예수님 어머니의 등장이라는 공통점과, 공생활의 시작과 끝이라는 요소로 교차 대구를 이룬다. 2장에서 예수님은 의미심장하게 어머니를 '여인이시여'라고 부르셨는데, 이곳에서 다시 어머니에게 '여인이시여, 자, 당신의 아들입니다'(귀나이 이데 호 휘오스 수 Γύναι, ἴδε ὁ υἱός σου)라고 말씀하시고, 그 제자에게는 '자, 네 어머니시다'(이데 헤 메테르 수 ἴδε ἡ μήτηρ σου)라고 하신다. '여인'이라는 호칭은 지금 하시는 말씀이 어머니와 아들의 관계에 바탕을 두지 않고, 주님이자 메시아로서 선언하고 계심을 드러낸다. 이 짧은 세 개의 절(25-27절)에 '어머니'(메테르 μήτηρ)라는 단어가 5회 반복하여 나타나고, '아들'(휘오스)이라는 단어 역시 어머니를 내포하고 있어서 '어머니'가 중심 주제로 확실하게 드러나도록 한다. 2장에서는 예수님의 어머니가 주도하여 사람들이 예수님의 말씀을 듣고 따르게 되었는데, 19장에서는 예수님이 주도하여 누구도 예상하지 못한 말씀으로 어머니와 제자의 관계를 맺어 주신다.

사랑하시는 제자는 예수님을 처음 따라나선 때부터 시작하여 예수님의 가르침(말씀)을 듣고 그분이 행하시는 표징과 행적을 보면서 매일매일, 어디든지, 예수님을 따르다가 여기 십자가 아래까지 와 있다. 예수님께 사랑을 받게 된 것은 그의 족적과 상관이 있으리라. 그는 다른 모든 제자들이 두려움에 도망쳤을 때도 스승과 함께 하였다. 이제 스승이 죄인으로 죽어가는 십자가 아래에서 그 따름은 절정에 이르고 변화를 맞게 된다. 최후의 만찬 자리(13,23)에서 뜬금없이 '예수님이 사랑하시는 제자'라는 이름으로 나타났던 이유와 근거를 지금 십자가 아래에 선 그의 존재가 알려 준다. 그 귀결인 듯 그는 제자의 표본으로 예수님 어머니의 아들이 된다.

예수님의 어머니와 예수님이 사랑하시는 제자가 모자母子 관계가 되는 것은 어떤 의미가 있을까? 18-19장의 '제자들과 그분의 가르침' 이라는 맥락에서 숙고하면, 사람들은 이제 예수님의 가르침을, 그것을 들은 사람들, 곧 제자들을 통해서 듣게 될 터이다. 제자들의 일치는 그래서 더욱 중요하게 되고, 이것은 통으로 된 옷의 상징으로 다시 부각되었다. 예수님에게서 들은 말씀을 기억하고, 숙고하고, 전달하고, 선포하는 것은 제자들의 중요한 소명이 될 것이다. 이 소명을 지닌 제자들과, 사람들을 예수님께 보내며 "무엇이든지 그가 시키는 대로 하여라"(2,5)라는 지침을 주셨던 예수님의 어머니는, 이제 어머니와 아들의 관계로 맺어졌다. 예수님은 십자가 아래에 있는 그 제자를 제자의 전형으로 삼으셨다. 그의 특징은 예수님이 사랑하신다는 것이고, 그는 그분께 충실하게 응답하여 늘 그분 뒤를 따르며 십자가 아래까지 왔다는 것이다. 제자들은 말씀을 대하는 태도, 말씀을 품고 세상에 내놓는 과정을 예수님의 어머니께 배워야 한다. 예수님의 어머니는 제자들의 어머니가 되시어, 제자들이 예수님께 들은 말씀을 전하고 행하는 데에 언제든지, 무엇이든지, 그분의 말씀에 따라 하도록 동반해 줄 것이다. 이것은 예수님이 메시아로서, 임금으로서, 하느님의 아들로서 십자가 위에서 주신 복이고 선언이다.

여기서 예수님은 당신의 어머니 마리아를 교회의 어머니로 선언하신 것이다. 이 말씀을 통해, 예수님의 어머니는 그리스도 제자의 전형이 되는 바로 그 제자의 어머니가 되셨다. 예수님이 사랑하시던 제자는 믿는 이의 전형이요, 예수님 제자의 전형으로서 교회를 상징한다. 마리아는 하느님의 아들에게서 교회의 어머니로 불렸다. 예수님은 십자가의 왕좌 위에서, 임금으로서 당신의 사람들 사이에 관계를 맺어 주셨다. 카나의 혼인 잔치에서 예수님은 당신의 때에 대해서 말씀하셨다. 바로 지금이 예수님이 말씀하신 그 '때'이다. 이제 마리아가 예수님과 제자들 사이에서, 교회에서, 어머니 역할을 하셔야 할 때가 열리는 것이다. 예수님은 카나에서 어머니의 청을 들음으로써 공생활을 시작하셨음을 주의 깊게 볼 필요가 있다. 이 두 대목은 서로 밀접하게 연결되어 있으며 서로 그 의미를 밝혀 주고 있다.

여기서 유의할 요점이 있다. 19,4-7에서 빌라도는 예수님의 무죄를 밝히나 유다인들은 예수님이 자신이 하느님의 아들이라고 하였기 때문에 반드시 죽어야 한다고 주장하였다. 그리고 예수님이 처형되는 데 적용된 실질적인 죄목은 유다인들의 임금이라는 정치적인 근거다. 그런데 요한 복음서는 수난 이야기의 첫머리에서 예수님이 체포된 직후 대사제가 한 첫 신문은 예수님의 제자들과 그 가르침에 대한 것이었다고 증언하였다. 그리고 지금 십자가 아래 수난의 마무리, 공생활의 마무리에 다시 예수님과 제자 이야기가 집중 조명을 받고 있다. 요한은 예수님과 제자 관계의 이야기 안에 수난과 죽음 이야기를 담고 있다.

"그때부터 그 제자가 그분을 자기 집에 모셨다"는 구절에 대한 학자들의 해석은 분분하다. 문제가 되는 말은 '에이스 타 이디아'(εἰς τὰ ἴδια)인데, 이디아는 '자신의 소유에, 자기에게 속하는 것에, 개인적인' 등의 의미군에 포함되는 단어이다. 어떤 이들은 이것을 집이라고 해석하고 어떤 이들은 자신의 어머니로 받아들였다고 해석한다. 부양의 의미로 해석하는 경향도 있다. 여기서 "모셨다"(엘라벤 ἔλαβεν)에 쓰인 람바노(λαμβάνω) 동사가 요한 복음서에서 사람을 대상으로 할 때는 신앙 안에서 '받아들인다'는 뜻을 가진다. 그래서 그 제자는 예수님의 어머니를 정신적으로 자신의 어머니로 받아들였다고 해석할 수 있다. 여기서 중요한 것은 제자가 예수님의 말씀에 아무런 조건 없이 순명했다는 것, 중언부언 없이 예수님의 말씀을 수락하고 이행했다는 사실이다. 복음서는 아주 간략한 서술로써 이것을 부각시킨다.

이 일을 전하고 나서 복음서는 다음 절에서 "이미 모든 일이 다 이루어졌음을 아신 예수님은"이라고 하며 지상에서의 마지막 순간을 전한다. 요한 복음서는 예수님이 이 세상에서 하신 마지막 일이 당신의 어머니와 사랑하시는 제자를 당신 안에서 하나로 엮으신 일이라고 분명하게 증언한다.

2) 숨을 거두시다 19,28-37

이제 예수님께 남은 마지막 일은 이 세상에 파견되어 오신 사명을 완수하는 일이다. 그분은 당신이 도달해야 하는 지점이 어디인지, 거기에 이를 때 아버지께로부터 파견되어 이 세상에서 이루셔야 하는 일이 끝난다는 것을 다 알고 계셨다. 복음사가는 성경 말씀이 이루어지고 있음을 강조한다. 예수님에 대해 증언하는 이는 예수님이 손수 하신 일들과 말씀, 그리고 아버지와 그분에 대해 쓴 성경, 그것들을 통해 실재를 확인하는 것이다.

28-30절

예수님이 돌아가신 사건의 핵심은 말씀의 성취와 완성에 있다. 요한 복음사가는 공관복음서와 달리 그분이 십자가 위에서 받으신 모욕도, 십자가 위에서 외치신 소리도 전하지 않는다. 다만 거기서 신포도주를 마신 일은 성경 말씀의 완전한 실현이라는 테두리 안에서 이야기한다. "그 뒤에 이미 모든 일이 다 이루어졌음을 아신 예수님은"이라는 첫머리는 '하느님의 아들은 모든 것을 아신다'는 요한 복음서 그리스도론의 특징을 거듭 강조한다. '닥쳐오는 모든 일을 아시는'(18,4) 그분은 이제 모든 것을 완전히 이루셨음을 아신다(19,28). 그분은 계시하고 구원하는 일을 하시고(17,4) 완전히 하느님의 일을 이루셨다(4,34). 아버지께서 맡겨 주신 구원 사업을 완전히 이루셨기에 예수님은 영에게 교회를 넘겨주시기 위해 돌아가실 수 있다.

모든 사람의 갈증을 해소할 수 있고 당신의 신적 말씀으로 물을 마시게 하시는(4,14; 7,37-38) 분이 갈증을 느끼신다. "목마르다"(딥소 διψῶ). 이 갈증은 피를 많이 쏟은 사람에게 흔히 나타나는 탈수 현상인데, 예수님이 그 고통을 겪고 계시다. 이는 또한 아주 깊은 그리스도론적 의미를 지니고 있다. 요한 복음서에는 '목마름'이라는 주제가 전체적으로 면면히

흐른다. 사람들은 참된 삶, 영원한 생명, 하느님에 대한 갈증을 지니고 산다. 하느님의 아들, 메시아(그리스도) 예수님의 갈증은 그런 사람들에 대한 갈증, 곧 당신의 사람들을 부르시는 말씀이라고 해석할 수 있다. 실상 그분이 사마리아 여인을 구원으로 부르시고는 음식을 들었다고 표현하셨던 것(4,32)과, 키드론 골짜기 건너편 정원에서 "아버지께서 나에게 주신 이 잔을 내가 마셔야 하지 않겠느냐?"(18,11) 하고 말씀하셨던 것을 상기해 볼 수 있다. 그분은 아버지께서 주신 잔을 마셨다. 그분의 목마르다는 말씀이 우리의 기억을 일깨운다.

거기에는 신 포도주가 가득 담긴 그릇이 놓여 있었고, 사람들이 신포도주를 적신 해면을 우슬초 가지(휘쏘포스 ὕσσωπος = 아구다트 에쫍 אֲגֻדַּת אֵזוֹב)에 꽂아서 입에 대 드렸다고 한다. 여기서 독자는 예수님이 파스카 양으로서 하시는 역할과 우슬초의 명시적인 언급 사이에 어떤 연계를 감지할 수 있다. 탈출 12,22-23은 이집트 탈출의 순간에 이스라엘이 우슬초를 사용하여 출입문 상인방에 피를 바르도록 지시한다. 예수님이 죽음을 통하여 "건너가는"(메타바이노 μεταβαίνω 13,1) 순간에 우슬초가 그분께 제공되었다.

예수님의 말씀이나 행적이 기억되고 그것이 성경 말씀의 실현임을 확인하게 되는 상황이 요한 복음의 곳곳에서 나타난다(2,17; 15,25). 여기에서도 "그들은 저에게 … 목말라할 때 초를 마시게 하였습니다"(시편 69,22)라는 말씀의 실현을 확인한다. 이것은 예수님이 "다 이루어졌다"(테텔레스타이 Τετέλεσται) 하고 말씀하실 때 절정에 다다른다. 이 말씀은 거의 승리에 가까운 성취의 환호다. 아버지께서 그에게 주신 임무(4,34; 5,36; 17,4)가 이제 완벽하게 종결되었다. 이어지는 30ㄴ절에서 예수님의 이 말씀이

확인된다: "이어서 고개를 숙이시며 숨을 거두셨다"(카이 클리나스 텐 케팔렌 파레도켄 토 프네우마 καὶ κλίνας τὴν κεφαλὴν παρέδωκεν τὸ πνεῦμα).

이 마지막 순간을 공관복음서와 비교하면 요한의 독특한 면이 부각된다. 마태오는 '숨을 거두셨다'(아페켄 토 프네우마 ἀφῆκεν τὸ πνεῦμα)에서 아피에미 동사(ἀφίημι 거두다, 놓다, 풀다)를 사용하였다(27,50). 마르코 역시 같은 동사를 사용하였다(15,37). 루카는 "'제 영을 아버지 손에 맡깁니다.' 이 말씀을 하시고 숨을 거두셨다"(παρατίθεμαι τὸ πνεῦμά μου. τοῦτο δὲ εἰπὼν ἐξέπνευσεν)라고 하였다. 여기서 '영을 맡기는 것'에는 파라티테미(παρατίθημι) 동사를, '숨을 거두다'에는 에크프네오(ἐκπνέω) 동사를 사용하였다. 이 차이를 근거로 몰로니는 요한의 "파레도켄 토 프네우마"는 죽음을 알리는 완곡어법이 아니라고 하며, 본문은 '숨을 거두셨다'(gave up his spirit)라고 말하지 않았다고 단언한다. 요한이 사용한 파라디도미(παραδίδωμι)는 "그가 죽음에 이르기까지 자신을 버리고(παραδίδωμι) 무법자들 가운데 하나로 헤아려졌기 때문이다"(이사 53,12)라는 구절 중 '자신을 버리고'에 쓰인 동사와 같은데, 자발적으로 내놓는다는 의미이다. 루카처럼 '아버지께' 영을 맡긴다고 대상을 명시하지는 않았지만, 영혼을 넘겨 맡긴다는 의미를 가진다. 그리스도의 죽음이라는 완전한 방법으로 죄 많은 인류를 위한 아버지의 사랑과 당신의 사랑을 보여 주시면서(17,4) 하느님께서 당신께 맡기신 일을 다 마치셨다. 그래서 영을 넘겨주시면서 마칠 수가 있다. 따라서 요한의 "파레도켄 토 프네우마"는 '영을 넘기셨다'의 뜻으로 보는 것이 적절하다.

결국 요한 복음사가는 이 표현으로 단순히 예수님의 죽음을 전하는 것만 아니라 태어나고 있는 교회에 주시는 성령의 선물을 암시한다. 부활

날에 예수님은 제자들에게 못에 뚫린 손과 발을 보여 주시고 나서 "성령을 받아라" 하시며 숨을 불어넣으실 것이다(20,20.22). 그러니 교회에 성령의 선물이 주어지는 것은 그리스도의 때를 형성하는 죽음과 부활에 연관되어 있다. 주님의 죽음은 지상에서의 마지막 날을 닫으면서 새로운 시대를 약속한다.

31-37절

이어지는 절에서 이 사건이 진행되고 있는 때의 배경이 축제의 시간으로 제시되는데, 십자가에서 돌아가신 예수님이 이 대목에서는 파스카 양으로 소개된다. 이것은 이미 요한 복음사가의 전체적인 작품 구도 안에서 1장에 두 번(1,29.36)이나 반복되어 나왔다. "하느님의 어린양이시다." 복음사가의 그리스도론을 염두에 두고 31절과 36절을 연관시켜 볼 때 그것은 아주 뚜렷이 드러난다

31절: 그날은 준비일이었고 이튿날 안식일은 큰 축일이었으므로, 유다인들은 안식일에 …

36절: "그의 뼈가 하나도 부러지지 않을 것이다." 하신 성경 말씀이 이루어지려고 이런 일들이 일어난 것이다.

31절에서는 안식일을 가리키는 말이 '준비일, 안식일, 큰 축일'로 세 번이나 표현을 달리하며 반복되어 강조되었다. 복음사가가 이 일을 온전히 전례적 테두리 안에서 다루고 있음을 알 수 있다. 또 36절은 파스카 양에 관한 언급이 나오는 다른 곳에서 그 자취를 찾을 수 있다.

"아침까지 아무것도 남겨서는 안 된다"(탈출 12,10).

"뼈를 부러뜨려서도 안 된다"(탈출 12,46).

"아침까지 아무것도 남겨서는 안 되고, 뼈를 부러뜨려서도 안 된다"(민수 9,12).

요한이 뿌리를 박고 있는 구약성경의 전통에서 예수님은 세상의 죄를 없애기 위하여 희생되는 어린양이시다. 그분은 뼈가 하나도 부러지지 않은 완전한 파스카 양이시다.

또한 유다인들은 시체를 나무에 단 채 밤을 보내지 말라는 법을 지키기 위해서 애를 쓴다("그 주검을 밤새도록 나무에 매달아 두어서는 안 된다. 반드시 그날로 묻어야 한다": 신명 21,23). 더구나 파스카 전날 밤이니 이 법을 더욱 지키려는 것이다. 그래서 그들은 예수님이 아직 안 죽었을 테니 다리를 꺾어서 죽게 하여 나무에서 치우게 해 달라고 빌라도에게 청한다. 그러면 몸무게 때문에 쳐져서 숨이 막혀 죽기 때문이다.

그래서 군인들이 와서 다른 두 사람의 다리를 꺾어서 죽게 하였고 예수님께 와서는 이미 숨지셨음을 보았다. "예수님께 가서는 이미 숨지신 것을 보고 다리를 부러뜨리는 대신, 군사 하나가 창으로 그분의 옆구리를 찔렀다. 그러자 곧 피와 물이 흘러나왔다"(33-34절). "피와 물이 흘러나왔다"(엑셀텐 에우튀스 하이마 카이 휘도르 ἐξῆλθεν εὐθὺς αἷμα καὶ ὕδωρ). 복음서는 독자가 세례성사의 '물'(3,5)과 성체성사의 '피'(6,53.54.55-56)에 대해 이미 알고 있음을 전제한다. 물론 예수님 당시의 청중들뿐 아니라 요한 공동체도 이미 세례성사와 성체성사를 체험하였던 것이며, 복음서는 이 체험과 기억이 십자가와 연계되어 있음을 알려 준다. 요한의 수난 이야기는 예수님께 무슨 일이 일어났는지를 전할 뿐만 아니라, 이것이 당대와 후대 공동체에 어떤 효과를 내고 있는지에 대해서 말하고 있다.

35절에서 갑자기 화자가 적극적으로 개입하여 그의 증언은 참되다고 설명하는데, 이것은 그의 공동체 내에 물리적, 역사적으로 예수님이 계시지 않기 때문이라고 본다. 곧 일차적으로 로마 군인들에게, 나아가 독자들에게도 예수님이 숨지셨음을 확실하게 증언한다는 것이다. 화자는 이 사실의 증언에 무게를 싣는다. 이와 병행되는 구절은 전혀 찾아볼 수 없다. 이 일들을 다른 세대에 전하는 화자의 관심사는 "여러분이 믿도록"(35절)에 집중되어 있다. 믿어야 하는 아주 중요한 사실임을 강조하며, 그 분 옆구리에서 나온 피와 물은 복음서의 독자들에게 깊은 의미가 있음을 암시한다. 화자는 십자가에 못 박히신 예수님에게서 피와 물이 흘러나왔다는 사실에 대해 독자들이 의혹을 갖지 않도록 증언의 진실성을 분명히 한 것이다.

예수님의 옆구리에서 나온 물과 피의 이야기를 통해서 복음사가가 전하고자 하는 바는, 그분의 죽음이 지닌 의미를 깨닫고 살아야만 영원한 생명을 얻는다는 것이다. 그분의 옆구리에서 물이 흘러나온다. 이것은 살아 있는 물을 상징한다. 예수님 속에서 흘러나오는 물은 성경에서 말하는 생수의 강을 말하는데(7,38), 이는 십자가 위에서 하느님의 아들이 드러내시는 최고의 계시다. 옆구리에서 흘러나온 피는 영원한 생명을 얻기 위하여 마셔야만 하는 것으로(6,53 이하) 성체성사를 상징한다. 그래서 옆구리를 창에 찔려 피와 물을 쏟으시는 십자가의 예수님은 하느님의 사랑을 완전하게 계시하고 성체성사를 세우신 분으로, 구원과 생명의 샘으로 소개된다. 복음사가는 이것이 아주 중요한 의미를 지니고 있음을 알기에, 이를 목격자의 증언이라고 단언한다.

요한 복음서는 다른 성경구절도 인용한다. "또 다른 성경 구절은 '그들은 자기들이 찌른 이를 바라볼 것이다.' 하고 말한다." 여기에 인용된 성경 말씀은 주님께서 그 날에 뭇 민족을 벌하시고 다윗 가문과 예루살렘 주민들에게 은총과 위로의 영을 부으리니 그들은 자기들이 찌른 그를 바라보며 외아들이라도 잃은 듯, 맏아들이라도 잃은 듯 슬피 울리라는 즈카 12,10의 한 구절이다. 요한은 이렇게 예언된 구원의 말씀이 십자가의 예수님에게서 이루어졌다고 본다. 그분이 공동체에 물리적으로 부재하신다 해도 그들은 찔리신 분을 바라볼 수 있다. 하느님은 찔리신 분에게서 계시되고, 하느님의 이 계시는 세례성사에서 흐르는 물과 성체성사에서 쏟으시는 피로 계속된다. 교회 공동체는 이것을 기념하는 전례를 통하여 부재하는 분의 현존을 체험하게 된다.

요한은 예수님의 죽음이 유다인들의 계략에 의해서가 아니라 주님의 뜻에 따라 이루어졌으며, 예수님이 파스카 양으로서, 찔리신 분으로서 성경 말씀을 성취하셨다고 말한다. 예수님의 죽음은 곧 인류의 삶을 위한 것임을 성경 말씀으로 증명하는 동시에 그 계시가 현재에도 살아 있음을 증언하는 것이다.

3) 묻히시다 19,38-42

이 대목은 예수님이 십자가 위에서 돌아가신 뒤 내려져서 무덤에 안장되는 이야기이다. 여기서 복음사가는 예수님과 늘 함께 다니던 제자들이 아닌 다른 제자들이 예수님 곁에 있는 것을 보여 준다. 그리하여 주류가 아닌 맥락에서 활동하며 예수님과 관계를 맺고 있는 이들의 존재를 알리고, 또 다른 가능성을 열어 놓는다.

38-42절

"그 뒤에"라는 단어로 시작되는 이야기는 예수님의 장례를 치루는 새로운 장면을 보여 주는데, 예수님께 호의적이고 부드러운 분위기로 진행된다. 정황상 예수님의 어머니나 사랑받는 제자가 그 주변을 떠났을 리가 없건만 이 대목에서는 그들에게 주의를 기울이지 않는다. 이 맥락에서 "그 뒤에"라는 단어는 중요한 연결 고리다. 예수님의 어머니와 사랑하시는 제자를 새로운 관계로 맺어 주신 후에 "그 뒤에"가 한 번 나오고(28절), 예수님은 숨을 거두셨다. 그리고 그 단어가 다시 나오는데(38절), 이것이 바로 숨을 거두신 후로 연결되지는 않는다. 30-38절의 간격은 본문의 양으로도 많다. 31-37절은 십자가 위에서 죽으신 예수님의 이야기, 곧 그분의 죽음이 갖는 의미가 이야기된다. 30절 이후에 독자는 파국과 슬픔의 분위기에 들어가고, 좀 더 십자가의 예수님께 몰입되어 있었다면 곡성이 터져 나올 상황인데, 37절까지의 증언을 읽은 독자는 생생한 희망과 믿음으로 결연하게 그분을 바라볼 수 있는 분위기에 휩싸인다. 복음서는 이러한 분위기에서 예수님의 시신이 수습되고, 유다인들의 관습대로 간결하지만 정중하게 품위를 갖춰 장례가 치뤄지는 장면을 독자가 목격하게 한다.

십자가 아래에서 처음 보는 공동체가 움직인다. 40절에 나오는 '그들'은 아리마태아 출신의 요셉과 니코데모를 중심으로 한 이들을 일컫는다. 요셉은 유다인들은 모르는 사실이지만 예수님의 제자라고 한다. 니코데모는 독자들도 알고 있는 사람이다(3장). 그는 최고 의회 의원이거나 바리사이 무리에 속한다(7,45-52). 아마도 둘 다에 해당한다고 추정할 수 있다. 아리마태아 출신 요셉이 빌라도에게 가서 예수님의 시신을 수습하게 해달라고 청한다(38절). 이는 네 복음서에 모두 나오는 보고인데 요한 복음서의 고유한 편집에서는 그를 예수님의 제자로 소개하고, 공관복음서에서는 그를 경건하고 명망 있는 의회 의원으로 소개한다(마르 15,43). 니코데모는 몰약과 침향을 섞은 것을 백 리트라쯤 가져왔다. 백 리트라는 34 kg이다. 엄청난 양이라서 필사자의 오류라는 설도 있으나, 카나의 혼인 잔치에서 두세 동이 물독 여섯 개에 가득 담긴 포도주(2,6), 그리고 후에 '큰 고기' 백쉰세 마리(21,11)를 보면 요한 복음서가 큰 수를 선호하는 것으로 보인다. 아무튼 그들은 예수님의 제자들, 어쩌면 뒤로 빠져 있었다고 할 수 있는 제자들인데 그들이 나서서 예를 갖추어 예수님의 시신을 모신다. 자신들이 속한 세상에 몸담고 있으면서 먼발치에서 예수님을 따르던 제자들이 움직이는 모습을 보도록 복음사가는 안내한다. 공관복음서에 기술되지 않은 부분은 니코데모와 향료 부분이다. 예수님의 시신은 유다인들의 장례 관습에 따라, 엄청난 양의 향료가 발라지고 아마포로 감싸여져 새 무덤에 안치되었다. 유다인 풍습에 익숙하지 않은 독자들을 위한 기술이라고 본다.

복음사가는, 예수님의 무덤 근처에 정원이 있었고 거기에 아무도 장사 지낸 적이 없는 새 무덤이 하나 있었다고 전하며, 시간도 임박했기에 거기에 예수님을 모셨다고 한다. "그날은 유다인들의 준비일이었고 또 무덤이 가까이 있었으므로, 그들은 예수님을 그곳에 모셨다"(41-42절). 예수님은 체포되실 때에도 정원에 계셨는데(18,1) 지금 이 일이 일어나는 곳도 정원(케포스 κῆπος)이다. 두 장면에서 같은 단어가 사용되었다. 그 안에 있는 새 무덤에 모셨다는 말은 예수님의 시신이 매우 정중하고 정성스럽게 모셔졌음을 드러낸다.

제2장 예수님의 부활 20,1-31

20장은 "주간 첫날 이른 아침, 아직도 어두울 때에"라는 구절로 시작한다. 18-19장에서 예수님의 수난과 죽음 이야기가 장소의 이동에 따라 전개된다면, 20장은 시간을 가리키는 요소가 이야기에 활기를 주며 앞장과 전혀 다른 분위기를 묘사한다. 그러면서도 20장은 19장과 밀접히 연관된다. 19장은 13장에서부터 시작하여 예수님의 수난과 죽음을 다루는 하나의 큰 단락을 마무리하는데, 이 단락을 하나로 꿰는 데에도 시간적 요소들이 작용한다.

요한 복음서의 시작에서, 서곡이 울려 퍼진 후 육화한 말씀이신 예수님을 묘사하는 1장의 시간적 흐름은 완만했다. 요한의 증언으로 산문체의 이야기가 시작되고, 공생활 첫 일주간의 이튿날(1,29), 이튿날(1,35), 이튿날(1,43), 그리고 사흘째 되는 날(2,1)이 자세하게 찬찬히 묘사되었다. 그리고는 공생활 중의 첫 파스카를(2,13) 선두로 약 3년간의 이야기가 빠른 속도로 의미 있는 축제와 표징을 짚어 가며 전개되었다(2,13-11,57).

1,19	요한의 증언은 이러하다. 유다인들이 예루살렘에서 사제들과 레위인들을….
1,29	이튿날 요한은 예수님께서 자기 쪽으로 오시는 것을 보고 말하였다.
1,35	이튿날 요한이 자기 제자 두 사람과 함께 그곳에 다시 서 있다가,
1,43	이튿날 예수님께서는 갈릴래아에 가기로 작정하셨다.

2,1	사흘째 되는 날, 갈릴래아 카나에서 혼인 잔치가 있었는데, 예수님의 어머니도….
2,13	유다인들의 파스카 축제가 가까워지자 예수님께서는 예루살렘에 올라가셨다.

복음서는 끝 부분에 와서 공생활의 마지막 파스카를 중심으로 마지막 일주간의 일을 상세하게 기술한다. 파스카 엿새 전부터 시작된 이야기는 아주 가까이 따라 다니며 보고 들은 것처럼 낱낱이 기록된다. 파스카 전 이틀은 거의 시간 단위로 나타난다. 저녁(만찬), 밤(키드론 골짜기 건너편 정원), 동틀 무렵- 닭이 울 때(대사제의 저택), 새벽(총독 관저), 낮 12시쯤(판결받던 때), 파스카 준비일(돌아가신 날), 안식일, 주간 첫날 이른 아침, 주간 첫날 저녁의 이야기가 차례대로 소개된다(12-20장).

11,55	유다인들의 파스카 축제가 가까워지자, 많은 사람이 자신을 정결하게….
12,1	예수님께서는 파스카 축제 엿새 전에 베타니아로 가셨다.
12,12	이튿날, 축제를 지내러 온 많은 군중이 예수님께서 예루살렘에 오신다는 말을….
13,1	파스카 축제가 시작되기 전, 예수님께서는 이 세상에서 아버지께로….
18,27	베드로가 다시 아니라고 부인하자 곧 닭이 울었다.
18,28	카야파의 저택에서 총독 관저로 끌고 갔다. 때는 이른 아침이었다. 그들은 몸이 더러워져서 파스카 음식을 먹지 못할까….
19,14	그날은 파스카 축제 준비일이었고 때는 낮 열두 시쯤이었다.
19,31	그날은 준비일이었고 이튿날 안식일은 큰 축일이었으므로
20,1	주간 첫날 이른 아침, 아직도 어두울 때에 마리아 막달레나가 무덤에….
20,19	그날 곧 주간 첫날 저녁이 되자, 제자들은 유다인들이 두려워….

이제 20장은 "주간 첫날"이라는 구절을 통해 그날을 시작하는 날로 자리매김하고 주님의 부활 이야기를 전한다. '주간 첫날'은 초대 그리스도교의 전통에서 부활의 이야기로 알아듣는 공생활 첫 주간의 시간 부사 '사흘째 되던 날'과 반복구문을 형성한다. 주간 첫날에 일어난 이야기가 20장을 채우는데, 예수님이 돌아가시고 나서 유다인들이 치른 구약의 파스카에 대해서는 단 한 마디도 언급하지 않는다. 그 날은 완전히 비어 있는 날로 나타난다. "주간 첫날"은 새벽부터(20,1) 저녁 때까지(20,19) 하루의 시작과 끝에 있었던 일을 알린다. 20장은 새로운 시작을 여는 장이다. 주님께서 부활하시어 나타나신 날이다.

이 대목은 제자들에게 나타나는 부활하신 주님을 중심으로 세 단락과 맺음말로 나누어 볼 수 있다.

1-10절: 주간 첫날 새벽, 빈 무덤 발견과 두 제자의 빈 무덤 확인
11-18절: 막달라 여자 마리아가 뵌 부활하신 스승 주님
19-29절: 주간 첫날 저녁, 제자들과 부활하신 주님의 만남
30-31절: 맺음말

이 대목에서 부활의 목격자 마리아 막달레나가 촉매자 역할을 한다. 그는 제자들에게 예수님의 부활을 전하는 첫 증인으로 소개된다. 그는 예수님을 "나의 선생님"이라고 부름으로써 간접적으로 자신을 제자로 밝히는데, 요한 복음서의 제자관에 의하면 그는 틀림없이 제자 중의 하나이다. 복음서는 무엇보다도 마리아 막달레나가 부활하신 주님을 뵌 첫 제자라고 증언한다. 그는 예수님을 향한 충실한 사랑으로 무덤을 방문하

고, 부활하신 주님께서는 그에게 발현하신다. 이어지는 장면에서는 사도행전이 초대 공동체의 주요 인물로 소개하는 베드로와 요한이 나타나는데, 최후의 만찬석상에서도 나란히 등장했던 이들이다. 베드로와 요한이 부활하신 주님의 빈 무덤으로 함께 달린다. 다음 장면에서 이들과 함께 모든 제자를 일컫는 '제자들'이란 말이 나오며, 이들이 부활하신 주님을 뵙는 은혜를 받는 이야기가 서술된다. 그 다음에 주님께서 파견되었던 것처럼 제자들이 성령을 받고 파견된다.

주님 부활의 증인은 제자들이다. 제자라는 단어가 20장에서만 11회 등장한다. 이 단어의 사용 빈도가 이 대목에서 제자들이 갖는 의미와 비중을 드러낸다. 또한 요한 복음서에서는 드물게 나타나는 '열두 제자'라는 말도(전체 4회: 6장-3회; 20장-1회) 여기서 언급된다(그러나 듣고도 믿지 않는 제자를 '그들 가운데 하나'로 놓은 것은 의미가 있다). 또 듣고도 믿지 않는 제자, 그리고 예수님이 부활하신 후 처음으로 만난 제자들을 모두 일반적인 제자의 범주로 소개한 것은 특기할 만하다. 또한 여제자를 간접적으로 소개함으로써 복음사가가 그동안 이야기를 전개하며 펼친 제자관을 온전히 드러낸다. 아포스톨로스(ἀπόστολος)란 말은 13,16에 한 번 쓰였는데 그것도 '파견된 이'라는 일반적 의미로 쓰인 것이다.

사실 예수님이 아버지로부터 받은 사명은 십자가 위에서 완성되었다. 서곡에서 노래했던 내용들이 다 실현되었다. 말씀이 사람이 되시어 우리 가운데 사셨고 우리는 그분의 영광을 보았다(1,14). 십자가에서 현양되시어 예수님의 신성, 이스라엘의 임금, 메시아, 하느님의 아드님, 육화하신 말씀으로서 영광을 드러내셨다. 아무도 하느님을 본 적이 없는데 아버지와 가장 가까우신 외아들, 바로 하느님이신 그분이 알려 주셨다(1,18). 요한 복음서가 전하고자 하는 예수님 이야기는 거의 마무리되었다. 제자들은 말씀이신 분이 들려준 말씀을 전할 것이다(18,21). 예수님이 그들을 위해 기도하시고 보호자를 약속하셨는데, 그들의 여정이 어떻게 될 것인지 미지수이다. 그들은 예수님의 수난 앞에서 흩어지고, 흔들리고, 넘어졌기 때문이다(18,8.17-27). 동시에 예수님이 죽고 부활하신 이후에 공동체로 들어온 제자들이 있는 요한 공동체가 당면한 문제이기도 하다.

예수님의 제자들 이야기는 아직 남아 있다. 20장은 예수님의 부활에 대한 이야기인 동시에 제자들이 다시 일어나고 시작하는 이야기다. 2장이 첫 표징을 이야기하며 제자 공동체의 믿음을 공식적으로 전하는 것과 대응하는 이야기다. "이렇게 예수님은 처음으로 갈릴래아 카나에서 표징을 일으키시어, 당신의 영광을 드러내셨다. 그리하여 제자들은 예수님을 믿게 되었다"(2,11). 이제 20장은 미래에 보지 않고도, 증언만을 듣고도 믿게 될 제자 공동체를 향하여 증언을 하고 있다. 그것은 예수님이 토마스에게 하시는 말씀 "너는 나를 보고서야 믿느냐? 보지 않고도 믿는 사람은 행복하다"(29절)와 "이것들을 기록한 목적은 예수님이 메시아시며 하느님의 아드님이심을 여러분이 믿고, 또 그렇게 믿어서 그분의 이름으로 생명을 얻게 하려는 것이다"(31절)에서 드러난다.

1. 빈 무덤 20,1-10

주간 첫날 이른 아침, 마리아 막달레나가 빈 무덤을 발견하고, 이어서 두 제자가 빈 무덤을 확인한다. 예수님이 죽고 묻히심으로 모든 것이 끝난 것은 아니다. 새날이 밝았다. '첫날'이란 단어가 새로움과 시작을 표현한다. 주간 첫날은 주님께서 부활하신 날, 영광을 드러내신 주님의 날(主日), 부활하신 주님께 평화의 복을 받은 날, 생명과 사랑과 기쁨이 가득 찬 날이다.

1-2절

"주간 첫날 이른 아침, 아직도 어두울 때에" 마리아 막달레나가 예수님 무덤에 갔다. 무덤을 방문하거나 먼 거리를 이동할 수 없다는 안식일 규정이 해제되는 시간이 되자마자, 이른 새벽에 간 것이다. "아직도 어두울 때에"란 표현은 그 순간만을 기다리고 있던 이의 심정을 드러낸다. 물론 신학적으로 '밤의 어두움'은 요한 복음의 전체 이야기에서 불신앙과 연계되어 나타나는 것을 감안하면, 아직 제자들의 믿음 상태가 그러함을 암시하는 말이기도 하다.

예수님은 파스카 준비일에 묻혔다. 복음서는 예수님이 돌아가신 다음 날이 파스카라고 굳이 언급하지 않는다. 예수님이 사형선고를 받고 돌아가시기 전에는 파스카라는 단어를 사용하였다(18,28). 예수님이 십자가에서 파스카 양처럼 세상의 죄를 위하여(1,29.36) 돌아가신 뒤에는 그분께서 부활하신 날이 더 큰 날로서 파스카 축제를 대신하게 되었기 때문이다. 사흘 만에 다시 살아나시리라고 생전에 말씀하신 대로(마태 27,63; 마르 10,34; 루카 18,33; 참조 요한 2,19), 그로부터 사흘째 날은 안식일 다음날이다. 그날은 "주간 첫날"(테 데 미아 톤 삽바톤 Τῇ δὲ μιᾷ τῶν σαββάτων)이다. 주님께서 부활하신 날을 가리키는 그리스도인들의 그리스어 표현이다. 이제부터는 이날이 큰 날, 주님의 날이다. 히브리어 샵바트와 달리 그리스어 삽바톤은 주(週, week)와 안식일 둘 다를 의미한다.

마리아 막달레나는 네 복음서에서 모두 나타나는데, 십자가 아래에 서 있던 여인들 중 하나로 처음 등장한다. 요한 복음사가는 막달라 여자 마리아가 예수님 무덤에 가서 무덤을 막았던 돌이 치워져 있는 것을 발견한 사실만 간단하게 전한다. 여기서 치우다(아이로 αἴρω) 동사의 수동태 완료 분사형을 사용하여(치워져 있었다-에르메논 ἠρμένον) 하느님께서 하신 일임을 암시한다. 마리아는 무덤이 열려 있는 것을 보지만 들어갈 생각은 하지 못한다.

그래서 그는 급히 가서 시몬 베드로와, 예수님이 사랑하시던 다른 제자에게 그 사실을 알린다. 여기서 주목할 것은 마리아 막달레나가 '시몬 베드로와 예수님이 사랑하신 다른 제자'를 찾아갔다고 구체적으로 알려 준다는 점이다. 시몬 베드로와 예수님이 사랑하신 다른 제자가 함께 있었다는 사실을 전제하고 있다. 사랑하시는 제자는 공생활 내내 예수님과 함께 머물렀듯이 십자가 아래에서까지 함께 있었다. 시몬 베드로가 대사제 저택에서 겪었던 일은 복음서가 이미 기술하였다. 닭이 울고 나서 그는 어떠했으며 어디에 있었을까? 자신의 행동을 의식했을까? 새벽닭이 울고 난 후, 복음서는 그에 대해 침묵하였다. 마치 주님을 위해 아무것도 할 수 없는 베드로의 심정을 대변하듯 복음사가는 그에 대해서 아무 말도 하지 않는다. '주님의 말씀이 생각나서 밖으로 나가 슬피 울었다'(루카 22,61-62)라고 전한 루카의 서술보다 훨씬 더 처연한 묘사다. 그런데 그가 여전히 제자들과 함께 있는 것을 보면 자신의 행동에 절망한 나머지 방황하며 주님 곁을, 공동체를 떠나지는 않은 듯하다. 그는 아마도 아주 멀리서 예수님 뒤를 따르고, 해골 터에도 있었을 것이다.

마리아 막달레나의 말을 듣고 무덤으로 달려갈 때, 베드로는 무덤이 어디냐고 묻지 않는다. 다른 제자 뒤를 따라가려고 묻지 않은 것으로 보기는 어렵다. 스승 예수님을 부인한 후, 베드로는 제자가 아닌 듯 십자가 근처에 있었을 것이다. 십자가 아래 있었던 예수님이 사랑하시는 제자와 베드로가 함께 머물고 있다는 사실, 십자가 아래에 있었던 마리아 막달레나가 이 새벽에 베드로가 어디에 있는지 알고 곧장 베드로에게 달려가 빈 무덤을 알렸다는 사실이, 시몬 베드로가 예수님 주변에 계속 있었다고 보는 근거이다. 베드로의 족적이 중요하기 때문이다. 요한 복음서는 이 두 사람이 처음으로 마리아 막달레나의 증언을 듣는 장면을 기술한다. 복음서는 그 두 사람에게 관심을 보이고, 20장과 21장에서 이 둘의 이야기가 부각된다. 그 둘은 최후의 만찬 때 예수님이 배반자를 예고하실 때, 그리고 주님께서 티베리아스 호수에서 고기를 잡는 그들에게 나타나셨을 때에도 함께 등장한다. 학자들 간에 의견이 분분하지만 대사제의 집에 둘이 같이 들어갔을 수도 있다.

그들에게 가서 전하는 이야기를 들어보면 마리아 막달레나는 주님께서 부활하셨다는 생각을 하진 못했다. 누군가가 빼돌렸다고 생각할 뿐이다. '꺼내 갔다'든가 '옮겨 놓았다'라는 동사는 시신의 상태를 가리키기에 아직 그가 주님의 부활을 모르고 있음을 알 수 있다. 복음서는 마리아가 왜 무덤에 갔는지 등의 세부 사항을 밝히지 않는다. 예수님을 십자가에서 내려 엄청난 양의 향료를 바른 것(19,39)을 이미 전한 상황이니, 루카 복음서처럼 향료를 바르려고 갔다기보다(루카 24,1) 마태오처럼 간략히 무덤을 보러(마태 28,1) 간 사실만 전한다. 이 이야기에서 그가 예수님을 사랑한다는 것을 알리면서 그가 발견한 사실, 그리고 주님의 최측근이라 여기는 사람들에게 급히 그 정보를 전한다는 사실만을 간략히 기술한다. 그에 관한 이야기는 11절 이후에 다시 자세히 할 것이다. 여기서는 그가 빈 무덤을 발견했다는 것이 중요하다. 그런데 "어디에 모셨는지 모르겠습니다"라고 말할 때 1인칭 복수형 '우크 오이다멘'(οὐκ οἴδαμεν)으로 표현했다. 마리아 막달레나 외에 다른 인물들이 있을 여지가 있다. 요한 복음서는 자기가 전하고자 하는 요점에 충실하면서도 생략한 다른 사실들과 결코 배치되지 않도록 세심한 주의를 기울이고 있다.

3-5절

이 대목에는 베드로와 그 다른 제자라는 말이 계속 반복하여 나타난다. "베드로와 다른 제자는 밖으로 나와 무덤으로 갔다." 그리스어로 문장 첫머리에 '밖으로 나와'(엑셀텐 'Εξῆλθεν)라는 표현이 두드러진다. 엑세르코마이(ἐξέρχομαι)의 원과거형이다. 굳이 밖으로 나왔다는 표현을 한다. 19절에 의하면 제자들은 두려움에 싸여 유다인들의 눈을 피해 숨어 있으며, 외부와 차단되도록 문을 잠가 놓은 상황이다. 그런데 '그 밖으로' 나왔다는 것이다. 베드로와 다른 제자가 밖으로 나와 무덤으로 간다. 그들은 주님

관련 소식에, 두려움을 무릅쓰고 밖으로 나왔다. 마리아가 그들에게로 달려갔듯이(트레케이 운 카이 에르케타이 τρέχει οὖν καὶ ἔρχεται) 그들도 무덤으로 급히 달려간다(에트레콘 ἔτρεχον). 이 동사 하나가 그들의 심정을 알려 준다. "두 사람이 함께 달렸는데, 다른 제자가 베드로보다 빨리 달려 무덤에 먼저 다다랐다"(4절). 둘이 달리기 시합을 한 것도 아닌데, 굳이 이 사실을 언급하는 데는 이유가 있다. 3절에서는 베드로를 먼저 언급하며 그가 주도적으로 먼저 밖으로 나왔음을 암시하나, 달리기는 다른 제자가 더 빨리 도착하여 빈 무덤 안을 재빨리 훑어보고 확인한다. 무덤가에 누가 더 빨리 도달했는가 하는 것으로 둘 사이의 무엇인가를 측정하는 것은 적절하지 않다. 체력과 연령의 문제도 있을 듯하다. 그럼에도 불구하고 그가 더 먼저 빈 무덤에 도착했다는 것은 이전에 나타난 '예수님이 사랑하시는 제자'에 대한 기록과 일맥상통하는(13,23-26; 19,25-27) 내용이다. 그의 행동은 자신을 사랑하고 자신이 믿은 분에 대한 진실을 알고 싶은 절박한 심정을 드러낸다. 그런데 복음서는 또한 시몬 베드로가 "케파"(1,42)의 자리에 임명된 제자이며, 여러 기회에 그가 제자들을 대표했음(6,66-69; 13,36-38; 18,10-11)을 전하였다. 여기서 베드로는 그 맥락에서 행동한다. 복음서는 이 두 인물 사이의 관계를 그리고 있다. 한 사람은 특별한 방식으로 예수님이 사랑하시는 제자이고, 다른 하나는 권위를 지닌 제자이다. 예수님이 사랑하시는 제자는 무덤에 더 빨리 도착했으나 몸을 굽혀 안을 들여다 볼 뿐 안으로 들어가지는 않는다. 일반적으로 베드로가 예수님의 수제자임을 인정하는 태도라고 해석한다. 요한 공동체의 핵심 인물인 예수님이 사랑하시는 제자가 보여 준 태도를 통해 요한 복음서는 이 대목에서 베드로의 수위권을 드러낸다.

여기서 두드러져 보이는 것은 주님께 큰 실수를 한 베드로를 여전히 인정하고 받아들이는 공동체의 모습이다. 그가 잘못을 저질렀어도 여전히 제자 공동체의 맏형 자리를 지켜 준다. 그는 예수님을 많이 닮았다. 그분을 사랑하기 때문에 그럴 것이다. 또 그래서 주님은 그를 사랑하셨을 테고, 동시에 사랑을 받았기에 그럴 수 있었을 것이다. 요한 복음서는 주님께서 사랑하시는 제자를 통하여, 큰 실수를 저지른 베드로를 여전히 존중하고 그 제자들끼리 맺는 관계에 대한 새 계명(13,34; 15,17)을 실천하는 제자의 모범을 제시한다. 아마도 요한 복음사가는 베드로의 깊은 통한의 마음도, 여전히 주님을 사랑하는 마음도 다 알고 있었을 것이다. 그는 주님께서 자기를 사랑해 주신 것(13,23; 19,26; 20,2; 21,7.20)처럼 베드로를 사랑했다.

6-9절

시몬 베드로가 뒤따라와서 무덤으로 들어가 아마포가 놓여 있는 것을 보았다. 그런데 예수님의 얼굴을 쌌던 수건은 따로 한곳에 개켜져 있었다. 라자로가 무덤 밖으로 나왔을 때 그의 손과 발은 천으로 감기고 얼굴은 수건으로 감싸여 있었다. 그래서 예수님이 그것을 풀어 주어 걸어가게 하라고 말씀하셨다(11,44). 여기서 베드로는 무덤이 비어 있는 것을 확인할 뿐만 아니라, 수의가 벗겨져 있는 것도 본다. 더구나 얼굴을 쌌던 수건은 따로 한 곳에 개켜져 있었다. 몸을 쌌던 수의와 얼굴을 쌌던 수건이 구별되어서 개켜져 있다는 것은 하느님의 개입을 암시하며 강조한다. 도둑이 시체를 훔치면서 아마포를 벗기고 얼굴을 쌌던 수건을 벗겨 개켜 놓을 리는 없기 때문이다. 예수님은 완전히 죽음의 장소를 벗어나고 수의를 벗으셨다. 예수님은 부활하셨다. 베드로는 무덤에 들어가서 증거들을 보았는데, 그가 어떤 반응을 보였는지 복음서는 아무 말도 전하지 않는다.

그때 다른 제자가 들어간다. 그리고 보고 믿었다고 한다(8절). '믿었다'는 단어가 3인칭 단수 동사로 나타나니(에피스테우센 ἐπίστευσεν), 그 다른 제자의 행동인데 무엇을 믿었다는 것인지는 목적어가 명시되지 않아서 명확하지 않다. 무엇을 믿었다는 것일까? 아마 무덤에 주님이 계시지 않음을 확인했다는 말일 것이다. 유다 풍습에 어떤 증언이 효력을 가지려면 두 사람의 성인이 증언을 해야 한다. 이 두 사람의 빈 무덤 확인은 그 증인 역할도 담당하고 있다. 현재 두 사람 다 온전한 믿음의 상태에 있지는 못한 것으로 평가된다. 왜냐하면 이어지는 절에서 "사실 그들은 예수님이 죽은 이들 가운데에서 다시 살아나셔야 한다는 성경 말씀을 아직 깨닫지 못하고 있었던 것"(9절)이라고 하기 때문이다. 요한 복음서에서 중요한 두 사람이 하느님께서 예수님을 통해 하신 일을 아직 깨닫지 못하고 있으며, 그래서 '주님께서 부활하셨다'는 고백이나 증언을 할 수가 없다.

10절

"그 제자들은 다시 집으로 돌아갔다." 예루살렘 근처에 각자의 고유한 집이 있었다는 기술이 아니다. 19절을 감안해 볼 때 스승과 함께 머물던 어느 집이라 추정할 수 있다. 이 구절에서 읽히는 바는 이렇다. 누군가가 시신을 훔쳐 갔다고 생각했다면, 이렇게 아무런 말 없이, 아무렇지도 않게 집으로 돌아가지는 못했을 것이다. 어쩌면 그 징후들을 보고 부활을 짐작했어도, 부활하신 분이 보이지 않으니 무엇이라 할 말이 없었을 것이다. 신중할 수밖에 없는 일이다. 당시로서는 부활의 증거라고 여겨지는 본 상태 그대로, 즉 '무덤은 비어 있고 시신은 없으며, 수의가 벗겨진 채로 예수님은 사라지신 상태'를 서술하는 것이 최선이었을 것이라 여겨진다. 얼굴을 쌌던 수건은 누가 가지런히 개켜서 따로 한 곳에 놓았다. 빈 무덤을 보고 부활하셨다고 하기에는 증거가 불충분하지 않은가? 그러나 남겨진 아마포와 개켜진 수건은 무엇이란 말인가? 주님은 어디로 가셨단 말인가? 그리하여 본문은 독자로 하여금 생각하게 하며 아직 행동을 하기에는 이른, 기다림이 필요한 시기임을 보여 준다.

2. 마리아 막달레나와 부활하신 주님 20,11-18

두 제자가 빈 무덤을 떠나 돌아간 후에 마리아는 무덤가에서 혼자 울고 있다가 주님을 뵙게 된다. 20장은 편집자의 손길이 두드러지는 대목이다. 20,11-18에 들어 있는 일화는 두 가지, 곧 두 천사의 발현(11-13절) 이야기와 예수님의 발현(14-18절) 이야기다. 공관복음서의 증언과 비교하여 일반적으로 두 천사의 발현 이야기를 더 오래된 전승으로 본다. 부활하신 주님 발현 전승은 마태 28,9-10에, 천사의 발현과 마리아 막달레나에게 발현하신 기사는 각각 마르 16,9-11과 루카 24,1-10에 간략하게 기술되어 있다. 문학비평의 관점에서 11절이 1절에 바로 이어지는 이야기였다고 추정할 수 있다. 그렇게 있었던 본래의 발현 이야기는 요한 고유의 내용을 담고 있는데, 여기에 2-10절의 이야기를 넣어 편집한 것으로 보기도 한다. 이 일을 한 사람은 복음사가일 수도 있고 편집자일 수도 있다. 20,31의 첫 맺음말 이후에 21장을 추가 편집하며 두 번째 맺음말(21,24-25)을 기록한 것이 20,2-10을 추가한 것과 같은 맥락을 이룬다. 첫 맺음말 이후의 내용은 특히 시몬 베드로와 예수님이 사랑하시는 제자에게 집중되어 있고, 무엇보다도 베드로의 사목적 역할을 부각시키고 있기 때문이다.

11-13절

마리아는 혼자 무덤가에 남았다. 그는 무덤 가까이에서 울고 있었다. 그의 울음은 예수님을 향한 사랑의 표현이다. 울면서 몸을 굽혀 무덤 안을 들여다보니 두 사람이 앉아 있다. 복음서는 하얀 옷을 입은 두 천사라고 표현하지만, 마리아의 태도와 말을 볼 때 그의 슬픔과 고통이 커서 벌어지고 있는 일들을 객관적이고 이성적으로 인식하고 판단할 수 없는 상태임을 알 수 있다. 마리아는 주님이 지금 무덤에 계시지 않는다는 생각으로만 꽉 차 있어, 무덤 안에 있는 이들이 범상치 않은 의복을 걸쳐 천사일지도 모른다는 생각은 하지 못한다. 돌아가신 주님께 완전히 몰입되어 있다. 천사들이 빈 무덤 안에 있었다는 이야기는 공관복음서의 전승과 일치하는데 요한 복음서는 고유한 관점으로 기술하였다. 복음서는 천사가 있는 위치를 상세히 알려 준다. "한 천사는 예수님의 시신이 놓였던 자리 머리맡에, 다른 천사는 발치에 있었다"(12절). 예수님의 얼굴을 쌌던 수건이 따로 한 곳에 개켜져 있었다는 증언처럼, 천사들이 머리맡과 발치에 있었다는 것 역시 매우 구체적인 사실을 증언한 것임을 인식시키고, 동시에 그들이 무덤 안 시신의 자리에서 주님께 예를 갖추었음을 암시한다. 천사의 등장은 독자에게 하느님의 일이 진행되고 있음을 분명하게 보여 준다.

그 천사들은 마리아에게 "여인아, 왜 우느냐?" 하고 묻는다. 천사들의 질문은 지금 그 자리에서 그녀가 울고 있을 이유가 없음을 시사한다. 마리아는 자기 눈으로 본 사실에 근거하여 대답한다. "누가 저의 주님을 꺼내 갔습니다. 어디에 모셨는지 모르겠습니다." 그래서 울지 않을 수 없다는 의미이다. 마리아의 대답은 2절에서 제자들에게 말한 것과 거의 같은 내용이다. 마리아의 대답을 통해 복음서는 이 사실을 반복하여 명확하게 강조하고 있다. 단지 근소한 차이가 있는데, 2절에는 1인칭 복수 동사(우리는 모른다)가 쓰였으나 13절에서는 1인칭 단수 동사(나는 모른다)가 사용된 것이다(목적어인 '주님'과 '저의 주님'도 약간 다르나 원어는 같다). 마리아 막달레나는 이제 '나는 모른다'(우크 오이다 οὐκ οἶδα)라는 표현으로 부활 사건 앞에 어둠으로 직면해 있는 자기 처지를 드러낸다.

14-15절

마리아는 이렇게 말하고 나서, 인기척을 느꼈는지 뒤로 돌아선다. 그리고 예수님이 서 계신 것을 보았다. "그러나 예수님이신 줄은 몰랐다"(14절). 화자와 독자는 그분이 예수님이신 줄을 알지만, 마리아는 모른다. 예수님도 천사와 같은 질문을 하시며 한 마디를 덧붙이신다. "여인아, 왜 우느냐? 누구를 찾느냐?" 마리아는 예수님이 말씀을 건네셔도 못 알아보고 오히려 '누구를 찾느냐?'(티나 제테이스 τίνα ζητεῖς;)고 물어 보시는 바람에 정원지기인 줄로 오인하고 주님을 내놓으라고 한다. 자기가 모셔 가겠다고 하며 아주 인간적인 표현을 쓴다. 요한 복음서에서 이렇게 인간적인 감정이 풍부하게 드러난 대목이 또 있을까 싶다. "선생님, 선생님께서 그분을 옮겨 가셨으면 어디에 모셨는지 저에게 말씀해 주십시오. 제가 모셔 가겠습니다"(15절). 그런데 주님을 잃은 것이 너무나 큰 슬픔이지만, 마리아는 이것에 단단히 사로잡혀 보아야 할 것을 못 보고, 모순되게도 그가 애타게 찾는 주님을 오히려 놓친다. 그래서 여기서 마리아 막달레나의 부족한 신앙을 지적하는 이들이 있다. 마리아의 신앙은 주님께서 돌아가시는 순간에 멈춰 있다. 그래서 더 이상 안 믿는 것이 아니라 그 순간에 멈춰서 꼼짝도 못하고 있다. 빈 무덤, 천사의 등장, 심지어 예수님이 나타나셔도 마리아 막달레나는 한 걸음도 나아가지 못한다. 부활의 암시도 깨닫지 못하고, 부활하신 분을 인식조차 하지 못한다. 당연히 그분께서 하신 말씀도 기억하지 못하고 있다. 복음서는 여기서 부활 신앙 앞에 서게 될 또 한 부류의 독자를 의식하고 있다.

16-17절

드디어 주님께서 "마리아야!" 하고 이름을 부르신다. 그녀의 지극한 정성이 결국 주님을 찾아내고야 말았다. 주님을 향한 지극한 사랑으로 부활하신 주님을 뵙게 되는 은총을 받았다. 주님께서 "마리아야!" 하고 이름을 부르시니 즉시 예수님이신 줄 깨닫는다. "라뿌니!" 그분은 양들의 이름을 아는 착한 목자이시며 자기 양들을 이름으로 불러내신다. 그리고 그분의 양들은 그분의 목소리를 알아듣는다(10,3-4.27). 마리아가 응답으로 외친 '라뿌니'는 히브리어로 '나의 스승님'이란 뜻인데, 복음서는 소유대명사를 생략하고 "스승님"으로 소개한다.

사실 이어지는 16절과 17절 사이에는 시간의 간격이 있다. 마리아의 화들짝 놀란 감격어린 반응, 안도의 마음 등에 대한 표현이 생략되어 있음을 17절은 간접적으로 전한다. 지금 마리아는 예수님을 꼭 붙들고 있는 중인 듯하다. 그래서 예수님이 말씀하신다. "내가 아직 아버지께 올라가지 않았으니 나를 더 이상 붙들지 마라. 내 형제들에게 가서, '나는 내 아버지시며 너희의 아버지신 분, 내 하느님이시며 너희의 하느님이신 분께 올라간다.' 하고 전하여라"(17절). 공관복음서를 통해 여자들이 예수님의 발을 잡고 인사했다는 사실을 알기에(마태 28,9-10), 마리아도 발을 잡고 인사를 했을 것이라고 추측한다. 상처 난 손과 발에 대한 관심과 배려 또한 상상해 볼 수 있다.

"나를 더 이상 붙들지 마라"(메 무 하프투 Mή μου ἅπτου)는 문장을 직역하면 '이제 그만 놓으라'는 뜻으로 볼 수 있다. 이 명령은 하프토(ἅπτω) 동사의 현재 명령형인데, 그리스어 동사 시제의 특유한 용법 중의 하나로 강세형의 부정어 메(μή)와 함께 계속되는 행동에 대한 금지를 나타낸다. 만일에 여기서 원과거 명령형을 썼다면 손도 못 대게 한 것이라고 해석할 수 있으나, 이 시제의 쓰임새로 볼 때 '계속 붙잡고 있지 말고 놓으라'는 말씀으로 해석할 수 있다(stop clinging to me: 발터 바우어, *Greek-English Lexicon of the New Testament*, 3판, 2000, p. 126). 부활하신 주님은 계속 지상에 계실 수 없다. 마리아가 스승의 죽음으로 인해 겪은 인간적인 아픔과 사랑을 예수님은 부드럽게 받아 주시고, 이제 그가 다른 상태로 옮겨 가도록 이끄신다. "내가 아직 아버지께 올라가지 않았으니" 가셔야 한다고 마리아에게 설명해 주신다.

예수님은 십자가를 통하여 하느님을 계시하셨고, 당신에게 주어진 임무를 완수하셨다(4,34; 5,36; 17,4; 19,30). 역사적 예수님과 함께했던 날들은 끝났는데, 제자들은 아직 예수님 영광의 결실을 체험하지 못하고 있다. 마리아 막달레나는 예수님의 삶과 죽음을 생생하게 기억하는 제자로서, 역사적 예수님의 모습에서 떠나지 못하는 제자의 전형적인 모습을 드러낸다. 예수님은 여기서 부활하신 주님의 위엄을 보이신다. 그리고 마리아를 부활의 소식을 전하는 사도로 파견하신다. 마리아의 사랑에 대한 주님의 응답이다. "내가 아직 아버지께 올라가지 않았으니 나를 더 이상 붙들지 마라. 내 형제들에게 가서, '나는 내 아버지시며 너희의 아버지신 분, 내 하느님이시며 너희의 하느님이신 분께 올라간다.' 하고 전하여라." 마리아 막달레나는 부활하신 주님을 만남으로써 더 이상 과거에 머물지 않고 새롭게 시작하는 제자의 모습을 드러내게 될 것이다.

이제 완전히 새로운 상황이 펼쳐질 것이다. 예수님은 자리를 마련하러 아버지께 가신다고 제자들에게 하신 약속을 아직(우포 οὔπω) 다 실현하지 않으셨다(14,12.28; 16,10.28). 그런데 마리아에게 하신 예수님의 말씀은 당신의 약속을 넘어선다. 예수님은 아버지께 올라가실 것인데, 여기서 새로운 상황이 나온다. 예수님의 하느님이며 아버지이신 분은 또한 예수님의 형제들의 하느님과 아버지가 된다. 부활을 승천과 연결시키는 것은 요한 복음 그리스도론의 전형적인 특징이다. 예수님은 제자들을 만나기 전에 아버지께 돌아가셔야 한다. 부활과 승천은 하나로 연결되어 있다. "나는 내 아버지시며 너희의 아버지신 분, 내 하느님이시며 너희의 하느님이신 분께 올라간다." 이제 예수님은 완전히 영광을 받으시고 성령을 주실 것이다(16,7). 사실 그날, 주일 저녁에 영광을 받으신 그리스도는 제자들에게 나타나 성령을 주실 것이다(20,22). 예수님은 당신의 제자들을 '형제들'이라고 지칭하며 그들에게 가라고 하시고, 마리아 막달레나는 예수님의 말씀을 듣고 제자들에게 가서 전하는 것에서, 제자들을 형제들이라고 부르셨다는 것을 확인할 수 있다. '형제들'이란 이 말씀은 특히 이 자리에서 '아버지'라는 말씀과 조화를 이루며 나타난다.

"내 형제들에게 가서 … 전하여라.
나는 내 아버지시며 너희의 아버지신 분,
내 하느님이시며 너희의 하느님이신 분께 올라간다."

제자들은 예수님의 형제들이기에, 그리스도의 아버지이신 하느님은 그리스도인들의 아버지이며 하느님이시다. 엄밀하게 구분해서 표현해 보면 육화한 말씀은 본래부터 유일한 아버지의 '외아들'이며(휘오스 모노게네스 υἱὸς μονογενής: 1,14.18; 3,16.18 등), 그리스도인들은 그리스도의 삶과 수난과 죽음에 참여함으로써 '하느님의 자녀'(테크나 테우 τέκνα θεοῦ: 1,12-13; 11,52)가 된 사람이다.

18절

마리아는 예수님이 '가서 전하여라' 하고 이르신 대로 제자들에게 가서 예수님의 말씀을 전한다. 마리아는 "제가 주님을 뵈었습니다" 하면서 그분께서 자기에게 하신 말씀을 전하였다. 마리아는 예수님이 전하라는 말씀을 전하면서 또한 자기가 본 것을 증언한다. 복음서는 그녀를 부활의 증인으로 내세운다. 마리아가 "주님을 뵈었습니다"(헤오라카 톤 퀴리온 Ἑώρακα τὸν κύριον)라고 할 때, 호라오(ὁράω) 동사의 완료형(헤오라카 Ἑώρακα)으로 체험을 표현한다. 이로써, 단 한 번 순간적으로 부활하신 주님을 만난 체험이 그의 인생 내내 지속될 것이고 그의 존재를 지탱할 것임을 드러낸다. 주님을 믿고 사랑했던 마리아 막달레나는 부활을 증언하는 예수님의 제자가 되었다. 마리아가 부활을 짐작하지도 못하고 어둠 속에 있던 것을 강조했던 만큼 그의 체험과 증언은 더 깊은 의미를 가진다. 마리아 막달레나는 이제 무덤을 떠나서, 예수님의 부활을 목격한 자로서 자기가 뵌 주님을 증언하게 되었다. 시몬 베드로와 예수님이 사랑하시는 제자를 포함한 제자들이 마리아로부터 부활의 증언을 들었다. 그리고 그를 통해 부활하신 주님의 메시지를 듣는다.

3. 제자들과 부활하신 주님 20,19-29

제자들은 마리아 막달레나에게서 주님의 부활 소식을 들었다(18절). 시몬 베드로와 예수님이 사랑하신 제자는 빈 무덤을 확인했다(2-8절). 그날 곧 주간 첫날 저녁에 부활하신 주님께서 그들에게 나타나셨다. 제자들은 유다인들이 두려워서 문을 모두 잠근 채 모여 있었다. 부활하신 주님이 평화의 인사를 하며 나타나셔서 살아나신 예수님임을 보여 주시고, 다시 평화의 인사를 하면서 그들을 세상으로 파견하는 말씀을 하셨다. 그리고 그들에게 성령을 주셨다.

19-20절

이제 부활의 세 번째 장면의 주인공은 '제자들' 공동체다. "그날", 새벽에 빈 무덤 소식을 듣고 베드로와 예수님이 사랑하시던 제자가 달려가서 무덤이 비어 있는 것과 아마포가 흩어져 있고 얼굴을 쌌던 수건이 개켜져 있는 것을 본 바로 그날, 두 번째로 막달라 마리아가 와서 주님을 뵈었다고 증언한 바로 그날, "주간 첫날 저녁이 되자" 제자들은 유다인들이 두려워서 문을 잠가 놓고 모여 있었다. 여기서 '문을 잠가 놓고 있었다'는 사실은 두 가지 내용을 시사한다. 하나는 제자들이 처한 위기 상황이고, 다른 하나는 예수님이 문이 잠겨 있었는데도 그 제약을 넘어서서 방 안으로 들어오신다는 것을 증언하는 상황이다. 부활하신 주님의 몸은 우리 육체의 한계를 넘으면서도 나중 일이긴 하지만, 제자들이 만져볼 수 있도록 당신의 두 손과 옆구리에 남은 십자가의 상흔을 보여 주셨다. 의심했던 토마스에게 당신 상처를 만져 보라고 하신 말씀과 잠겨 있는 문을 통과하여 들어오신 것을 보면, 부활하신 예수님의 몸은 우리의 감각으로 감지할 수 있는 몸이되 구체적으로 파악할 수 없는 뭔가 다른 차원의 몸을 가리킨다.

주님은 제자들 가운데에 서시어 먼저 평화의 인사를 하신다. "평화가 너희와 함께!"(에이레네 휘민 Εἰρήνη ὑμῖν, 샬롬 알레켐 שָׁלוֹם עֲלֵיכֶם) 부활하신 주님은 유다인들이 흔히 사용하던 이 인사말을 건네며 다가오신다. 두려움에 사로잡혀 있는 제자들에게 평화를 기원하는 단순한 인사이기도 하지만 주님은 새로운 의미를 부여하셨다. 이 평화는 구세주께서 완성하신 구원의 선물을 의미한다. 예수님은 고별 식사 때 멀지 않은 미래에 당신이 아버지께 청하여 보내 주실 성령을 제자들에게 약속하셨다. 보호자이고 진리의 영인 성령이 영원히 제자들과 함께할 것이고, 모든 것을 가르쳐 주고 기억나게 해 줄 것이라 이르셨다(14,16-26). 그리고는 "나는 너희에게 평화를 남기고 간다. 내 평화를 너희에게 준다"고 말씀하셨다(14,27ㄱ). 당신이 남기고 가는 당신의 평화로, 예수님은 제자들이 평화를 누리며 살기를 바라신다. 예수님의 떠나심, 세상의 반대와 박해, 그 모든 것에도 불구하고 제자들이 마음이 산란해지는 일도, 겁을 내는 일도 없도록 당신의 평화를 남기고 간다고 약속하셨다. 그 평화는 세상이 주는 것과는 다른 평화라고 하셨다(14,27). 이제 부활하신 예수님은 충만한 그 평화의 축복을 건네며 인사하신다. '너희에게 평화를!' 이제는 말씀하신 대로 마음이 산란해지는 일도, 겁을 내는 일도 없음을 제자들 스스로 보게 될 것이다.

사실 시몬 베드로와 다른 제자의 빈 무덤 증언과 마리아 막달레나의 주님 발현 증언을 들은 제자들은 예수님의 부활을 이미 감지하였다. 주님이 하셨던 말씀도 떠올렸을 것이다. 그러나 제자들은 부활 소식을 전해 듣는 것, 주님의 부활이라는 사실이 무엇을 의미하는지, 어떤 결과가 생기는지 아직 아무것도 알 수가 없다. 부활 사건의 결과가 무엇인지 부활 신앙이 무엇인지 복음서는 독자에게 들려주고자 한다. 제자들은 여전히 세상의 권력자인 유다인들을 두려워하고 있다. 이런 그들에게 주님이 건네시는 평화의 인사는 의미심장하다.

20절

"이렇게 말씀하시고 나서 당신의 두 손과 옆구리를 그들에게 보여 주셨다"(20ㄱ절). 십자가의 상흔이 있는 두 손과 옆구리를 보여 주신다. 십자가 위에서 죽으셨던 분이 다시 살아나 나타나셨음을 제자들에게 확인시키신다. 십자가의 상처는 자연스럽게 십자가 위에서 돌아가신 예수님과 부활하신 예수님을 연결시키는 역할을 한다. 공관복음서에서 예수님은 유령이 나타난 것이 아니라는 증거로 살과 뼈가 있다고 말씀하시며 손과 발을 보여 주셨다고 한다(루카 24,36-40). 요한 복음서는 특별히 몸보다는 상처, 십자가의 상처를 강조한다. 게다가 옆구리의 상처는 요한의 고유한 증언이다.

예수님이 두 손과 옆구리의 상처를 보여 주시는 데에서 십자가 사건이 떠오른다. 예수님이 십자가에서 마지막 숨을 거두신 후 군사 하나가 그분의 옆구리를 창으로 찔렀다는 사실과 거기서 물과 피가 흘러나왔다는 사실을 다시 기억하게 된다. 흩어졌다가(16,32; 18,8) 다시 모여 있는 제자들은, 십자가 아래 있었던 예수님이 사랑하시는 제자와 여인들을 통해 예수님의 마지막 순간에 대한 이야기를 다 들었다는 것을 여기서 확인하게 된다. 그리고 시신을 수습하였던 아리마태아 출신 요셉과 니코데모도 그 상처들을 보았을 것이다. 제자들은 이제 그 모든 것을 떠올리며 부활하신 주님에게서 그 흔적을 본다. 그리고 전에 하신 다음 말씀도 기억한다. "너희는 세상에서 고난을 겪을 것이다. 그러나 용기를 내어라. 내가 세상을 이겼다"(16,33). 그 흔적은 십자가에 대한 말씀을 들려주신 예수님, 십자가 위에서 죽으신 그 예수님이 부활하셨음을 증명하는 것이기도 하다. 요한 복음서가 즐겨 쓰는 이중적인 표현의 묘미이다.

주님의 발현을 본 제자들의 반응은 아주 단순하다. "주님을 뵙고 기뻐하였다"(20절). 그런데 여기서 '뵙고'와 '기뻐하였다'의 그리스어가 원과거형으로 표현된 것이 마리아 막달레나가 '뵈었다'고 할 때의 완료 시제와 대조를 이룬다. 게다가 '기뻐하였다'(에카레산 ἐχάρησαν)는 카이로(χαίρω) 동사의 원과거 수동형('그들은 기뻐졌다')이다. 제자들이 가는 믿음의 여정은 완만하다. 예수님은 제자들의 이 기쁨을 예고하셨고(16,22), 당신이 부활하신 날 이 말씀을 실현하셨다. 제자들은 부활의 증언을 듣고, 부활하신 주님을 뵙고 평화(19절)와 기쁨(20절)을 누린다. 예수님이 기뻐하는 제자들 사이에 계신 것이 단순히 평화와 관련된 약속(14,27; 16,33)의 실현을 알리는 것만은 아니다. 부활하신 주님께서 현존하심으로써 제자들은 두려움에서 벗어나 평화와 기쁨을 누리고, 또한 21-23절에서 드러나듯이 예수님 승리의 결실을 받아 간직한 이들로서 앞으로 나아간다는 것을 보여준다.

21-23절

21절: 기쁨을 나눈 후 주님께서는 제자들을 파견하신다. 다시 평화의 인사를 하시고, 그들을 세상에 파견하시는 말씀을 하신다. "평화가 너희와 함께! 아버지께서 나를 보내신 것처럼 나도 너희를 보낸다." 구세주께서 완성하신 구원의 선물인 평화가 함께하기를 다시 한 번 기원해 주신다. '평화가 너희와 함께' 하시며 제자들을 파견하시는 말씀은 '하느님께서 너와 함께 계신다'고 하는 구약성경의 말씀을 떠올려 준다. '하느님께서 너와 함께 계신다'는 말씀은 주님께서 누군가에게 고유한 사명을 주실 때 주님을 신뢰하고 용기 있게 나아가도록 하는 말씀인데, 요한 복음에서 예수님은 '평화가 너희와 함께'라고 하시며 제자들을 파견하신다.

부활하신 주님을 만난 제자들은 이제 파견된 자들이다. 부활의 두 번째 일화에서 마리아 막달레나가 제자들에게 와서 증언을 하듯, 이제 세 번째 일화에 나오는 주님을 뵌 제자들도 가서 전해야 한다. 누구에게 전할 것인지는 명시되어 있지 않다. 23절을 미리 감안하면 '누구든지'가 가리키는 대로 세상에 어디든지, 누구에게든지 가야 한다. 이들은 친분이 있던 사람의 범위를 넘어 널리 예수님을 증언하며 전해야 한다. 예수님이 아버지께로부터 '파견되신 분'으로 사신 것처럼, 제자들도 '파견된 사람으로' 살게 될 것이다. 세상으로 나가 예수님의 부활을 증언할 것이고, 아버지와 아들을 알릴 것이다. 요한 복음서에서 예수님이 아버지와 당신을 알리기 위해 보여 주신 표징들처럼 이제 제자들은 이 세상에서 예수님을 알리는 표징이다. 제자들이 예수님을 보고 아버지를 알고 그분이 아버지의 아들임을 알았듯이, 사람들은 제자들을 보고 예수님을 알고 그들이 예수님의 제자들임을 알 것이다(13,35).

22-23절: 예수님은 약속하신 대로(14,16; 16,7) 성령을 주신다. '숨을 거두셨던'(19,30) 예수님이 제자들에게 '숨을 불어넣으며' 말씀하신다. "성령을 받아라"(라베테 프네우마 하기온 Λάβετε πνεῦμα ἅγιον, 22절). 이 말씀은 예수님이 초막절에 하셨던 말씀을 기억하게 한다. "목마른 사람은 다 나에게 와서 마셔라. 나를 믿는 사람은 성경 말씀대로 '그 속에서부터 생수의 강들이 흘러나올 것이다.' 이는 당신을 믿는 이들이 받게 될 성령(πνεῦμα)을 가리켜 하신 말씀이었다. 예수님이 영광스럽게 되지 않으셨기 때문에, 성령(πνεῦμα)께서 아직 와 계시지 않았던 것이다"(7,37-39). 이제 그 말씀이 실현되었다. 예수님은 영광스럽게 되셨고, 성령은 오셨다. 성령은 제자 공동체와 함께 있고, 그 안에 머무르시며, 영원히 공동체와 함께하실 것이다(14,16-17).

예수님은 성령을 주시며 예고하신다. "너희가 누구의 죄든지 용서해 주면 그가 용서를 받을 것이고, 그대로 두면 그대로 남아 있을 것이다"(23절). 성령께서 함께하시는 공동체, 성령 안에 있는 공동체가 맺는 결실에 대해 말씀하시는데, 그 핵심은 죄의 용서다. 성령을 받은 이들에게서 드러나는 결과가 상당히 구체적으로 제시된다. 다른 곳에서 예고하신 내용, 예컨대 "성령께서 너희에게 모든 것을 가르치시고 내가 너희에게 말한 모든 것을 기억하게 해 주실 것이다"(14,26)라는 구절이나, "아버지께서 가지고 계신 것은 모두 나의 것이다. 그렇기 때문에 성령께서 나에게서 받아 너희에게 알려 주실 것이라고 내가 말하였다"(16,15)라는 구절과 비교해 보면, 이 구절의 내용이 매우 구체적임을 알 수 있다. 부활하신 주님께서 나타나셔서 성령을 받으라고 하시며 이 말씀을 들려주셨기에, '용서'가 큰 비중을 차지한다. 성령을 받은 이들이 하는 용서가 얼마나 엄청난 효과를 내는지를 알려 주신 것이다.

성령의 결실에 관한 함축적인 예고들과 비교해 볼 때, '죄(하마르티아 ἁμαρτία)를 용서하다(아피에미 ἀφίημι)'라는 하나의 주제를 뚜렷하게 제시한 것이 놀라울 수도 있으나 복음서의 전체 구성이 그 타당성을 드러낸다. 요한 복음서의 첫 증인인 세례자 요한이 예수님을 구체적으로 증언할 때, "보라, '세상의 죄를 없애시는'(호 아이론 텐 하마르티안 투 코스무 ὁ αἴρων τὴν ἁμαρτίαν τοῦ κόσμου) 하느님의 어린양이시다"라고 하였다(1,29). 말씀 찬가에서 세례자 요한은 "빛을 증언하여 자기를 통해 모든 사람이 믿게 하려는"(1,7) 사람으로 묘사된다. 그리고 세례자 요한이 증언하려는 그분은 세상의 죄를 없애러 오신 분이시다. 복음서가 줄곧 들려주는 이야기는, 은총과 진리를 주러 오신 예수님이 사람들 가운데 사시고, 죽으시고, 임무를 완수하셨으며, 그분의 제자들을 통하여 그 일을 계속할 것이라는 내용이다. 그분은 세상의 죄를 없애셨다. 주님께서 세상의 죄를 없애신 일은 용서와 깊은 관계를 가진다. 그러므로 성령을 받은 제자들이 맺게 될 구체적 열매가 용서라는 것은 의미심장하다. 제자들은 개개인의 죄를 용서하며 예수님을 알리고 하느님 아버지를 알려, 세상이 빛과 생명을 누리게 할 것이다. 예수님은 세상의 죄를 없애시고 제자 공동체는 개인의 죄를 용서한다. 예수님의 일을 계승하는 제자들의 사명은 '용서하는' 것이다. 용서하다라는 단어는 동사로서, 행동하는 것을 가리킨다.

숨을 불어넣으시어 사람을 살게 하시는 창조주 하느님(창세 2,7)처럼 부활하신 주님께서도 제자들에게 숨을 불어넣으시며 성령을 주신다. 그들은 이 진리의 영, 보호자의 도움을 받아 진정한 제자들이 되어 갈 것이다. 성령은 죄와 의로움과 심판에 관한 세상의 그릇된 생각을 밝히실 것이고(16,8), 제자들을 진리 안으로 이끄실 것(16,13)이기에, 제자들은 사명을 수행할 수 있고 결실을 거둘 것이며 파견된 사람으로서 파견하신 분을 드러낼 것이다.

예수님은 성령을 받은 제자 공동체에 용서하는 전권을 부여하셨다. "너희가 누구의 죄든지 용서해 주면 그가 용서를 받을 것이고, 그대로 두면 그대로 남아 있을 것이다"(23절). "용서해 주면"(아페테 ἀφῆτε)의 그리스어 시제는 접속법 원과거로 한순간 이뤄진 용서의 상태를 말하고, "용서를 받을 것이고"(아페온타이 ἀφέωνται)의 시제는 직설법 완료 수동태이다. 주체가 명시되지 않았어도 이 수동태의 주어는 하느님이다. 또한 사용된 완료 시제는 용서의 지속적인 효력을 드러낸다. 제자 공동체가 하는 용서의 행위를 완전히 인정해 주신다는 말씀이다. 복음서가 사용한 이 시제를 가만히 들여다보면, 사람이 하는 용서와 하느님께서 하시는 용서의 길이와 넓이, 깊이가 다름을 깨닫게 된다. 실제로 사람이 하는 용서는 참으로 허술하고 짧은 경우가 허다하다. 사람이 용서한 것을 예수님이 받으시어 온전히 용서하시며 완료하신다.

그런데, "그대로 두면 그대로 남아 있을 것"이라는 말씀은 참으로 의미심장한 표현이다. '그대로 두다'는 '용서하다'의 반대로 볼 수 있다. 그러나 복음서는 의도적으로 '용서하다'의 반대말을 사용하는 대신, '그대로 두다'라는 말을 사용한 듯하다. 아마도 예수님 보시기에, 사람들 사이에서 사용할 수 없는 말인지도 모른다. '그대로 두다'(크라테오 κρατέω)는 어떤 의미에서는 보류이다. 여기서 크라테테(κρατῆτε "그대로 두면")는 접속법 현재형 동사이고, 케크라텐타이(κεκράτηνται "그대로 남아 있을 것")는 아페온타이처럼 직설법 완료 수동태이다. 그대로 두다의 시제가 죄가 그대로 지속되는 것을 드러내는 현재형인 것이 의미심장하다. 무척 냉엄하게 들리지만 해결할 수 없는, 판단할 수 없는 영역은 주님께 유보되는 것이다. 여기서 우리에게 주어진 것은 심판하는 권한이 아니라 용서하는 권한이라는 사실이 분명해진다.

요한 복음서는 사람의 죄를 용서하는 것을 사람을 살리는 일의 전형으로 소개한다. 용서로 새로운 삶이 가능해진다. 예수님은 벳자타 못가의 병자(5장)를 고치셨을 때에도 그의 몸을 고쳐 주셨을 뿐만 아니라 죄도 용서하셨다. 간음하다 잡혀 온 여인(8장)도 무죄 방면하시며 새 삶의 길을 열어 주셨다. 과거가 많은 사마리아 여인(4장)에게도 생명의 길을 열어 주셨다. 그분은 사람에게 참 생명을, 영원한 생명을 주고 싶어 하셨다. 왜냐하면 아버지께서 그 일을 하고 계시기 때문에 당신은 본 대로 하실 뿐(5,17.19-21)이라고 하셨다. 특히 벳자타 못가의 병자를 고치신 후, 유다인들로부터 항의를 받으실 때 하신 말씀이다. 그분이 사람을 다시 새롭게 살게 하시는 데에는 '용서'라는 요소가 들어가 있다. 용서는 곧 자비이다. 예수님이 성령을 주시며 숨을 불어넣으셨다는 말씀과 사람을 용서할 수 있는 권한을 주신 것은, 그분이 우리를 파견하면서 주신 중요한 임무가 사람을 살리는 것임을 의미한다고 해석할 수도 있다. 용서하는 것이 사람을 살리는 일임을 우리는 21장의 마지막 사화에서 다시 한 번 확인하게 될 것이다. 예수님이 완수하신 파견 임무처럼 제자들도 결국 사람을 살리는 임무를 맡아 예수님을 닮은, 하느님을 닮은(창세 1,26-27; 5,1) 사람들이 될 것이다. 요한 복음서에서 잘 드러나는 창조 신앙과 구원 신앙의 조화를 여기서도 볼 수 있다.

용서에 대한 숙고는 공관복음서에 나오는 '주님의 기도'를 상기시킨다. 예수님이 기도를 가르쳐 달라고 청하는 제자들에게 알려 주신 이 기도에서(마태 6,9-13; 루카 11,2-4), 전반부는 하느님 아버지의 영광을 기도하고 후반부는 인간의 삶에 필요한 복을 청원한다. 아주 간략하고 굵게 표현된 청원 내용은 '일용할 양식'과 '용서' 단 두 가지다. 이는 인간의 삶에서 용서가 갖는 비중과 의미를 아주 명백하게 드러낸다.

24-25절

이제 복음서는 부활하신 주님을 뵈었다는 증언을 믿지 않는 제자를 소개한다. 네 번째 부활 일화이다. 그 제자는 예수님과 가까이 있었던 사람 중의 하나인 토마스였다. 곧 "열두 제자 가운데 하나로서 '쌍둥이'라고 불리는 토마스는 예수님이 오셨을 때에 그들과 함께 있지 않았다"(24절). 토마스는 독자들이 이미 알고 있는 사람이다. 라자로가 발병했을 때 한마디 했고(11,16), 고별사 때 예수님이 가는 길을 어떻게 알 수 있느냐고 물었던(14,5) 그 제자이다. 이것으로 볼 때, 그가 직설적이고 강한 성격의 사람이라는 것을 조금 짐작할 수 있다. 또한 요한 복음서 독자 공동체에 잘 알려진 제자일 수도 있다. 그는 동료 제자들이 말하는 "우리는 주님을 뵈었소"(25절)라는 부활의 증언을 믿지 않는다. 구체적으로 자기가 체험을 해야만 믿겠다고 말한다. "나는 그분의 손에 있는 못 자국을 직접 보고 그 못 자국에 내 손가락을 넣어 보고 또 그분 옆구리에 내 손을 넣어 보지 않고는 결코 믿지 못하겠소." 여기서도 제자들 앞에 나타나신 분이 십자가에서 돌아가신 주님이라는 증거는 두 손과 옆구리의 상처이다. 부활하신 주님을 뵌 제자들이 손과 옆구리를 보여 주신 일을 증거로 이야기했음을 알 수 있다. 토마스는 '보다'-'믿다'라는 공식 하나를 제시했다.

26-29절

"여드레 뒤"는 일주일 후, 즉 부활 후 두 번째 주일을 가리킨다. 예수님이 다시 나타나셨는데, 그 자리에는 토마스도 제자들과 함께 있었다. 지난번과 마찬가지로 문이 잠겨 있었는데도 예수님은 들어오셔서 한가운데 서시어 평화의 인사를 하셨다. '아직 제자들이 두려움을 극복하지 못했는가'라고 물을 수도 있으나, 문을 잠근 행위만으로 제자들이 두려움을 극복하지 못했다고 할 수는 없다. "문이 다 잠겨 있었는데도 예수님이 오시어"(26절)라는 구절은 무엇보다도 토마스로 대변되는 사람들을 위한 설명으로, 그럼에도 불구하고 예수님이 들어오셨다는 사실을 강조한다. 이번 발현은 보지 않고서는 주님의 부활을 믿지 못하겠다고 단언했고 일주일이나 그 태도를 바꾸지 않고 있는 제자 토마스를 위한 것임을 알 수 있다. 무엇보다도 제자들이 일치하기를 원하시는 예수님은 토마스가 주님의 부활을 믿는 사람이 되고, 다른 제자들과 하나 될 수 있도록 도와주신다. 결국 이 일은 제자들이 공동으로 받은 은혜를 놓친 후 실망하여 완고하게 고집을 부리고 있는 한 제자를 위한 배려이자, 또한 앞으로 보지 않고 증언만 듣고 믿게 될 사람들을 위한 배려이기도 하다.

예수님이 나타나셔서 또 "평화가 너희와 함께!" 하시고 토마스에게 이르신다. "네 손가락을 여기 대 보고 내 손을 보아라. 네 손을 뻗어 내 옆구리에 넣어 보아라. 그리고 의심을 버리고 믿어라." 말씀 앞부분은 토마스가 믿음의 전제로 요구했던 증거 확인과 구구절절이 일치한다. 덧붙인 말씀은 "그리고 의심을 버리고 믿어라"(카이 메 기누 아피스토스 알라 피스토스 καὶ μὴ γίνου ἄπιστος ἀλλὰ πιστός)이다. 이는 '못 믿는 이가 되지 말고 믿는 이가 되라'는 의미이다. 토마스는 그제야 응답한다. "저의 주님, 저의 하느님!" 그러자 예수님이 "너는 나를 보고서야 믿느냐? 보지 않고도 믿는 사람은 행복하다"(29절)라고 하신다. 예수님은 '보아야'-'믿겠다'라는 토마스의 공식을 뒤집어 '보지 않고서도'-'믿는 이들'-'복되다'고 선언하신다.

"보고서야 믿느냐?"에서 '보다'(헤오라카스 ἑώρακάς)와 '믿다'(페피스테우카스 πεπίστευκας) 동사는 완료 시제다. 반면에 "보지 않고도 믿는 사람은 행복하다"(마카리오이 호이 메 이돈테스 카이 피스테우산테스 μακάριοι οἱ μὴ ἰδόντες καὶ πιστεύσαντες)에서, '보다'라는 뜻의 이돈테스(ἰδόντες)와 '믿다'라는 뜻의 피스테우산테스(πιστεύσαντες)는 원과거 분사이다. 원과거 시제는 완료형보다 지속성이 덜한 상태이다. 그렇지만 지속성이 부족한 믿음도 복되다는 것을 말해 주는 구절이다. 확실하고 견고함에 바탕을 둔 믿음도 중요하지만, 약하고 부족해도 시작하는 믿음이 복이라고 알려 준다. 독자는 요한 복음서를 읽어 오는 동안, 제자들의 믿음이 성장하고 견고해지는 과정을 보았다. 믿음은 성장하고 나아간다. 무엇보다 먼저 믿기 시작해야 믿음이 넓어지고 깊어지며 앎에 다다르게 된다.

예수님의 제자 토마스의 일화를 통해서 요한 복음서는 부활의 증인들의 말을 듣고 믿게 될 이들을 위한 자리를 마련하였다. "이들의 말을 듣고 저를 믿는 이들을 위해서도 빕니다"(17,20)라고 예수님이 기도하신 것과 같은 맥락에서, 제자들을 위한 표징 하나가 제시된 것이다.

4. 마무리 1 20,30-31

요한의 예수님 이야기는 이제 처음부터 끝까지 일주하였다. 서곡(1,1-18)에서 예수님이 어떤 분이신지를 독특한 찬가 형태에 담아 독자에게 알렸다. 그 이후 본문 전체를 통해서는 그분이 어떻게 그리스도이신지, 어떻게 하느님의 아들이신지, 어떻게 사명을 완수하셨는지를 이야기하였다. 구전으로 전해지던 예수님의 삶, 죽음, 부활에 대한 이야기가 그것을 직접 목격하지 못한 그리스도인들을 위하여 기록되었다. 마무리 이야기(20,30-31)는 첫 번째 요지로 여기에 쓴 것이 전부가 아님을 밝히며, 예수님은 기록하지 않은 다른 많은 표징도 제자들 앞에서 행하셨다고 전한다. 곧 예수님은 무엇보다도 모든 일을 '표징'으로 하셨다는 것과 그것을 '제자들 앞에서' 하셨다는 것을 명백히 밝힌다. 두 번째 요지로 이 글을 기록한 목적을 밝힌다. 이것은 예수님이 행하신 표징들의 목적이기도 하다.

요한 복음사가는 예수님이 그리스도요, 하느님의 아들이심을 '믿게 하기 위해서'(히나 피스테우세테 ἵνα πιστεύ[σ]ητε), 또 그렇게 '믿어서 생명을 얻게 하기 위해서'(히나 피스테우온테스 조엔 에케테 ἵνα πιστεύοντες ζωὴν ἔχητε) 이 글을 기록하였다고 전한다. 단순한 과거 사건의 기록집이 아니고, 기록의 완성에 초점을 맞춘 역사적 전기적인 기록물도 아니다. 요한 복음서는 표징을 통해 예수님이 하신 행위의 의미를 알려 주고 믿음을 촉구하는 글로서, 현재에도 이루어지고 있는 증언이고 선포다.

예수님을 만나 믿음을 가지게 된 사람들을 중심으로 보면 요한 복음서는 1,19-20,29까지 하나의 단일체를 이루는 구조이다. 1,19-4,54이 육화하신 예수님이 사람들 가운데 나타나신 첫 주간의 이야기이고(가), 마지막 부분인 20,1-29은 부활하신 주님께서 사람들 가운데 계신 마지막 주간의 이야기다(나).

(가) 제자단이 형성되는 첫 시간 이야기들을 들려주고(1,19-51) 예수님이 행하신 첫 표징을 이야기하며 예수님을 뵙고 믿음을 가지게 된 인물들을 소개한다(2,1-4,54). 그들은 요한의 증언을 듣고 예수님을 따라간 두 사람(하나는 안드레아, 다른 이는 익명), 시몬 베드로, 필립보, 나타나엘, 제자들, 니코데모, 사마리아 여인, 왕실 관리 등이다.

(나) 이야기의 마지막 일주일간 부활하신 주님께서 제자들 앞에 나타나시는데, 그분을 뵙고 부활신앙을 체험하며 믿음을 가지게 되는 사람들의 이야기를 들려준다(20,1-29). 그들은 시몬 베드로와 예수님이 사랑하시는 제자, 마리아 막달레나, 모여 있는 제자들, 토마스 등이다.

(가)와 (나) 두 대목은 전체 이야기의 앞뒤에서 이야기를 감싸며, 생전에 활동하시던 예수님, 부활하신 예수님을 뵙지 않고도 예수님을 믿게 되는 사람들을 위하여 증언하는 동시에 예수님을 알게 하며 믿게 하는 표징을 제시한다. 이 두 대목에서 독자들은 믿음을 가지게 된 사람 각자가 걸은 고유한 믿음의 여정을 볼 것이다. 이 제자들의 증언을 통해 믿게 될 사람들은 각자 여건에 따라 자신이 걸을 수 있는 믿음의 여정을 발견할 것이다. '믿음이 없는', '믿음이 부족한', '믿기가 어려운', '곧바로 믿게 되는' 중

에서 어느 것에서 시작하든 믿음은 계속 나아가야 하고, 성장하며 굳세어져야 한다. 온전히 진리를 알게 되고, 자유롭게 생명을 누리게 될 때까지 성장해 가야 한다.

마무리-에필로그 21,1-25

부활하신 주님이 티베리아스 호숫가에서 제자들에게 발현하신 21장 이야기는 이미 입문에서 언급한 바와 같이, 첫 집필이 20,30-31로 마무리된 다음 편집 과정에서 추가 삽입한 부분으로 본다.

21장은 초기 교회에 일어난 중요한 사실을 시사한다. 곧 시몬 베드로와 예수님이 사랑하시는 제자의 죽음이다. 더불어 이 사실들의 배경이 되는 시대와 세상의 변화 속에서 유다인도, 그리스도인도 자신들의 정체성은 물론 존속 여부, 삶의 방식을 놓고 결단하고 응답해야 했을 것이다. 복음서의 근간이 되는 구약 전통과 연관되어 있는 유다인의 적응에도 주의를 기울일 필요가 있었고, 본래 보유하고 있는 전승들에 대한 새로운 이해와 해석, 그리고 복음사가가 초기 복음서 기록에 사용하지 않는 요한계 자료들의 선별과 숙고 작업이 있었으리라고 본다. 복음사가가 "이 책에 기록되지 않은 다른 많은 표징"(20,30)이 있다고 하였고, 편집자 스스로도 자료가 많음을 언급하였다. "예수님이 하신 일은 이 밖에도 많이 있다"(21,25). 편집자는 추가 자료들을 가지고 본문을 수정하며 넣기보다는 병렬식으로 나란히 배열하는 형식을 취하였다. 덧붙인 자료라는 것을 드러내 놓고 보여 주기에 첫 번째 글도 파악하고, 추가한 의도와 목적도 읽어 내기가 수월하다. 두 번째 작업 흔적이라고는 하나, 21장이 없는 채로 요한 복음서가 회람된 적은 없다. 이 책에서 언급하는 요소들은 고대로부터 현대까지 같은 형태로 전승된 요한 복음서의 최종 본문이 우리에게 시사하고 있는 내용이다.

1. 부활하신 예수님과 제자들 21,1-23

21장에서 소개되는 일화는 세 가지인데 주제는 하나이다. 첫 일화에서 처음에 예수님이 다시 나타나신 경위가 소개되고(1절), 이어서 실제 사건이 전개되고(2-13절), 마지막에 이것이 예수님이 제자들에게 세 번째 나타나심이라고 하며 이야기를 마무리한다(14절). 이 대목과 연결되면서도 구분되는 두 번째 일화에서 베드로와 예수님의 만남 이야기가 등장하고, 곁들여서 예수님이 사랑하시는 제자에 관련된 세 번째 일화도 전해진다.

사실 베드로가 예수님이 잡혀가신 날 밤에 대사제 저택에서 예수님을 부인했던 일은 오늘날에도 심심찮은 우스갯소리를 만들 정도로 오랫동안 내려오는 이야기이다. 이천 년이나 지난 지금까지 그 실수가 이야깃거리가 되고 있으니 당대에는 어떠했겠는지 짐작할 수 있다. 더구나 시간이 흐른 후에는, 예수님이 사랑하시는 제자 중심으로 모인 공동체와 요한 복음서의 독자층인 후대 공동체에게 시몬 베드로에 대해 명백히 해명할 필요가 있었다. 죽지 않으리라고 믿었던, 예수님이 사랑하시는 제자가 죽은 것에 대해서도 해명이 필요했다. 이러한 해명을 통해 교회가 하나로 일치하도록 하려는 의도에서 두 번째 편집 과정이 있었다고 본다.

두 인물에 대한 이 소재는 생소하게 덧붙여지지 않고, 요한 복음서의 전체 구성과 조화를 이루면서 첨가되었다. 그래서 두 제자가 담당한 역할과 함께 그들에게서 드러나는 믿음의 여정이 한층 분명해졌다. 하나의 여정은, 첫 등장부터 익명(1,40)으로 나타나, 늘 예수님과 함께하는 여정을 통해 '예수님이 사랑하시는 제자'(13,23; 19,26)라는 정체성을 지니게 된 제자의 믿음의 여정이다. 다른 하나는 동생 안드레아의 증언을 듣고 예수님께 다가간 제자 시몬 베드로의 여정이다. 예수님은 그에게서 견실함의 잠재적인 가능성을 보셨고, '케파(바위)라고 불릴 것이다'(1,42) 하셨다. 시몬이 케파(베드로)가 되기까지 걷는 믿음의 여정이 마저 소개된다. 이 두 여정은 21장에서 좀 더 명시적으로 드러나며 그 끝을 보여 준다.

1) 시몬 베드로와 제자들 21,1-14

티베리아스 호숫가에 제자들이 있다. 시몬 베드로가 고기를 잡으러 가겠다고 하자 다른 제자들이 따라간다. 베드로는 제자들 사이에서 지도력을 지닌 인물이다. 그가 고기를 잡으러 가겠다는 말은 사실 스승 예수님을 만나기 전의 생업을 계속한다는 말이다. 부활하신 주님으로부터 세상에 파견되기는 했지만 제자들은 세상에서 무엇을 해야 좋을지 모를 수밖에 없다. 그들은 고향으로 돌아와 다시 고기를 잡으러 나갔는데 예수님이 그들에게 나타나신다. 당신께서 부활하여 살아 계신 주님이심을 다시 한 번 보여 주신다. 요한 복음서는 이것을 부활하신 예수님이 제자 공동체에 나타나신 세 번째 발현으로 자리매김한다.

1-2절

1절: "그 뒤에"(1절)라는 말로 이 이야기가 앞 이야기와 연결된다. '그 뒤에'란 복음서에 흔히 나타나는 부사인데 여기서는 예루살렘에서 제자들에게 발현하신 후를 가리킨다. 예수님이 티베리아스 호숫가에서 세 번째로 제자들에게 나타나셨다는 표현에서 확인되는 바다. '티베리아스 호수'는 예수님 생전 시기보다 훨씬 후대에 통용된 이름이다. 예수님의 제자들이 갈릴래아로 돌아와 있는데, 복음서는 이들이 돌아온 이유를 전하지 않는다. 공관복음에서는 부활하신 예수님이 여인들에게, 당신이 먼저 갈릴래아로 갈 터이니 제자들과 베드로도 갈릴래아로 가라고 전하라는 말씀을 하시는데(마태 28,7; 마르 16,7), 제자들이 갈릴래아에 간 상황까지는 전해 주지 않는다. 이런 사실을 감안하면 제자들이 예루살렘에서 갈릴래아로 돌아온 데에는 예수님의 뜻이 있었음을 알 수 있다. 여기서 부활하신 주님의 발현을 표현하는 데에 '드러내다'(파네로오 φανερόω) 동사의 원과거형 에파네로센(ἐφανέρωσεν)을 사용하였다. 파네로오 동사가 공관복음서와 다른 신약성경에서는 흔히 쓰이지 않았으나, 요한 복음에서는 예수님에게서 일어나는 계시를 말할 때 의미 깊게 사용되었다(1,31; 2,11; 9,3; 17,6).

1,31: 저분께서 이스라엘에 알려지시게 하려는 것이었다.
2,11: 카나에서 표징을 일으키시어 당신의 영광을 드러내셨다.
9,3: 하느님의 일이 저 사람에게서 드러나려고 그리된 것이다.
17,6: 저는 아버지의 이름을 드러냈습니다.

20장에서는 부활하신 예수님의 나타나심을 '오다' 동사로 묘사하였는데 21,1에서는 '드러내다' 동사를 사용하여 전혀 다른 분위기를 형성한다. 게다가 "드러내셨는데, 이렇게 드러내셨다"고 하며 이중으로 파네로오 동사를 사용하여 강조한다. 이 표현은 앞장에서 부활하신 예수님이 물리적으로 나타나신 것보다 무엇인가가 더 드러날 것을 암시하며 예고한다.

2절: 제자들이 "함께 있었다"(에산 호무 ἦσαν ὁμοῦ)라고 하며 함께 있던 이들의 이름을 나열한다. "시몬 베드로와 '쌍둥이'라고 불리는 토마스, 갈릴래아 카나 출신 나타나엘과 제베대오의 아들들, 그리고 그분의 다른 두 제자가 함께 있었다." 여기서 베드로와 토마스, 나타나엘은 복음서의 앞부분에서 언급된 적이 있는데 '제베대오의 아들들'은 요한 복음에서 처음 언급된다. 게다가 공관복음에서는 늘 함께 따라 나오는 '야고보와 그의 동생 요한'이라는 표현까지 생략되었다. 지금 복음서가 편집되는 시기는, 예수님과 함께 다니며 눈에 뜨이던 제자들이 활동하던 때로부터 세월이 많이 지난 이후 세대다. 독자들을 고려한다면 당시 복음서의 독자들에게 알려져 있고, 함께 있으며 두각을 드러냈던 제자들의 이름이 한층 더 강조되고 명시적으로 드러나는 것이 증언하는 데 훨씬 더 효과적이었을 것이다. 이 대목에서 특별한 역할이 없어도 이름을 알려 준 토마스나 나타나엘의 경우가 그렇다. 이들은 요한 복음 1장과 14장에서도 언급되며 두각을 드러냈다. 그런데 시몬 베드로와 늘 붙어 있던 동생 안드레아도, 부활 후 선교하러 늘 함께 다니던 요한도(사도행전) 여기에 이름이 등장하지 않는다. 따라서 이 명단은 제자들의 후기 상황을 전제로 하고 있음을 알 수 있다.

이런 맥락에서 몇 안 되는 제자들의 이름을 다 밝히지 않고 두 명이나 익명으로 남겨 놓은 것이 특이하다. 예수님이 첫 제자들을 만나시는 장면(1,35-42)을 기억할 때에도 두 사람의 이름 중 한 사람을 익명으로 남겨 놓더니 여기서도 그렇다. 학자들은 여기서 '일곱 명의 제자'라는 숫자를 중요하게 해석한다. 완전을 나타내는 숫자를 통해 미래의 그리스도 공동체를 상징했다는 것이다. 그럼에도 불구하고 이들이 누구일까 하는 의문은 해소되지 않는다. 이들 중에 예수님이 사랑하신 그 제자가 있다(7절). 사실 요한 복음은 그의 이름이 무엇이냐, 그가 누구냐가 중요하지 않다는 메시지를 계속 주면서, 독자가 바로 그의 자리에서 믿음의 여정을 걷도록 초대하고 있다.

제일 마지막에는 바로 그가 "이 일들을 증언하고 또 기록한 사람이다"라고 밝힌다(24절). 21장을 편집한 이는 '예수님이 사랑하시는 제자'가 복음서를 기록한 사람임을 마지막에 알려 준다. 이 사람이 십자가 아래에서 본 것을 증언하는 사실을 밝혔던 사람이다. "이는 직접 본 사람이 증언하는 것이므로 그의 증언은 참되다. 그리고 그는 여러분이 믿도록 자기가 진실을 말한다는 것을 알고 있다"(19,35). 복음서 전체에서 예수님을 믿도록 증언하는 첫 사람은 세례자 요한이다(1,1.19 등). 그리고 예수님은 하느님 아버지를 증언하며 알리시고(1,18; 3,32 등), 아버지는 아드님을 증언하신다(5,32.36 등). 그리고 이 모든 것을 증언하며 알려 주는 이가 바로 '예수님이 사랑하시는 제자'이다. 2절, 7절, 24절에서 편집자가 익명으로 복음서의 골격을 기록한 제자의 의도를 존중하며, 그의 증언의 원칙을 신실하게 따르고 있음이 확연히 드러난다.

티베리아스 호수

성경은 갈릴래아 호수를 공통으로 '바다'라고 부른다(《성경》의 번역은 대개 '호수'). 이 호수의 이름은 일반적으로 주변을 주도하는 주민들에게 달려 있다. 이 호수의 현대 히브리어 이름은 구약성경에서 유래하는 킨네렛(Kinneret)이다.

- 겐네사렛 호수(Lake of Gennesaret): 루카는 겐네사렛 호수(5,1), 또는 그냥 '호수'라고 부른다(8,22-23.33).
- 기노사르 바다(Sea of Ginosar): 킨네렛에서 파생된 이 이름은 바빌로니아 탈무드와 요세푸스의 작품에 나온다.
- 갈릴래아 바다(Sea of Galilee): 복음서의 일반적인 명칭으로(마태 4,18; 15,29; 마르 1,16; 7,31; 요한 6,1) 1세기 후반의 이름이다.
- 티베리아스 바다(Sea of Tiberias): 요한 복음서에만 나타나며 이 주변에서 티베리아스가 주요 도시로 부상한 후에 붙여진 이름인 듯하다. 티베리아스 호수는 로마 문서들과 예루살렘 탈무드, 아랍식 이름에 나타난다.

호수 서안에 위치한 티베리아스는 기원후 20년경에 헤로데 안티파스가 로마식의 새로운 수도로 건설하고 로마의 티베리우스 황제를 기려 이름 붙인 도시이다. 산간 지방에 있는 세포리스보다 육로, 해상의 교통이 편리하고 근처에는 온천(뜨겁다는 뜻의 어근이 들어가 있는 함맛 Hammat/Khamat 티베리아스)도 있다. 티베리아스는 본래 묘지 구역이었던 곳을 파내고 건설하였기에 유다인들이 기피하였다. 헤로데는 유다인들을 강제로 이주시키며 자유민으로 풀어 준다든가, 좋은 주택을 제공하는 등의 혜택을 주었다. 시간이 흐르며 점차 로마 시대에 주요 도시로 부상하였고, 135년 이후에는 유다인들이 대거 이주하여 문화의 중심지가 되었다. 이후 약 500년 이상 유다교의 중심지였으며 중요한 유다교 경전인 미쉬나와 탈무드가 여기서 쓰였다.

3절

나는 고기 잡으러 가네: 시몬 베드로와 함께 제자들은 배를 타고 고기를 잡으러 나갔으나 그날 밤에는 아무것도 잡지 못하였다. 나중에 예수님이 고기를 많이 잡게 해 주신다는 사실을 알리는 것이 이 일화의 목적은 아닐 것이다. 이 대목에서 시몬 베드로와 제자들이 나누는 대화에 귀 기울일 필요가 있다. 예수님의 공생활 때 비슷한 상황에 있었던 이야기를 굳이 반복하는 것이 아니라면, 이 장면의 강조점은 스승 예수님이 계시지 않은 상황에서 그들이 하는 행동과 말에 있다. "나는 고기 잡으러 가네"(휘파고 할리에우에인 Ὑπάγω ἁλιεύειν) 하고 시몬 베드로가 말하는데, 이 말은 예수님이 전에 그에게 "이제부터 너는 사람을 낚을 것이다"(아포 투 눈 안트로푸스 에세 조그론 ἀπὸ τοῦ νῦν ἀνθρώπους ἔσῃ ζωγρῶν) 하셨던 말씀(루카 5,10)을 떠오르게 한다.

함께 가겠소: 베드로의 말에 다른 제자들이 "우리도 함께 가겠소" 하고 응답하는 말이 의미심장하게 들린다. 물론 그저 달리 할 일도 없으니 생업으로 함께 고기를 잡으러 간다고 볼 수도 있다. 제자들 중 어부 출신은 시몬 베드로 형제와 제베대오의 아들들인 야고보와 요한뿐이고, 토마스와 나타나엘의 직업은 무엇이었는지 밝혀진 바가 없다. 익명의 두 제자 역시 그러한데 이들이 함께 가겠다고 말한다. 이 문장을 그리스어로 보면 동사에 내포된 주어로 그치지 않고 '우리'라는 1인칭 복수 대명사 헤메이스(ἡμεῖς)를 명시적으로 사용하여 주체를 밝히고, 어디와 무엇에 대한 특기 상황을 지정하지 않으면서 '당신과 함께'(순 소이 σὺν σοί) '간다'(에르코메타 Ἐρχόμεθα)고 현재 시제로 표현한 말이 가볍게 들리지 않는다. 이

는 조건 없이 시몬 베드로와 행동을 함께하겠다는 표현이다. 그들이 '함께 있었다'(에산 호무 ἦσαν ὁμοῦ)는 말로 2절을 시작하며 함께 있는 사람들을 밝힌 것에서도 화자의 동일한 의도가 개입되었음을 알 수 있다.

밖으로 나가 배를 탔다: 그래서 그들이 고기를 잡으러 나갔다고 간단히 표현하기보다는 '그들이 밖으로 나가 배를 탔다'(엑셀톤 카이 에네베산 에이스 토 플로이온(ἐξῆλθον καὶ ἐνέβησαν εἰς τὸ πλοῖον)라고 표현한다. 여기에 '나가다'(엑세르코마이 ἐξέρχομαι) 동사와 '들어가다'(엠바이노 ἐμβαίνω) 동사가 나란히 사용되었다. 어디에서 나가서 어디로 들어갔는가? 문장은 그들이 처음에 어디에 있었다고 밝히지 않지만, 있는 곳에서 '밖으로 나왔다'는 것을 구태여 말하고 그리고 배에 들어갔다(탔다)라고 한다. 거기까지 행동은 하였지만 아무 소득도 없었다고 한다. 일반적으로 고기를 잡는 것을 표현할 때 사용하는 '그물을 던지다'(ἀμφιβάλλω 마르 1,16), '그물을 내리다'(χαλάσω τὰ δίκτυα 루카 5,5)라는 표현 없이 배를 탔다는 것까지만 말한 것 역시 의도적으로 보인다. 물론 그 동사가 없었다고 해서 그물을 던지지 않았기 때문에 고기를 못 잡았다는 말은 아니다. 부활을 체험한 시몬 베드로와 제자들이 함께 무엇을 해보려 하나 성과가 없고, 미래가 불분명함을 말한다. 부활하신 주님을 뵌 제자들, 예수님의 영광을 뵙고 안 제자들이지만 아직 아무것도 할 수 없고, 하지 못하는 것을 이야기하는 듯하다. 그럼에도 불구하고 여기에는 시몬 베드로와 일치하여 움직이는 제자 공동체의 움직임이 보인다. 한정적으로 그날 밤에는 아무것도 잡지 못하였다고 조건적으로 표현한다. 이 말에는 이후 다른 상황이 전개되리라는 암시가 들어 있다.

4–5절: 예수님이 물가에 서 계셨다

어느덧 아침이 될 무렵, 예수님께서 물가에 서 계셨다. "그러나 제자들은 그분이 예수님이신 줄을 알지 못하였다." 아침이 될 무렵 배를 몰아 뭍으로 돌아오는데 물가에 서 계신 분이 보인다. 독자는 예수님이 서 계신 것을 알지만 제자들은 그분이 예수님이신 줄을 알지 못한다. 고기를 사려고 물가에 서 있는 사람으로 생각했을 수도 있다. 그 사람이 묻는다. '파이디아 메 티 프로스파기온 에케테?'(Παιδία, μή τι προσφάγιον ἔχετε;) 직역하면 '여보게들, 생선을 가지고 있지 않지요?'(못 잡았지요?) '가지다'(에코 ἔχω) 동사를 사용하여 관용적으로 수확의 상태를 묻는 표현이다. 그런데 부정의문문인 것이 특이하다. 그들은 대답했다. '없어요'(못 잡았어요). 그분은 배에 있는 이들이 물고기를 못 잡은 것을 알고 계시고, 제자들은 그분이 예수님인지 알지 못한다.

6–8절: 그물을 배 오른쪽에 던져라

물가의 예수님이 말씀하신다. "그물을 배 오른쪽에 던져라 그러면 고기가 잡힐 것이다." 여기서 '잡힐 것이다'에 직접적으로 잡다(람바노 λαμβάνω)를 뜻하는 동사가 아닌, 발견하다(헤우리스코 εὑρίσκω) 동사를 사용하였다. 즉 '발견할 것이다'라는 뜻이다.

그래서 제자들이 그물을 던졌더니, 고기가 너무 많이 걸려 그물을 끌어 올릴 수가 없었다. 상황이 이렇게 되니 예수님이 사랑하신 제자가 즉시 주님임을 알아본다. 이 광경에서 독자는 공생활 시기의 예수님을 즉각 떠올리게 된다(루카 5,5–7). 그렇게 오래 지나지 않은 언젠가의 상황과 똑같다(루카 5,1–11). 예수님은 제자들을 다시 부르신다. 그들을 사람 낚는 어부로 만들겠다고 하셨는데 이제 그때가 온 것이다. 이제 베드로는 주님의 도우심으로 153마리나 되는 고기가 잡힌 것을 볼 것이고(21,11), 그의 소명은 요한 복음서에 고유한 다음과 같은 말로 전해질 것이다. "내 양들을 돌보아라"(21,15.16.17).

예수님이 사랑하신 그 제자가 물가에 서 있는 사람이 주님이심을 깨닫자 곧 베드로에게 말한다. "주님이십니다"(호 퀴리오스 에스틴 ὁ κύριός ἐστιν). 부활하신 예수님에 대한 고백으로 사용되는 호칭이다. 시몬 베드로와 예수님이 사랑하시는 제자가 빈 무덤에서 중요한 역할을 맡았듯이, 여기서도 함께 있는 제자들 사이에서 이 두 제자가 중요한 역할을 한다. 당시 명망이 높던 이 제자는 베드로를 잘 뒷받침해 준다. 요한 복음서는 예수님이 사랑하시는 제자를 통하여 베드로의 위치를 확고히 하며 제자들 사이에 맺는 관계의 원형을 지혜롭게 소개한다. 뱃사람의 작업복 차림이던 베드로는 주님이시라는 말을 듣자 즉시 겉옷을 걸치고 호수로 뛰어 들었다. 예수님을 얼른 만나기 위해서이다. 베드로는 예수님과 자기 사이에 호숫물이 출렁이는 것을 계산하지 않는다. 예수님께 가고 싶을 뿐이다. 베드로는 주님 앞에서 늘 즉각 응답하는 제자의 면모를 보여 주며 주님을 향한 그의 마음을 드러낸다. 베드로의 이 행동은 이제 15절 이하에서 있을 장면을 준비한다. '아니, 빠져서 죽을 위험은 없는가?' 하는 독자의 질문에 화자는 답변한다. "그들은 뭍에서 백 미터쯤밖에 떨어져 있지 않았던 것이다"(8ㄴ절). 그러니 물가에서 지르는 큰 소리가 들릴 정도의 거리이다. 예수님이 사랑하시는 제자는 그분을 육안으로 알아본 것이 아니라 진행되는 일들 속에서 그분의 자취를 느낀 것이다.

그동안 다른 제자들은 "그 작은 배로 고기가 든 그물을 끌고 왔다"(8

ㄱ절). '배'를 가리키는 그리스어 단어로 3절과 6절에서는 플로이온(πλοῖον)이, 8절에는 소형 배를 가리키는 플로이아리온(πλοιάριον)이 쓰였다. 플로이아리온은 플로리온의 축소형 단어인데 같은 배를 두고 두 가지 단어가 다 쓰였다. 6장에서 배에 대해 언급할 때에도 21장처럼 두 단어를 섞어서(플로이온: 6,17.19.21.22.23; 플로이아리온: 6,22.23.24) 사용하였으니, 여기서 '작은 배'는 특별한 의미가 없었다고 볼 수 있다. 그런데 21장에서 작은 배(플로이아리온)라는 단어는 '고기가 너무 많이 걸려 그물을 끌어 올릴 수가 없었다'(6절)는 사정을 설명하는 역할을 할 수도 있다. 3절에서는 배에 탔다는 사실이 중요했고, 8절에서는 던진 그물에 고기가 가득 들어찰 경우 배 위로 끌어 올릴 수 없을 만큼 배가 작다는 사실과 고기가 그물에 가득 걸렸다는 사실이 중요하다. 그래서 그물을 바다에 띄운 채 배로 고기가 든 그물을 끌고 올 수밖에 없었다. 아무것도 잡지 못했던 이들이 주님의 말씀에 따라 그물을 던지니 배가 감당도 못할 정도로 고기를 많이 잡았다.

9-11절

제자들이 물가로 나왔을 때 본 광경은 놀라움 그 자체다. "숯불이 있고 그 위에 물고기가 놓여 있고 빵도 있었다." 물가에, 이 시간에, 주님 손수 마련하신 상이 차려져 있다!!!

예수님이 그들에게 "방금 잡은 고기를 몇 마리 가져오너라" 하시니 시몬 베드로가 그물을 뭍으로 끌어 올렸다고 전한다. 복음서는 베드로에게 조명을 맞춘다. 베드로가 헤엄쳐 물가에 계신 주님께 다가오는 동안 고기가 든 그물을 배로 끌고 온 다른 제자들(8절)이 있는데, 시몬 베드로가 예수님 말씀을 듣고 굳이 가서 배에 올라 그물을 뭍으로 끌어 올린다. 더구나 혼자서 끌어당길 양이 아니기에 같이하였을 텐데 시몬 베드로가 했다고 말하는 것을 통해, 이 대목이 베드로의 위치를 공고히 하려는 고유한 목적을 가지고 있음을 알 수 있다. 이어지는 내용은 시몬 베드로가 끌어올린 물고기의 숫자다. "그 안에는 큰 고기가 백쉰 세 마리나 가득 들어 있었다. 고기가 그토록 많은데도 그물이 찢어지지 않았다." 단순히 '많이 잡았다'가 아니라 잡힌 물고기의 수를 정확하게 알려 준다. 이 숫자를 통해서 드러내고자 하는 것이 있기 때문이다. 153마리의 고기는 전통적으로 그리스도인들을 나타낸다고 해석되었다. 여러 가지 해석 중의 하나는, 153은 1부터 17(17은 각각 완전수인 10과 7을 합한 수)까지의 수를 다 합한 것으로 보편적이고 완전함을 나타내는 숫자라는 것이다.

이 이야기는 세상에 파견된 제자들의 선교 활동을 위한 일화이다. 부활하신 주님의 발현을 체험한 후에도 제자들은 막상 어떻게 시작해야 하며, 무엇을 해야 하는지 알 수가 없었다. 그들이 탄 작은 배와 밤새 조업을 하고도 비어 있는 그물이 그들의 마음과 처지를 대변한다. 주님의 지속적인 인도와 안내가 필요하다. 그물은 교회이며, 그토록 많은 수를 담고도 찢겨지지 않은 것은 일치를 상징하고, 시몬 베드로가 그물을 끌어올렸다는 것은 그가 교회에서 수위권을 가지고 있음을 말한다고 해석하는 것이 일반적이다.

12-14절

예수님이 제자들에게 "와서 아침을 먹어라"(데우테 아리스테사테 Δεῦτε ἀριστήσατε) 하신다. 부활하신 주님께서 밤에 고기잡이를 나갔다가 새벽에 돌아온 제자들에게 아침을 챙겨 주신다. 이른 아침 제자들을 먹이신다. 좀 더 명확히 이야기하자면 고기를 잡으러 나갔으나 아무것도 잡지 못하고, 지쳐서 돌아오던 제자들이 배에 끌어 올릴 수 없을 정도로 고기를 많이 잡게 해 주시고 고기를 끌고 오느라 허기진 그들에게 양식을 주신다. 무척 감동적이고 평화로운 장면이다. 예수님이 손수 준비하셨고, 게다가 다가오셔서 빵도 집어 주시고 생선도 집어 주셔서 제자들은 먹었다.

그런데 아무도 "누구십니까?"라고 묻지 않았다고 한다. 다들 주님이심을 알았기 때문이다. 화자가 굳이 당연한 듯한 말을 전하는 것으로 보아, 부활하신 주님은 이전의 친숙한 예수님의 모습은 아닌 것으로 추정할 수 있다. 그래서 언뜻 외관만 보고는 예수님이신 줄을 알아보지 못하나(4절), 일련의 과정을 거치고 나서는 외관이 어떠하든 그분이 주님이시라는 것을 안다. 이렇게 예수님은 죽은 이들 가운데에서 되살아나신 뒤에 세 번째로 제자들에게 나타나셨다(14절). 제자들은 이제 그분이 하시는 말씀과 일어나는 일에서 주님을 뵙게 되었다. 그들을 통해 제자가 되는 미래의 제자들은 그분이 (성경을 통해) 들려주시는 말씀과 (자신과 주변의 삶에서) 일어나는 일들 속에서 주님을 뵙게 될 것이다.

세 번째 발현 대목(21,1-14)에서, 오늘 새벽 주님께서 그들에게 하신 일은 무엇인가? 이 일화의 목적은 예수님이 고기를 많이 잡게 하신 기적 이야기를 전하는 데 있지 않다. 오히려 파견(20,21)에 이어 시몬 베드로를 중심으로 한 제자 공동체가 함께해야 할 선교의 방법과 효과를 보여 주신 것이다. 주님께서 그토록 자상하고 섬세하게 선교 사명에 함께해 주신다는 이야기를 들려준 것이다. 주님께서 일러 주시는 대로 하면, 그분이 큰 고기 153마리가 상징하는 것과 같은 풍성한 수확을 책임지실 것이다. 그 일과 효과에서 제자들은 주님의 자취를 인식할 것이고, 주님께서 하시는 일임을 알게 되고, 그 일 가운데 주님이 드러나는 것을 보게 될 것이다. 이 대목의 마지막 구절은 "예수님은 죽은 이들 가운데에서 되살아나신 뒤에 세 번째로 제자들에게 나타나셨다"이다. 여기서 '나타나셨다'(파네로오 φανερόω)라는 동사로 1절에 두 번 나오는 '드러내셨다'(파네로오 φανερόω)와 대구를 이루며, 그 사이에 시몬 베드로와 함께하는 제자 공동체의 선교 사명을 위한 계시가 드러났음을 알 수 있다.

2) 예수님과 베드로 21,15-19

부활하신 주님께서 시몬 베드로와 제자들이 함께 있는 공동체에 나타나셔서 수확의 기쁨과 풍요로움을 체험하게 해 주셨다. 그리고 아침을 차려 주셨다. 예수님이 사마리아 여인을 만나시고, 사마리아인들을 만나셨을 때, '수확'에 대해서 말씀하셨다. "나는 너희가 애쓰지 않은 것을 수확하라고 너희를 보냈다. 사실 수고는 다른 이들이 하였는데, 너희가 그 수고의 열매를 거두는 것이다"(4,38). 그리고 제자들이 예수님께 잡수시라고 권하였을 때, 당신에게는 제자들이 모르는 먹을 양식이 있다며 음식 들기를 사양할 정도로 뿌듯해하셨다. 그러시던 주님께서 제자들에게는 상을 차려 주신다. "와서 아침을 먹어라." 훈훈한 분위기에서 아침 식사를 마쳤다.

예수님과 베드로는 함께 물가를 걷는다(20절). 예수님이 시몬 베드로에게 물으셨다. 주님을 만난 이래로 그는 케파(베드로)라고 불렸는데 지금 주님께서 그를 "요한의 아들 시몬아" 하시며 옛 이름으로, 부름받기 전의 이름으로 부르신다. 즉 예수님과 관계를 맺기 전의 이름으로 부르시는 것이다. 그리고는 물으신다. "너는 이들이 나를 사랑하는 것보다 더 나를 사랑하느냐?" 한 번이 아니라 세 번이나 거듭 그렇게 부르시고 똑같이 물으신다. 베드로도 세 번 대답한다. 지금 베드로는 부활하신 주님께 큰 은혜를 입고 있는 중이다. 회복과 치유의 과정 중에 있다. 예수님과의 관계를 세 번이나 부인했던 그는 주님과의 관계를 처음부터 다시 시작하면서 떼어 낼 수 없는 깊은 관계를 표현하는 말을 할 수 있게 되었다. 그것도 세 번이나 반복해서 거듭 말씀드릴 수 있었다.

과연 주님은 사람의 마음을 아시는(2,25) 전지한 분이시다. 그분은 사람의 마음이 얼마나 약한지를 아신다. 사람 사이에서 상처 입고 좌절한 마음이 회복되기 위해 무엇이 필요한지를 아신다. 시간이 필요하고, 반복적인 확인이 필요한데 그것은 관계 속에서 이뤄진다. 그래서 깨어진 관계를 더 견고한 관계로 완벽하게 회복시키신다. 베드로는 이미 자신이 주님께 용서 받았음을 알고 있었다. 그랬기에 그 밤에 스승을 부인하고도 제자 공동체로 돌아와 그들 사이에 머물 수 있었다. 그것은 그의 믿음이었다. 그럼에도 불구하고 베드로는 감히 주님을 사랑한다고는 말할 수 없는 처지였을 텐데, 주님께서는 베드로가 주님을 사랑하고 있음을 확인할 수 있도록 도와주신다.

이 과정은 베드로뿐 아니라 함께 있는 사람들에게도, 다른 제자들에게도 필요한 회복의 과정이다. 주님과의 관계를 확인할 때 서로의 관계도 분명해진다. 그리고 예수님은 그에게 새로운 사명을 주신다. 당신의 일을 베드로에게 위임하시는 것이다. 완전한 아름다움을 보여 주는 사랑의 마음이다. 베드로는 살아났다. 그는 온전히 회복된 제자로 주님께 사랑받고 또 주님을 사랑하는 제자로 당당하게 살 것이다. 더구나 그에게 맡겨진 일이란 그분께서 지상에서 하시던 바로 그 일이다. "내 어린 양들을 돌보아라." 당신의 사람들이 살아갈 수 있도록 도와주라는 말씀이다. 사람을 살리는 일을 하라는 것이다. 베드로는 예수님이 자기를 사랑한 것처럼 사랑하는 삶을 살 것이다. 예수님처럼 파견하신 분의 뜻을 채우며 살 것이다.

여기서 잠깐 최후의 만찬에서 있었던 일을 떠올려 보자. 그때 베드로는 절대로 자신의 발을 씻지 못하게 하였다. 그때 예수님이 이렇게 말씀하셨다. "내가 너를 씻어 주지 않으면 너는 나와 함께 아무런 몫도 나누어 받지 못한다"(13,8). 그래서 베드로는 기꺼이 주님 손에 자신의 발을 내밀었고, 주님은 그의 발을 씻어 주셨다. 주님은 제자들이 깨끗하다고 이르셨다. "목욕을 한 이는 온몸이 깨끗하니 발만 씻으면 된다. 너희는 깨끗하다"(13,10). 제자들은 예수님이 그들에게 하신 말씀으로 이미 깨끗하게 되었다(15,3). 제자들은 이미 주님께 속해 있고 주님과 깊은 유대 관계를 맺고 있다. 이미 그분의 제자이고, 그분과 운명을 함께한다.

그런데 근원적으로 그 관계 안에 있으면서도, 그분을 따라 살고 움직이면서도 씻을 일은 또 생기기 마련이다. 주님은 이미 알고 계셨기에 미리 발을 씻어 주신 것이다. 그렇기에 시몬 베드로가 예수님께 "주님, 어디로 가십니까?" 하고 물었을 때 예수님은 그에게, "내가 가는 곳에 네가 지금은 따라올 수 없다. 그러나 나중에는 따라오게 될 것이다"(13,36) 하고 대답하셨던 것이다. 주님은 베드로가 당신, 곧 예수님을 사랑하고, 죽기까지 따를 것임을 알고 계셨다. 거기에 더하여 베드로가 위기의 순간에 찰나의 두려움으로 주님을 모른다고 말할 것도 알고 계셨다(13,38). 그러니 지금은 아니지만 나중에는 따라올 것이라고 말씀하실 수 있었다. 예수님은 이미 미래를 용서하시고 출발하셨다. 이 대목은 이 모든 것을 확인하고 증명한다. 이미 예수님이 시몬 베드로의 발을 씻어 주셨다. 베드로는 깨끗하기에 당당하게 주님의 수제자로서, 주님과 공유한 사랑으로 주님의 양 떼인 사람들을 돌보고 이끌 것이다. 나중에 깨닫게 될 것이라고 하셨는데(13,7) 예수님의 죽음은 죄인들을 위한 구원과 사랑의 행위였다. 베드로는 예수님의 제자인 동시에 그 수혜자다. 그는 예수님에게서 발을 씻겼기에 예수님과 운명을 함께하며 그분과 함께 몫을 나누어 받을 것이다.

15절

예수님이 베드로에게 물으신다. "요한의 아들 시몬아, 너는 이들이 나를 사랑하는 것보다 더 나를 사랑하느냐?" 질문은 이중이다. '나를 사랑하느냐?'(아가파스 메? ἀγαπᾷς με), '이들보다 더?'(프레온 투톤? πλέον τούτων;) 베드로는 사랑을 고백해야 한다. 사랑을 배신한 일이 있어도, 관계를 부인한 일이 있어도, 그가 예수님을 여전히 사랑하고 있는 것은 사실이다. 주님께서 그를 예전의 이름으로, 그를 처음 만나실 때 이름으로 부르셔도 그는 예수님을 사랑하고 있다. 다른 제자들보다 더 나를 사랑하느냐고 아프게 물으셔도 그는 대답한다. 자신이 한 일을 뚜렷이 기억하고 있으면서 사랑을 고백하는 용기를 낸다. 진정 사랑하는 사람만이 낼 수 있는 용기이다. "예, 주님(나이 퀴리에 ναὶ κύριε), 제가 당신을 사랑하는 줄을 당신께서 아십니다"(수 오이다스 호티 필로 세 σὺ οἶδας ὅτι φιλῶ σε). '제가 당신께 잘못을 했지만, 그럼에도 불구하고 제가 당신을 사랑하는 줄을 당신이 아십니다'라고 말씀드린다. '다른 제자들보다 더'라는 비교는 베드로의 마음에서 사라졌다. 그는 다만 자신이 주님을 사랑한다는 것을 안다. 그리고 주님께서도 이를 아신다고 믿는다. 예수님에 대한 깊은 신뢰와 사랑에서 나오는 고백이다.

이 대목에 세 번 사용된 '사랑하다' 동사를 두고 논란이 있었다. 예수님은 아가파오(ἀγαπάω) 동사를 사용하여 질문하시고 베드로는 필레오(φιλέω) 동사로 대답하는 것에서, 두 동사가 표현하는 사랑에 질적 차이가 있는지가 논의된 것이다. 오래 논란되었으나 오늘날에는 요한 복음에서 두 동사가 자유롭게 사용되며, 구약의 아하브(אָהַב 사랑하다) 동사를 번역할 때 그리스어 칠십인역이 아가파오나 필레오 두 동사를 자유로이 썼다는 근거에 따라, 두 동사의 차이에 큰 비중을 두지 않는다.

예수님이 말씀하신다. '네가 내 어린 양들을 먹여라'(보스케 타 아르니아 무 Βόσκε τὰ ἀρνία μου). 베드로는 어부였고, 앞 대목의 고기잡이에서 풍부한 수확을 거두면서 선교 사명을 수행하는 모습을 보여 주었다. 사람을 예수님께로 부르고 모으는 선교 사명에 어부의 비유가 사용되고, 모인 사람들을 지키고 돌보는 사명에는 목자의 비유가 적용되었다. 이 대목에서 예수님은 베드로에게 목자의 역할을 위임하신다. 착한 목자와 관련된 목자의 역할을 하도록 사명을 주신다. 착한 목자이신 예수님의 역할(10,14-18)과 베드로의 역할이 연결되며 계승된다. 요한 복음서의 독자들은 당대 세계관에 비추어 넓은 영역으로 보아도 대개 지중해 연안의 팔레스티나와 요르단 건너편 지역, 시리아와 소아시아 지역에 사는 사람들이었을 것이다. 그들에게 유목이든, 반유목이든 양치기에 관련한 일은 일상에서 친숙했을 것이다. 그래서 복음서는 별다른 설명 없이 이 대화를 전한다.

16절

예수님이 두 번째로 물으신다. "요한의 아들 시몬아, 너는 나를 사랑하느냐?" 베드로가 대답한다. "예, 주님! 제가 주님을 사랑하는 줄을 주님께서 아십니다." 예수님은 그에게 사명을 주신다. "내 양들을 돌보아라"(포이마이네 타 프로바타 무 ποίμαινε τὰ πρόβατά μου). 첫 질문과 대답에 사용된 동사들(사랑하다, 알다, 사랑하다)이 똑같이 쓰였다. 다만 양과 관련하여 다른 두 개의 동사 보스코(βόσκω)와 포이마이노(ποιμαίνω)가 사용되었다. 그리스어로 보스코 동사는 일반적으로 동물을 먹인다는 의미이고, 포이마이노는 가축을 돌보고 지키며 먹이는 의무까지 포함하며 비유적으로 '지도하다', '다스리다'는 의미를 지닌다. 아가파오와 필레오(사랑하다) 동사의 경우와 마찬가지로, 히브리어에서 먹이는 일과 돌보고 지키는 일을 가리키는 동사는 라아(רָעָה) 동사 하나뿐이다. 목자에 대한 표상이 무엇보다도 구약성경에 근거하기에 히브리어를 바탕으로, 라아 동사의 의미에 비중을 두면 두 동사를 특별한 구분 없이 사용할 수 있겠다. 두 동사가 다 베드로에게 주어진 사목적 역할의 성격을 드러낸다. 주님을 사랑하는 이가 주님의 양들을 돌보며 그분을 향한 사랑이 양들에게 표현되는 것은 당연하고 자연스러운 귀결이다. 여기에서 사랑으로 양들을 돌보는 개념이 생겨나며 포이노와 포이마이노의 본질적인 의미가 드러난다.

17절

"예수님이 세 번째로 베드로에게 물으셨다. '요한의 아들 시몬아, 너는 나를 사랑하느냐?'" 세 번이나 '나를 사랑하느냐?' 물으시는 바람에 베드로는 슬퍼졌다. 베드로는 슬퍼하며 대답한다. "주님, 주님께서는 모든 것을 아십니다. 제가 주님을 사랑하는 줄을 주님께서는 알고 계십니다." 베드로는 자신과 주님의 관계에 대한 판단을 주님께 맡기며 거기에 일치하는 대답을 한다. 그는 이제 자신을 과신하지 않는다. 그러자 주님께서는 또다시 사명을 주신다. "내 양들을 돌보아라"(Βόσκε τὰ πρόβατά μου).

15-17절의 핵심은 주님께서 베드로에게 당신의 사명을 위임하시고, 베드로가 주님의 제자 공동체의 수장으로서 어떻게 살고 일할 것인지 세 번에 걸쳐 반복 강조하시는 방식으로 상세하게 가르침을 주시듯 명령을 내리셨다는 것이다. '양을 치는 목자'의 심상心象을 대하며 16,32을 떠올린다. "너희가 … 흩어질 때가 온다." 제자들은 흩어졌었다. 예수님은 부활 발현을 통하여 그 제자들을 다시 모으시고 파견하시고 사명을 주신다. 그분께서 흩어진 양 떼를 모으시듯 제자들을 돌보신다. 베드로도 주님처럼 그렇게 양을 돌보게 될 것이다. 여기서 가장 중요한 것은 베드로가 주님을 사랑하는가이다. 세 번이나 나를 사랑하느냐고 반복하여 질문하시며 확인하신 데에는, 단순히 심리적인 이유뿐만 아니라 아주 중요한 신학적인 이유가 있다. 주님에 대한 베드로의 사랑이 바로 사목 활동의 기반이고 출발이라는 것이다. 주님에 대한 사랑에서 주님의 양들을 돌보는 사목 활동이 생겨난다. 주님의 양들을 돌보는 사명은 믿음으로 주님을 따르는 것에서 한 걸음 더 나아간 일로 자리매김되었다.

14장에서 주님은 당신에 대한 사랑은 당신의 뜻을 따르고 실천하는 행동과 삶으로 확인된다고 거듭 말씀하셨다. 요한 복음서는 '주님에 대한 사랑'이 있어야 제자로서 파견된 임무를 수행할 수 있음을 강조한다.

다음 구절들(14,15.23.28.21)이 주님을 사랑하는 것이 전제될 경우, 뒤따르게 되는 행실을 이야기한 부분인데 여기서 상기할 필요가 있다.

14,15	나를 사랑하면(Ἐὰν ἀγαπᾶτέ με) 내 계명을 지킬 것이다.
14,23	누구든지 나를 사랑하면(Ἐάν τις ἀγαπᾷμε) 내 말을 지킬 것이다.
14,28	너희가 나를 사랑한다면(εἰ ἠγαπᾶτέ με) 내가 아버지께 가는 것을 기뻐할 것이다.
14,21	내 계명을 받아 지키는 이야말로 나를 사랑하는 사람이다(ἐκεῖνός ἐστιν ὁ ἀγαπῶν με)

이렇게 요한 복음서는 주님에 대한 사랑과 제자의 길이 하나로 이어져 있음을 예수님이 누차 말씀하셨다는 사실을 확인하며, 구체적인 현실, 곧 시몬 베드로가 사명을 위임받는 장면(21,15-18)에서 이 둘이 불가분의 관계에 있음을 명시적으로 드러낸다. 여기에 '사랑하다'라는 의미로 사용된 동사는 모두 아가파오(ἀγαπάω) 동사다. 화자는 그리스어로 예수님의 사랑을 표현하는 데에 이왕이면 아가파오를 선택했다. 요한 복음에서 '사랑하다'가 가지는 의미와 비중은 실로 어마어마하다. 실제로 요한 복음서에서 예수님이 세상에 오시어 하신 모든 일, 제자들과 함께한 모든 것은 '사랑하다'로 요약되었다. "그분께서는 이 세상에서 사랑하신(ἀγαπήσας) 당신의 사람들을 끝까지 사랑하셨다(ἠγάπησεν)"(13,1).

예수님과 제자 관계의 출발점이며 근간이고, 본보기인 아버지와 아들의 관계 역시 사랑으로 요약된다. 이것 역시 요한 복음서에 명시되어 있다(15,9.10; 16,27; 참조 15,12; 13,34).

15,9	아버지께서 나를 사랑하신 것처럼 나도 너희를 사랑하였다. 너희는 내 사랑 안에 머물러라.
15,10	내가 내 아버지의 계명을 지켜 그분의 사랑 안에 머무르는 것처럼, 너희도 내 계명을 지키면 내 사랑 안에 머무를 것이다.
16,27	바로 아버지께서 너희를 사랑하신다. 너희가 나를 사랑하고 … 믿었기 때문이다.
15,12 13,34	이것이 나의 계명이다. 내가 너희를 사랑한 것처럼 너희도 서로 사랑하여라.

요약하자면 이것이 후대 공동체에서 시몬 베드로의 위상이 문제되었을 때, 예수님이 세 번에 걸쳐 당신과의 관계를 부인한 베드로의 사건을 해결하시면서 "요한의 아들 시몬아, 너는 나를 사랑하느냐?"라는 언어를 선택하신 배경이다. 이 맥락에서 요한 복음서는 주님의 제자 공동체, 교회에서 베드로의 사목 활동의 방향을 제시하며, 덧붙여 요한에서 중요한 주제인 용서와 관련된 관계 회복에 대한 이야기를 들려준다. 주님께서는 세 번에 걸쳐 당신과의 관계를 부인했던 베드로의 죄를 없애시며 그의 상처를 치유하신다. 이제 베드로는 세 번에 걸쳐 예수님과의 관계를 회복하고 확인했다. 주님께서는 베드로 자신을 위해서도, 그를 알고 함께 지내는 다른 사람들을 위해서도, 완전한 방법으로 관계를 회복시키셨고, 지속적으로 관계를 맺어 가는 방법을 독자에게 알려 주신다. 곧 용서하고 회복시키며 살리는 그분의 사랑을 알려 주신다. 그 사랑으로 서로 관계를 맺으라는 계명을 주셨는데 좋은 예를 하나 보여 주신 것이다. 요한 복음서의 전체 맥락에서 이것은, 말씀을 전해 듣고 믿게 될 미래의 제자들을 위한 또 하나의 표징이다. 예수님이 세 번에 걸쳐 베드로에게 반복적으로 주신 사명의 성격을 살펴보자. 첫 번째는 대상이 '당신의 양들'이

라는 것이다. 그 양들이 하느님께서 그분에게 보내시는 사람들, 그분의 사람들, 그분을 믿고 따르는 사람들임은 너무도 확실하다. 10장에서 말씀하셨던 대로 착한 목자처럼 양들의 생명을 돌보라는 것이다. 강도에게서 지키고, 푸른 풀밭으로 인도하여 잘 먹여서 양들이 살도록 하라는 것이다. 당신의 사명을 제자에게 똑같이 주시는 것이다.

구약성경의 '사랑하다' 동사로 보는 "사랑하느냐"

요한 복음서가 구약성경 전통을 기반으로 하고 그 정신에 충실하고 있다는 사실을 생각하면, 여기서 필레오냐 아가파오냐가 중요하지 않다는 것은 더욱 자명해진다. 예수님이 여기서 말씀하시는 '사랑하여라'의 의미는 그리스어 단어 풀이를 통해서가 아니라 구약성경 전체 맥락에서 찾아야 한다. 구약성경에서 '사랑하다', '사랑'의 뜻으로 직접 사용되는 단어는 아하브(אָהַב), 아하바(אַהֲבָה)이다. 아하브는 인간 사이의 사랑의 관계는 물론, 구약성경에서 주님과 이스라엘의 관계를 표현하는 데에도 사용된다. 이스라엘을 위한 주님의 사랑은 그분이 이스라엘을 벌하시기도 하고 구원하시기도 하는 동기가 된다. 사랑하는 그 행위로 말미암아 나타나는 하느님의 마음, 그 사랑은 '헤세드'로 표현되는데 우리말 성경에서는 흔히 자애나 자비, 은혜로 번역된다. 헤세드는 구약성경에서 매우 자주 등장하는 중요한 개념 중의 하나이다. 구약성경이 드러내는 주요한 하느님의 본질 중 하나이다.

헤세드(חֶסֶד 자애)는 구약성경에 나타나는 하느님 백성의 역사와 삶에서 굵직한 맥락으로 흐르고 있다. 곧 구약성경 전반에 걸쳐 나타난다. 탈출 여정에서 "당신께서 구원하신 백성을 자애로 인도하시고 당신 힘으로 그들을 당신의 거룩한 처소로 이끄셨습니다"(탈출 15,13)에 드러나고, 광야 여정에서 "나는 너를 영원한 사랑으로 사랑하였다. 그리하여 너에게 한결같이 자애를 베풀었다"(예레 31,3)에 드러나고, 왕정 시대의 역사에서도 "이스라엘 집안을 위하여 당신의 자애와 성실을 기억하셨다. 우리 하느님의 구원을 세상 끝들이 모두 보았다"(시편 98,3)에 드러난다. 자연 현상을 보고 "형벌을 위해서건, 당신의 땅을 위해서건 은혜를 위해서건 그분께서는 그것을 들어맞게 하십니다"(욥 37,13) 하고 말할 때에도 드러난다. 사실 주님의 자애는 온 땅에 가득하니(시편 33,5; 119,64), 이스라엘 공동체는 성전에서 주님의 자애를 마음속에 그리며 기도할 수 있었고("하느님, 저희가 당신 궁전에서 당신의 자애를 생각합니다": 시편 48,10), 감사 기도를 할 수 있었다("주님께 감사하여라, 그 자애를 사람들을 위한 그 기적들을": 시편 107,8.15.21.31). 주님(야훼)의 헤세드는 강한 힘(탈출 15,13), 승리나 구원(시편 85,8.10), 정의와 공정(예레 9,23; 시편 33,5), 구원(시편 130,7)의 행동으로 표현되었다.

헤세드의 반대 개념은 하느님의 분노에서 나타나는데, 분노 가운데서도 신적인 헤세드가 드러난다. 그 예로 "나는 너를 영원히 아내로 삼으리라. 정의와 공정으로써 신의와 자비로써 너를 아내로 삼으리라"(호세 2,21).

주님의 헤세드는 아주 오래 전 시작하였고("기억하소서, 주님, 먼 옛날부터 베풀어 오신 당신의 자비와 자애를": 시편 25,6), 영원히 지속될 것이다("주님의 자애는 영원하시다": 시편 106,1; 107,1; 117,2). 헤세드는 예레미야에 의하면 영원한 사랑과 동일하다(예레 31,3).

구체적인 사람, 다윗에게서 드러난 주님의 사랑에 대하여 다윗은 '주님은 나의 목자'라고 노래한다. 시편 23편은 아하브와 헤세드를 집약적으로 드러낸다.

> "주님은 나의 목자(아도나이 로이 יְהוָה רֹעִי) …
> 저의 한평생 모든 날에 호의와 자애만이 저를 따르리니 …
> (아크 톱 워헤세드 이르더푸니 콜-여메 אַךְ טוֹב וָחֶסֶד יִרְדְּפוּנִי כָּל־יְמֵי חַיָּי)"

한편 인간의 입장에서 헤세드가 사용되면 무슨 뜻인가. 헤세드에는 확고한, 불변하는 사랑이라는 의미가 담겨 있다. 인간 편에서 보면 충실한 사랑, 곧 충실이라고 할 수 있겠다. 또 주님께서 베푸시는 사랑을 본보기로 삼아 '사랑하여라'(13,34;

15,12)의 의미를 살펴볼 수도 있다. 주님께서 베드로에게 당신을 사랑하는지를 확인하고 당신의 양들을 맡기시며 "내 양들을 돌보아라" 하신 말씀을 베드로가 따르고 실천하려면, 주님께서 양들을 어떻게 돌보았는지를 잘 알아야 하겠다.

18-19절

예수님은 베드로의 삶이 어떻게 될 것인지를 암시하신다. 베드로는 남에게 이끌리어 원하지 않는 곳으로 갈 것이라 말씀하셨고, 화자는 이를 베드로가 어떠한 죽음으로 하느님을 영광스럽게 하실 것인지를 가리키신 말씀이라고 풀이한다. 목자로 일하며 베드로가 가는 길의 마지막이다. 15-17절에서 말하는 베드로의 역할은 18-19절과 깊게 연결되어 있다.

베드로는 주님과 관계를 온전히 회복했을 뿐만 아니라 그의 삶과 죽음이 그분 안에서 완성되리라는 말씀까지 들었다. 베드로의 죽음도 예수님처럼 하느님을 영광스럽게 하는 죽음이다(19절: 참조 11,4.40; 12,28; 13,31-32; 17,1-5). 예수님은 마지막에 이렇게 말씀하신다. "나를 따라라." 이 말씀으로 이 대목이 마무리된다. 베드로는 예수님을 따르는 제자이다. 이제 그는 그분을 따라 그분께서 가신 길을 갈 것이다.

다른 복음서들에서 "나를 따라라"는, 공생활 초기에 예수님이 제자들을 부르시는 말씀으로 시작 부분에 등장한다. 그러나 요한 복음서에서는 제일 마지막에 이 초대 말씀이 나타나는데 시몬 베드로가 대표로 그 말씀을 듣는다. 베드로는 제자로서 겪은 모든 일, 그가 걸어갈 모든 여정을 간직하고, 다시 일어나 계속 가는 여정에서 이 초대 말씀을 듣는다. 제자로서 걷는 베드로의 여정에 중간 지점일지 마지막 지점일지 모르나, 그는 이 초대 말씀으로 남은 사명과 여정을 마무리할 것이다. 양들을 돌보는 일(21,15-17)에서도, 죽음으로 하느님을 영광스럽게 하는 일(21,18-19)에서도 그는 예수님을 따를 것이다. 모든 제자는 각자 자신이 가야 할 길이 있다. 그 고유한 길에서 주님을 따르는 것이다(21,22).

베드로의 순교

사도행전에 의하면 베드로는 오순절을 기점으로 군중 앞에서 설교하며 예수님을 선포하기 시작한다. 베드로는 요한과 함께 예루살렘에 머물며 성전을 드나들었다. 불구자를 치유하고 기적을 행하며, 솔로몬 주랑에서 설교도 하였다. 유다인 최고 의회에서 예수님의 이름과 부활을 증언하였다. 예수님을 증언하는 제자 공동체의 수장으로 활동하였다. 예루살렘 교회가 박해를 받으니, 제자들은 유다와 사마리아 지방으로 흩어졌다. 베드로도 모든 지방을 두루 다니며 중풍 병자도 고치고, 여제자 타비타도 다시 살리는 일을 하며 야포에 머물렀다. 환시를 보고 이방인 백인대장 코르넬리우스를 찾아가 세례를 주었다. 예루살렘 교회를 중심으로 선교 활동을 나누고 의논하였다. 한편, 박해로 흩어진 이들이 퍼져나가 안티오키아에 교회를 세우게 된다. 기원후 43년 헤로데 아그리파스가 베드로를 감옥에 가두기도 하나 주님의 섭리로 풀려난다. 49년 예루살렘 회의에서 이방인을 교회에 받아들이기로 결정한다. 사도행전에는 베드로의 기록이 여기까지 나타난다.

95년경 로마의 클레멘스는 베드로가 박해 속에서도 거룩하고 위대한 모범을 보여 주었다고 〈코린토인들에게 보낸 편지〉에 기록했다. 안티오키아의 이냐시오가 쓴 〈로마인들에게 보낸 편지〉에도 같은 기록이 있다. 2세기 말엽의 테르툴리아노와 오리게네스, 에우세비오 등도 같은 증언을 전한다. 오리게네스는 "베드로는 로마로 가서 커다란 고통을 맞이하였다. 이는 그 자신이 스스로 고통을 껴안았기 때문이었다"라고 기록하였다. 테르툴리아노는 베드로가 65년 네로 황제의 대박해 시기에 순교하였고, 십자가에 거꾸로 매달려 죽었다고 전한다.

외경 《베드로 행전》이 베드로의 순교를 자세히 기록한다. 교우들이 박해를 피해 피신하도록 베드로에게 권하였다. 베드로가 로마 도성을 벗어나며 고대 아피아 길에 들어섰을 때 예수님을 뵙는다. 베드로는 예수님께 "Quo vadis, Domine?"(주님, 어디로 가십니까?) 하고 질문한다. 예수님은 "십자가에 못 박혀 죽으려고 로마로 가는 길이다"라고 대답하셨다. 베드로가 "주님, 십자가에 다시 못 박히겠다는 말씀이십니까?" 물으니, "그렇다. 베드로, 나는 다시 십자가에 못 박힐 것이다" 하고 예수님이 대답하셨다. 베드로는 이 말씀의 의미를 알아듣고 정신을 차려 주님을 찬미하면서 로마로 다시 갔다. 돌아가서 교우들에게 자기가 본 환시를 전해 주고, 로마군에게 체포되어 십자가에 거꾸로 매달려 순교했다. 스승과 같은 자세로 죽을 수는 없다고 거꾸로 매달아 달라고 했다고 한다.

3) 예수님과 애제자 21,20-23

20절

20-23절은 예수님이 사랑하시는 제자를 두고 베드로와 주님이 이야기를 나누는 대목이다. 여기서는 '주님을 따름'이 강조된다. 지금 주님과 베드로 둘이 물가를 거닐며 이야기를 나누고 있다. 아마도 주님께서 베드로에게 따로 중요하게 하실 말씀이 있으시기에 둘만의 대화 시간을 가지셨으리라. 좀 떨어져서 예수님이 사랑하시는 제자가 그 뒤를 따르고 있다. 그가 "따라오고 있었다"(아콜뤼툰타 ἀκολουθοῦντα, 뒤따르다 ἀκολουθέω의 현재분사). 요한 복음서 전체에서 그는 언제나 예수님 주변에서 서성이며 예수님 곁을 떠나는 법이 없다. 스승께서 다른 사람을 만나면 거리를 두고 근처에서 맴돈다. 그는 주님을 사랑했다. 그런데 예수님이 사랑하신 그 제자는 죽지 않으리라는 소문이 두루 퍼져 있었는데 그가 죽었다. 공동

체에 파문이 일었던 모양이다. 그래서 화자는 두 번이나 반복해서 주님께서 하셨다는 말씀을 명확하게 전한다.

21-22절

베드로는 예수님이 자신에 대해 하신 말씀을 들은 다음, 예수님이 사랑하시는 제자가 뒤따라오는 것을 보고는 그의 갈 길도 알고 싶어졌다. 화자는 그 제자를 최후의 만찬 자리에서 예수님의 가슴에 기대어 있던 제자라고 상기시켜 준다(20ㄴ절). 그는 최후의 만찬에서 제일 윗자리에 있었고, 베드로가 예수님을 세 번 부인하고 자리를 비운 동안, 십자가 위의 주님에 의해 예수님의 어머니께 위탁되었다(13,23-25; 18,15-18.25-27; 19,25-27). 요한 공동체는 그 제자를 대단히 존경하였고, 공동체의 중심이 되는 인물로 기억하였다.

그런데 21,1-19에서 들려주듯이 주님께서 당신의 일을 계승하며 따르도록 임명한 제자가 베드로라면 독자들에게, 물론 베드로에게도, 요한 공동체에도, '이 사람은 어떻게 될까?' 하는 의문이 생길 수밖에 없다. 예수님의 답변은 공동체의 논란이 되었던 문제를 해결한다. 베드로가 예수님께 여쭙는다. "주님, 이 사람은 어떻게 되겠습니까?" 예수님이 대답하신다. "내가 올 때까지 그가 살아 있기를 내가 바란다 할지라도, 그것이 너와 무슨 상관이 있느냐? 너는 나를 따라라."

예수님은 다른 사람의 삶의 모습에 대해 많은 관심을 갖지 말라고 말씀하신다. '당신은 나를 따르시오.' 그것으로 충분하다. 화자가 전해 준, 예수님이 사랑하시는 제자라는 것과, 그분의 가슴에 기대어 있을 만큼 사랑받은 저 사람은 어떻게 될까라는 호기심을, 또는 비교하고 싶은 마음을 주님께서는 일축하신다. 설사 내가 다시 올 때까지 그가 살아 있기를 내가 바란들 너와 무슨 상관이 있느냐고 하신다. 주님께서는 각 제자에게 맞는 길로 그들을 이끄신다. 예수님이 다른 제자에게 무슨 계획을 갖고 계시건 각자는 자신의 갈 길을 가면 되는 것이다. "너와 무슨 상관이 있느냐? 너는 나를 따라라." 모두가 주님께서 이끄시는 대로 주님을 따르는 것이다. 그가 주님을 믿고 사랑하고 따르는 데에도 주님의 마음이 응답하시고, 베드로가 주님을 믿고 사랑하고 따르는 것에도 주님의 마음이 응답하신다. 주님은 베드로에게 말씀하신다. "너는 나를 따라라." 인칭대명사 '너'(수 σύ)를 명시하여 '나를'(모이 μοι) 따르라고 명령하신다('따라라'는 현재 명령형인 아콜뤼테이 ἀκολούθει로 쓰였다).

19-23절 사이에 재미있는 구조가 하나 들어 있다. 20-22절에서 예수님을 따르는 제자의 본보기인 그 제자가 제시되고, 예수님은 그가 얼마나 사랑스러우신지 "내가 올 때까지 그가 살아 있기를 내가 바란다 할지라도"라고 말씀하신다. 이때 19절의 "나를 따라라"와 22절의 "너는 나를 따라라" 사이에 예수님이 사랑하시는 제자의 존재가 있고, 그 제자의 모습이 '예수님의 뒤를 따라오고 있는 모습'이라는 것이 중요하다.

19절: "나를 따라라."
20절: 예수님께서 사랑하시는 제자가 따라오고 있었다.
22절: "너는 나를 따라라."

23절

그런데 주님께서 베드로에게 들려준 일침보다 그 제자는 죽지 않으리라는 소문이 형제들 사이에 더 퍼져 나갔던 모양이다. 그래서 화자는 그런 것이 아니고 다만 "예수님은 그가 죽지 않으리라고 말씀하신 것이 아니라, '내가 올 때까지 그가 살아 있기를 내가 바란다 할지라도, 그것이 너와 무슨 상관이 있느냐?' 하고 말씀하신 것이다"라고 반복하여 그 말씀을 분명히 전한다.

2. 마무리 2 21,24-25

뒤이어 바로 이 사람이 이런 일들을 증언하고 기록한 사람이라고 들려준다. 그 제자의 증언을 들으며 살던 공동체에서 그가 죽은 다음에 그 말씀에 대해 정확히 보고할 필요성이 있어서 이런 내용이 언급된 것이다. "우리는 그의 증언이 참되다는 것을 알고 있다"(24절). "이 제자가 이 일들을 증언하고 또 기록한 사람이다"에서 '기록한'(그랍사스 γράψας)은 원과거 분사인 반면, '증언하고'(마르튀론 μαρτυρῶν)는 현재 분사로 그가 하는 증언은 여전히 현재에도 진행되고 있음을 밝힌다. 여기서 우리란 누구일까? 바로 그 증언을 들으며, 전승에 접하며 살던 공동체이고, 두 번째 편집을 한 공동체일 것이다. 동시에 이 복음서를 전승받은 공동체를 내포하고 있다. 이제 다시금 25절에서 두 번째 마무리를 한다. 첫 번째 마무리의 말을 받아서 예수님이 하신 다른 일들이 많은데 그것을 하나하나 기록하자면 온 세상이라도 그 기록된 책들을 다 담지 못할 것이라고 한다. 첫 번째 편집에 이어 두 번째 편집을 하면서 부언한 것들은 예수님이 하신 일을 나중에 더 알게 되어 덧붙인 것이 아니라 특별한 목적에 의해서 한 것이며, 하신 일은 이 외에도 너무도 많다고 밝힌다. 아마도 24절에서 '우리'라고 했다가 25절 끝에서 '나'라고 하는 것을 보면 이 부분 역시 나중에 덧붙인 듯하다.

이렇게 21장은 부활하신 주님께서 드러내신 마지막 계시를 명백히 전한다. 그것은 시몬 베드로가 주님께서 임명하신 양들의 목자라는 점과,

예수님이 사랑하시는 제자는 권위 있는 예수님의 전승을 전한 제자라는 점이다. 21장의 시몬 베드로와 사랑받은 제자 이야기에는 복음서 전체에서 사용된 양치기와 관련된 언어(21,15-17/ 10,1-18), 사랑의 주제(21,15-17.20/ 3,16.35; 13,1.15.34-35; 15,12.17; 17,24-26), 예수님의 온전한 앎(21,15-17/ 5,42; 6,15; 10,14-15.27; 13,1; 16,19; 17,25-26; 18,4)이 모두 등장하여, 자연스럽게 전체를 기억하고 통합하도록 돕는다.

참고 도서

· 한국가톨릭대사전 편찬위원회, 한국가톨릭대사전 5, 한국교회사 연구소, 2001.
· 김창선, 쿰란문서와 유대교: 중요 유대 문헌을 중심으로 한 유대학 입문, 한국성서학연구소, 2007.
· 권터 스템베르거, 이수민 옮김, 미드라쉬 입문: 유다·그리스도교 고전 입문 총서 III-2, 바오로딸, 2008.
· 레이몬드 E. 브라운, 최흥진 역, 요한 공동체의 역사와 신학: 사랑받는 제자 공동체, 성광문화사, 1994.
· _________, 프란시스 J. 몰로니 엮음, 최흥진 역, 요한복음 개론, 기독교문서선교회, 2009.
· _________, 최흥진 역, 앵커바이블, 요한복음 I: 표적의 책, 기독교문서선교회, 2013.
· _________, 최흥진 역, 앵커바이블, 요한복음 II: 영광의 책, 기독교문서선교회, 2013.
· 마르띠니, C. M., 성염 역, 요한복음, 성바오로출판사, 1984.
· 마르티네즈 F. / 티그셸라이르 E. (영어 편역), 강성열 옮김, 사해문서 1: 1Q1-4Q155, 한국학술진흥재단 학술명저번역총서 서양편 233, 나남, 2008.
· 바레트 C. K., 요한 복음, 국제성서주석 32, 한국신학연구소, 1985.
· 바르베리스 G., 오영민 역, 구원의 시간, 성바오로출판사, 1988.
· 보르톨리니 J., 김수복 역, 요한 복음 읽기- 생명의 길, 성바오로출판사, 1994.
· 송봉모, 삶의 우물가에 오신 말씀: 요한복음 산책 1, 바오로딸, 2011.
· _________, 비참과 자비의 만남: 요한복음 산책 2, 바오로딸, 2012.
· _________, 생명의 빛이 가슴 가득히: 요한복음 산책 3, 바오로딸, 2014.
· 시오노 나나미, 김석희 옮김, 로마인 이야기 9-현제의 시기, 한길사, 2000.
· 안니 조베르, 안병철 역, 요한 복음, 가톨릭출판사, 1981.
· 영원한도움 성서연구소 편저, 성경지도, 성서와함께, 2010.
· 요한 하클 외, 오영숙 외 역, 신약성서 영적독서를 위한 요한 복음서, 성요셉 출판사, 1991.
· 이냐세 데 라 포테리에, 김수복 역, 요한에 의한 예수 수난: 본문과 정신, 성바오로출판사, 1992.
· 이영헌, 요한 복음서: 200주년 신약성서 4, 분도출판사, 1996.
· 최안나, 거룩한 땅을 걷는다, 성서와함께, 2014.

· 판데어캄 J. C., 박요한 영식 옮김. 초기 유다이즘 입문, 성서와함께 총서 연구 2, 성서와함께, 2004.
· 호세 꼼블린, 정승현 역, 아버지께서 보내신 이, 빛두레, 1996.
· Bernard, J. H., *A Crirtcal and Exegetical Commentary on the Gospel According to St. John*, T. & T. Clark, 1976.
· Dodd, C. H., *Historical Tradition in the Fourth Gospel*, Cambridge University press, 1965.
· Francis J. Moloney, SDB, *The Gospel of John*, Sacra Pagina Series vol. 4, Michael Glazier Books, 1998.
· ________, *Love in the Gospel of John: An Exegetical, Theological, and Literary Study*, Baker, Academic, 2013.
· ________, *The Resurection of the Messiah: A Narrative Commentary on the Resurrection Accounts in the Four Gospels*, Paulist Press, 2013.
· Gale A. Yee, *Jewish Feasts and The Gospel of John*, Michael Glazier Books, 1989.
· George R. Beasley-Murray, *John*, WBC vol. 36, Word Books, Texas, 1971.
· Giuseppe Ferraro, *Lo Spirito e Cristo nel Vangelo di Giovanni*, Paideia, 1984.
· Giuseppe Segalla, *Panorama Letterario del Nuovo Testamento*, LoB 3.6, Queriniana, 1986.
· Johannes Botterweck G., & Ringgren Helmer eds., *Theological Dictionary of the Old Testament* vol I, Grand Rapids, Michigan, 1983.
· ________, *Theological Dictionary of the Old Testament* vol V, Grand Rapids, Michigan, 1988.
· Raymond E. Brown S.S., *The Gospel according to John(I-XII)*, The Anchor Bible Series vol. 29, Doubleday, 1966.
· ________, *The Gospel according to John(XIII-XXI)*, The Anchor Bible Series vol. 29A, Doubleday, 1970.
· ________, (edited, updated, introduced, and concluded Francis J. Molony) *An Introduction to the Gospel of John*, The Anchor Bible Reference Library, Doubleday, 2003.
· Salvatore Alberto Panimolle, *Lettura Pastorale del Vangelo di Giovanni*, vol I–III, Dehoniane Bologna, 1991.
· Valerio Mannucci, *Giovanni - Il Vangel per Ogni Uomo*, LoB 2.4, Queriniana, Brescia, 1995.

요한 복음서 해설 2

서울대교구 인가: 2016년 11월 18일
초판 1쇄 펴낸날: 2017년 2월 1일
2판 1쇄 펴낸날: 2019년 2월 25일
4쇄 펴낸날: 2024년 3월 30일
지은이: 최안나
펴낸이: 나현오
펴낸곳: 성서와함께
06910 서울특별시 동작구 흑석로13길 7
Tel: (02) 822-0125~7 / Fax: (02) 822-0128
http://www.withbible.com / e-mail: order@withbible.com
등록번호 14-44 (1987년 11월 25일)

ISBN 978-89-7635-340-5 94230
978-89-7635-908-7 (세트)